钱穆

中国学术思想史论丛

2

三联书店

图书在版编目（CIP）数据

中国学术思想史论丛 . 2 ／钱穆著 . —2 版 . —北京：
生活·读书·新知三联书店，2019.8
（钱穆作品系列）
ISBN 978 – 7 – 108 – 06612 – 1

Ⅰ. ①中…　Ⅱ. ①钱…　Ⅲ. ①学术思想－思想史－中国－文集
Ⅳ. ① B2-53

中国版本图书馆 CIP 数据核字（2019）第 091373 号

责任编辑　冯金红
装帧设计　蔡立国
责任印制　宋　家
出版发行　**生活·讀書·新知** 三联书店
　　　　　（北京市东城区美术馆东街 22 号　100010）
网　　址　www.sdxjpc.com
图　　字　01-2017-8543
经　　销　新华书店
印　　刷　北京新华印刷有限公司
版　　次　2009 年 12 月北京第 1 版
　　　　　2019 年 8 月北京第 2 版
　　　　　2019 年 8 月北京第 3 次印刷
开　　本　880 毫米 × 1230 毫米　1/32　印张 11.25
字　　数　225 千字
印　　数　07,001 – 13,000 册
定　　价　45.00 元
（印装查询：01064002715；邮购查询：01084010542）

目　录

序

　　余早年即好治孔孟儒家言,最先成论语孟子《要略》两书,因考孟子生平,遂成《先秦诸子系言》。惟读书渐多,愈不敢于孔孟精义轻有发挥。晚年,始成《论语新解》及《孔子传》,虽对孔子思想续有启悟,然常自惭,于孔圣人深处,恐终未有登堂入室之望。于孟子仅略阐其性善义。惟于《易传》《中庸》,认为当出脱周秦汉间,则信之甚笃。于《大学》,仅阐其格物义,偶有撰述,皆收本集中。于其他先秦诸子,深信《老子》书晚出,凡所论辨,集为《老庄通辨》一书。又有《庄子纂笺》,此为余治道家言之所得。余又深信名家源于墨,除《墨子》与《惠施》两小书外,此编第三册所收皆是。余又为拟《阴阳家言发微》,迄未下笔,仅于《刘向歆父子年谱》中,略述其意。此文当收八本书之第二编。又有《中国思想史》一书,于上所提,皆粗有涉及。荒陋所得于先秦诸子方面者,仅止于此。又曾撰《荀子篇节考》,乃在苏州中学任教时所成,曾刊载于吴江某生所编某杂志中,自谓昔人治荀书,独未于此有注意,惜行箧中缺此篇,附识于此,志敝帚之自珍焉。

一九七六年冬至日钱穆自识于台北

外双溪之素书楼,时年八十有二

儒家之性善论与其尽性主义

儒家思想形成中国民族历史演进之主干，这是无疑的。广播在下层的是社会风俗，英华结露而表显在上面的是历史上各方面的人物。而传衍悠久，蔚为一民族之文化。中国民族之前途，其唯一得救之希望，应在其自己文化之复兴。要复兴中国民族传衍悠久之文化，儒家思想的复兴，应该仍是其最要之主源，似乎也是无疑的。已往的儒家思想，未必能适应当前的环境，而振拔其困难。然而儒家思想是中国民族性之结晶，是中国民族文化之主脉。并不是儒家思想造成了中国民族之历史与其文化，乃是中国民族内性之发挥而成悠久的历史与文化者，其间最要的一部分，则为儒家思想。梅树总得开梅花，中国民族若尚有将来之历史与文化，好如雪后老梅，只要生气尚在，其再度的开花敷荂，无疑的依然是梅花。纵使不是去年的，而去年的梅花早已老谢，本也没有再上枝头的可能。作者发愿将中国二千年来儒家思想之内蕴，从各方面为之发挥引申，阐述宣布。不过像拾起地下坠花，仔细端详，来揣测枝头新葩的面影之依稀而已。

我想在儒家哲家发微的总题下分别写定各题,现在先举儒家之性善论与其尽性主义。

儒家思想,是强烈的情感主义者,而很巧妙地交融了理智的功能。儒家思想,是强烈的个己主义者,而很巧妙地调和了人我内外的冲突。儒家思想,是强烈的现实主义者,而很巧妙地渗透了一切神天不可知界的消息。现在暂从其性善论和尽性主义方面加以阐发。

性善性恶,是先期儒家一个极重要的争论,而结果则全折入于性善论之一途。性善论实在是儒家思想一个中心的柱石。荀子是主张性恶的,他说:

> 古者圣人以人之性恶,以为偏险而不正,悖乱而不治,故为之立君上之势以临之,明礼义以化之,起法正以治之,重刑罚以禁之,使天下皆出于治,合于善也,是圣王之治而礼义之化也。今尝试去君上之势,无礼义之化,去法正之治,无刑罚之禁,倚而观天下民人之相与也,若是则夫强者害弱而夺之,众者暴寡而哗之,天下之悖乱而相亡,不待顷矣。用此观之,然则人之性恶明矣。(《性恶篇》)

这可算是性恶论一个极坚强的证据。然而我们试从反面想来,人类本就是"强者害弱","众者暴寡"的,本没有所谓"圣王之治""礼义之化"。何以忽然生起圣王礼义来,这不得不归功于所谓圣人,而圣人究竟也只是人类中的一分子。孟子说:"圣人与我同类者。"这就变成性善了。所以主张性恶论者,不得不把圣人和人分作两等看,而性善论者,则圣人和人仍是同等。所以性善论者主张平等,而性恶论者却不得不主张阶级。性善论者主张自由与启发,而性恶论者却不得不主张束缚和服从。性善论者主张"明善诚身",性恶论者却不得不主张"化性起伪"。其间是非,此处暂勿深论,而性善论终究是儒学正论,则可无疑。孟子论性善也有一番极好的论证,正和上引荀子之说,遥相对立。他说:

> 盖上世尝有不葬其亲者,其亲死则举而委之于壑。他日过之,狐狸食之,蝇蚋姑嘬之,其颡有泚,睨而不视。夫泚也,非为人泚,中心达于面目。盖归反虆梩而掩之。掩之诚是也,则孝子仁人之掩其亲,亦必有道矣。

这可算是性善论一个最亲切的明证。本来,儒家的性善论,正从历史的进化上着眼(这一点,清儒焦循《孟子正义》里颇有发挥)。孟子又说:

> 尧舜性之也,汤武反之也。

"性之""反之"是怎样说的呢?譬如上举其颡有泚的人,他非为人泚,中心达于面目,正是他天性的流露,所以叫"性之"。旁人见其如此,恍然大悟,想到从前父死不葬,定为狐狸所食,蝇蚋所嘬,他以后再逢母丧,定必效法那人虆梩而掩。这所谓"反之"。反之者,谓反之吾心而见其诚然。人类在先本不知有烹饪,茹毛饮血，解其饥渴而止。后来渐渐地发明火食了，一人偶先熟食，众人群起而效。至于易牙，而为天下人口之所同嗜。易牙便成天下人口味的标准。人类在先本不知有美观，男女裸相逐，得遂其性而止。后来渐渐地发生美感了，一人偶然修饰，众人群起而效，至于子都，遂为人类体貌美之标准。饮食之味，男女之美，隐隐地都有一个标准。无论你知与不知，那个标准却长是潜藏在你心里。一人偶然的把那标准发现了，提供出来，人人觉得惬心当意；那一人便是所谓圣人。圣人只是"先得吾心之所同然"。他的长处，便在把人类心里一种潜藏的标准发现而提供给大众，好让大众觉悟追求和享受。口味有标准，美色有标准，音声有标准，至于行为的全体，自然也应有标准。那种标准，并不是别人创立了，来强迫我去服从。舍了我的天真，而虚伪地去模仿。那种标准，正为其是我内心潜藏着的标准，一旦如梦方醒地给人叫醒，所以才觉可贵，所以才得为人类公认的标准。孟子说：

> 口之于味，有同嗜也，易牙先得我口之所嗜者也。……至于声，天下期于师旷。……至于子都，天下莫不知其姣也。……故曰：口之于味也，有同嗜焉。耳之于声也，有同听焉。目之于色也，有同美焉。至于心，独无所同然乎。心之所同然者，何也，谓理也，义也。圣人先得我心之所同然耳。

又说：

> 规矩，方圆之至也，圣人，人伦之至也。

规矩便是方圆的标准,圣人便是人伦的标准。圣人得此标准到手,也只是他天性自然的流露。孟子又说:

> 舜居深山之中,与木石居,与鹿豕游,其所以异于深山之野人者几希。及其闻一善言,见一善行,若决江河,沛然莫之能御也。

正是指点出这层意思。南宋陆象山和朱晦庵为着讨论教人先从尊德性或道问学入门的问题而争执。象山要问晦庵,"尧舜以前曾读何书来?"这实是透性之见。但究嫌太狭窄了。把人性只关闭在各自个己的圈子内,定要性之,不重反之,这也未是。孟子说:"尧舜性之,汤武反之",正是说尧舜乃上古之圣人,在他们以前文化未启,一切都是他们创作,他们在天性流露的分数上多了些,所以说是性之。汤武已是中古之圣人,在他们那时,文化已稍稍有个基础,可是当着桀纣乱世,文化的标准又迷惘了,汤武却能反之于己,重把上古圣人创建的标准提供出来,他们是反身而见其诚然的分数多了些,所以说他们是反。然而入细讲来,尧舜亦未尝非反。譬如舜居深山,与木石居,与鹿豕游,还是一个深山的野人。可是即在深山野人里面,并不是没有天性流露。舜所闻到的善言,见到的善行,不消说只是深山野人之天性流露,并不是荀子之所谓"圣王之法,礼义之化"。可是舜却一经启发,即便沛然若决江河,自己走向善的路上去。西国有一寓言说:

> 一稚狮自幼即乳于群鹿，长而忘其为狮。一旦见雄狮踞山而吼，稚狮随鹿震怖。雄狮怜之，诏其临潭自照。稚狮顾见己貌，无殊雄狮，长吼奋跃而去。

这虽寓言，正可说明反之的情景。那稚狮本自潜藏有狮的赋性，苦不自觉。一旦遇见雄狮，临潭自照，如梦之醒，如瞽之视，自然"若决江河，沛然莫之能御"了。

孟子又说：

> 万物皆备于我矣，反身而诚，乐莫大焉。

汤武反之的反，即是反身而诚的反。所以又说："尧舜性之，汤武反之。"后人误解了反字，以为要从大人反复到孩童赤子，要从文物昌明的后世，反复到木石鹿豕的深山，主张自由进化主义的性善论，一变而为消极退化的了。至于"万物皆备于我"一语，也为后人误解。原来物字正是标准的意思。譬如说"有物有则"，"则"是方式，是模样，是标准，"物"字的意义也是一例（此层顾亭林《日知录》也说过）。孟子的话，用今语译来，正是说："一切的标准，都本潜藏在我的内心，我只一反省而见其诚然，觉得那标准正合我心所要求的一种趋向，——那便是外部的规范和内部的自由，讠合一体，——这自然是快乐的了。"

《中庸》上也说：

> 自诚明谓之性，自明诚谓之教。

自诚明,相当于孟子之所谓"性之"。自明诚,相当于孟子的所谓"反之"。那一性一反之间,天人交融,外内相发,明诚一体,便完成了人类的进化。人类只本着那天性,自然能寻向上去,走上进化的大道,所以说是性善了。舍却这条路径,人类亦别无进化之可能。

以上是儒家的"性论"和"性善论",以下再说儒家的"尽性论"和"止至善论"。

儒家事事爱立一个标准,性的标准便是善。达乎至善,才算是尽其性。未达乎至善,便是未尽其性。孟子说:

> 口之于味也,目之于色也,耳之于声也,鼻之于臭也,四肢之于安佚也,性也,有命焉,君子不谓性也。仁之于父子也,义之于君臣也,礼之于宾主也,知之于贤者也,圣人之于天道也,命也,有性焉,君子不谓命也。

口之于味,耳之于声,目之于色,四肢之于安佚,明明是性,君子何以不谓之性? 正因儒家论性,有一个最高可能的标准,那个标准便是善,便是仁义礼知。性分所有,不一定全是仁义礼知,全是善。但是仁义礼知之善,终是在性分以内。儒家便在人性中抉择出仁义礼知的善来作为尽性的最高可能的标准。正如人类并不全是尧舜孔子,而尧舜孔子要为人类中的一人。儒家便在人类中抉择出尧舜孔子几个圣人来作为做人最高可能的标准一样。再换一个浅显的例来说:种种甜酸苦辣都是味,普通却爱在味的里边建立一个最高的标准,便是易牙的烹调。嫫母籧篨也是色，普通却爱在色的里边建立一个最高的标准，便是子都的风采。儒家亦和普通一般的见解，同样提出善做性的标准，提出尧舜做人的标准。可是饮食定要易牙般的烹调，择配定要子都西施样的美丽，这是不可能的，所以食色虽属天性，儒家却并不强调那标准来劝人追求。因此说："性也有命焉，君子不谓性也。"至于尧舜般的善言善行，并非不可能，虽说也有困难，到底可以战胜，所以儒家鼓励着人们说："人皆可以为尧舜。"劝人努力向上追求，达到那最高可能的标准。不要自暴自弃，懈怠了。所以说："命也有性焉，君子不谓命也。"

孟子尽性主义的见解，到《大学》里才尽量地发挥。《大学》自然是孟子以后的著作。《大学》开首的三纲领说：

> 大学之道，在明明德，在亲民，在止于至善。

这明明德、亲民、止至善三纲，依实看来，只是一事（这层王阳明说过）。明我之明德，即所以亲民，而此明我之明德以亲民，便是至善了。让我举一实例来说：譬如"孝"，便是我之明德，德是性之充实而又表著的名词。人性本有"孝"，及其充实而表著于外，遂形成一种德。明德的明，只是美大之义。孝应有一个对象——父，父亦便是"民"。明我之明德，便是亲民。只此行为，即名至善。止于至善，即是尽性。朱子说："止是至而不迁之义。"我们要到达那至善的标准而更不迁移，才得为止至善。《大学》上又说：

> 为人君止于仁,为人臣止于敬,为人子止于孝,为人父
> 止于慈,与国人交止于信。

仁、敬、孝、慈、信,都是至善。我们只求到达那至善的标准而更
不迁移。这话看来似易,其实则难。周公以文王为父,其孝易。
舜以瞽瞍为父,其孝则难。舜以尧为君,其敬易。周公以成王为
君,其敬则难。尽性的境界,决不是一蹴即几的。所以《大学》
上又提出八条目的步骤来。

> 古之欲明明德于天下者,必先治其国。欲治其国者,必
> 先齐其家。欲齐其家者,必先修其身。欲修其身者,必先正
> 其心。欲正其心者,必先诚其意。欲诚其意者,必先致其
> 知。致知在格物。

那里面格物致知的训解,为宋明以来诸儒热烈的争点。据我看,
格物的"物"字,正是孟子"万物皆备于我"的"物",是一种方式,
模样,标准的意思。《礼记》里说:"仁人不过乎物","孝子不过
乎物"。物正是规范,标准。不过乎物,便是格物。仁人无论如
何不逾越他仁的标准,孝子无论如何不离弃他孝的规范。这便
是止于至善。

物字在《礼记》里,又有一个特殊的训诂,便是"射者所立之
位"。古人以射观德,所以讲到行为方面,往往以射为譬。《中
庸》上说:

> 射有似乎君子,失诸正鹄,则反求诸其身。

论到射,一面是射者所立之位,一面是要射的正鹄。射不中的,决不能责诸鹄的,也不能怪自己所站的地位,只是他射法之不精。一切行为正亦如此。譬如孝,父便是正鹄,子是射者所立之位。子孝其父而得父之欢心,便是一射中的。舜孝瞽瞍,瞽瞍却反蓄意杀舜,这是舜射不中的,失诸正鹄。设使舜回头说:"这样的父,也不配受儿子的孝顺",或者摆出"帝婿"的眉眼来傲视其父,在瞽瞍自然仍旧是个瞽瞍,在舜却也不成其为一个孝子。正如射者不中鹄的,便把箭垛子捣毁了,另立一个新垛子。或者把自己地位变动了,另移一个新地位。不好说他是"诚意"要学射。而射的方法,他也必终于没有"知"得。要证明你自己是诚意地学射,要知得射的方法,只有立在你原定的地位上耐心射那原定的垛子。立在你原定的地位上耐心射那原定的垛子,便是《大学》所谓格物。物是射者原定的地位。物又是一个标准,便是射者所悬的鹄的。只有格物的精神,才能致知。致知便是晓习射的方法和艺能,便可致得射的知识。射的知识致得了,射的方法艺能精熟了,才见你习射的诚意。否则你虽说爱射,终不见你爱射的诚意之表示,怎叫人信呢? 正如子孝其父,须有孝父的方法和知识。人们遇到万不同的父母,谁也不应移动他为子的地位,只有在知识方法上变通,如何能得吾亲的欢心,如何能致吾孝心于吾亲,此所谓致知在格物。孝的知致了,父母也顺了,我孝的诚意也表白了,证实了。人们常说:"我未尝不愿孝我之亲,只恨我亲难服侍,到底不配得孝子的侍奉。我也只好灰心了。"这里如何能证实你孝的诚意呢?我们惟有责他孝的方法不周到,孝的知识不完全。惟有劝他依然站在子的地位,依然耐心地孝你的父母,而于方法上再仔细地考究。这便是《大学》格物致知的真解。也便是尽性止至善的真工夫。

在革命潮流自由空气很澎湃浓厚的近代,看了儒家止至善的理论,难免不生反感。然而儒家也自有其理由。东邻之子逾墙偷窥西邻的处女,西邻的男子忿不过,钻隙而往东邻,以搂其家之姊妹们,这是报复。报复直到近世还常通行,所谓默认的公道。《中庸》上说过:

> 宽柔以教,不报无道,南方之强也,君子居之。

人世间的起先,原是一个无道的局面。人们专以报复为公理,世界永无走入大道之一日。程伯子曾说:"世间只是一个感应。"人们只自居反应的地位,把感动的责任放弃了。为父的要遇到孝子才肯做慈父,为子的要遇到慈父才肯做孝子,无道报无道,谁先走向有道的路呢?混浊之世,永无清士。淫佚之邦,永无节女。孟子说的:

> 待文王而后兴者,庶民也。豪杰之士,虽无文王犹起。

孟子又说过:

> 君子以仁存心,以礼存心。仁者爱人,有礼者敬人。爱

人者人恒爱之,敬人者人恒敬之。有人于此,其待我以横逆,则君子必自反也。我必不仁也,必无礼也,此物奚宜至哉。其自反而仁矣,而有礼矣,其横逆犹是也,君子必自反也,我必不忠。自反而忠矣,其横逆犹是也,君子曰:此亦妄人也已矣,如此则与禽兽奚择哉?于禽兽又何难焉?

这真是行有不得则反求诸己的真榜样,这才是格物的真工夫,才是豪杰无所待而兴起的真行径。如此才能至于至善而不迁,如此才是儒家明善诚身的真哲学。

《中庸》里也说过:

诚者,天之道也。诚之者,人之道也。诚者不勉而中,不思而得,从容中道,圣人也。诚之者,择善而固执之者也。博学之,审问之,慎思之,明辨之,笃行之。有弗学,学之弗能,弗措也。有弗问,问之弗知,弗措也。有弗思,思之弗得,弗措也。有弗辨,辨之弗明,弗措也。有弗行,行之弗笃,弗措也。人一能之,己百之。人十能之,己千之。果能此道矣,虽愚必明,虽柔必强。

择善固执便是格物,博学、审问、慎思、明辨、笃行便是致知。格物致知都是诚意的工夫。故儒家的性善论决不是现成的,而是不断作为的。他要把天性的自然与人道的当然打成一气,调和起来,这是儒学的见解。

而且儒家所谓格物止至善,在世俗看来,不免讥为是"愚"

的,"柔"的,而儒家则自认为"明"而且"强"。何以呢?人们善意地为着他人,而即以完成其自己,这样聪明而公平的办法,到底是没有不胜利的。子孝其父,孝自然是利他的,为着父母,而同时是利己的,完成了他自我的固有之性向而得满足。人己的隔阂,很巧妙地打通了。而且儒家立在"人心同然"的见地上,以为人类情感是可以相通的。"爱人者人恒爱之,敬人者人恒敬之",虽说有与禽兽奚择的人,到底慈父可以感得到有孝子,孝子可以感得到有慈父。所以说:"忠恕违道不远。""能尽其性,则能尽人之性。"儿子诚意的孝,也是本乎他天性自然的倾向,便是他的忠。父母没有不希望儿子孝的,"所求乎子以事父",便是他的恕。儿子忠实地孝,便是尽己之性。儿子孝了,满足父母希望子孝的天性,还能激发父母慈爱儿子的天性,便是尽人之性。儒家抱着这样一个见解和理论,所以说:

> 君子素其位而行,不愿乎其外。素富贵行乎富贵,素贫贱行乎贫贱,素夷狄行乎夷狄,素患难行乎患难,君子无入而不自得焉。

素位而行,也便是格物止至善的工夫。所以君子只是"宽柔以教,不报无道"。不报无道,所以尽己之性。宽柔以教,便是尽人之性了。总之儒家只要处在感的地位上,去造成一个最高可能的善的世界。

尽物之性,也只是一个恕。电可以为人拉车,为人点灯,为人通话,为人传信。也只是尽了电的性。要利用自然,还须先为自然服务。稻喜水，麦喜旱，农夫的耕耰，全得依顺着五谷的好恶性向。农人对五谷的勤劳，也正如子孝其父，臣敬其君一样，才得有丰收的希望。这也是忠恕一贯之理，还须尽己之性打通到尽物之性。惰农槬耕，己性不尽，物性也便不尽。己物还是一贯。《中庸》上说：

> 诚者，非自成己而已也，所以成物也。成己，仁也，成物，智也。性之德也，合外内之道也。故时措之宜也。

这样阔大圆融的理论，似乎比《荀子·天论》篇里的勘天主义实在要强些。

《左传》上也说"正德""利用""厚生"，正德不仅是正我之德。正德也便是《中庸》的所谓尽物之性。物正其德，乃可以利用而厚我之生。厚生又略当《中庸》的尽己之性。己与物交互为利，交互为用，也正和己与人的交互为利交互为用一样。惟儒家讲人己与物的交互利用，却并不从功利上估量，而从性分上阐发。这是儒家思想一要点。《中庸》又说：

> 道并行而不相背，万物并育而不相害。

这正是儒家理想上一个善意的世界，要人类努力用止至善的工夫去企求。

人己的调和，人物的调和，归极于人与天的调和，那便是《中庸》所谓"赞天地之化育""与天地参"。《孟子》上说：

　　可欲之谓善,有诸己之谓信,充实之谓美,充实而有光
辉之谓大,大而化之之谓圣,圣而不可知之谓神。

这是人神的合一。可算是儒家实践伦理的最高境界。而实际还
只从善字栽根。善只是一个可欲,只是人们自己内有的性向。
故从《大学》言之,从明明德一串向前而为修身、齐家、治国、平
天下。从《中庸》言之,从尽己之性,一串向前而为尽人性与尽
物性,赞天地之化育,与天地参。从《孟子》言之,从内心可欲之
善,一串向前而为变化不可知之圣与神。从近代语言说之,只要
把握你自己性分内在的一种真诚之情感,用恰当的智慧表达出
来。也因智慧恰当的表达,而完成了你自己的性分。这是《中
庸》所谓"自诚明",明诚交融,达到天物人己一贯的地位,才是
尽性,才是止至善。这里是儒家思想最基本的渊泉,也是儒家思
想最大的规模。

　　此稿草于一九三三年,载《新中华月刊》一卷七期。

《易传》与《小戴礼记》中之宇宙论

国人学者，颇谓中国根本无哲学，倘有之，亦以属于人生哲学者为主，而宇宙论则付阙如。窃谓斯二义，当分别而论。中西学术途径异趣，不能尽同。严格言之，谓中国无如西方纯思辨之哲学，斯固洵然。若谓中国有人生哲学而无宇宙论，则殊恐不然。人生亦宇宙中一事，岂可从宇宙中孤挖出人生，悬空立说。此在中国思想习惯上，尤不乐为。故谓在中国思想史上，人生与宇宙，往往融合透洽，混沦为一，不作严格区分，以此见与西方哲学之不同，是犹可也。谓中国有人生论而缺宇宙论，则断乎非事实。

亦可谓宇宙论之起源，乃远在皇古以来。其时民智犹僿，而对于天地原始，种物终极，已有种种之拟议。言其大体，不外以宇宙为天帝百神所创造与主持。人生短促，死而为鬼，则返于天帝百神之所。此可谓之素朴的宇宙论。中西诸民族，荒古以来，传说信仰，大率如是，并无多异。迨于群制日昌，人事日繁，而民智亦日启。斯时也，则始有人生哲学，往往欲摆脱荒古相传习俗相沿的素朴宇宙论之束缚,而自辟藩圃。但亦终不能净尽摆脱,则仍不免依违出入于古人传说信仰之牢笼中,特不如古人之笃信而坚守,此亦中外各民族思想曙光初启之世所同有的景象。其在中国,儒家思想,厥为卓然有人生哲学之新建。然孔子不云乎?曰:"天生德于予。"又曰:"天之将丧斯文也,后死者不得与于斯文也。天之未丧斯文也,匡人其如予何?"又曰:"丘之祷久矣。"又曰:"敬鬼神而远之。"然则孔子于古代素朴的天神观,为皇古相传宇宙论之主要骨干者,固未绝然摆弃也。墨家继起,主天志明鬼,无宁为重返于古代素朴的宇宙论,而依附益密。独至庄周老聃氏起,然后对于此种古代素朴的宇宙论,尽情破坏,剖击无遗。盖中国自有庄老道家思想,而皇古相传天帝百神之观念始彻底廓清,不能再为吾人宇宙观念之主干。故论中国古代思想之有新宇宙观,断当自庄老道家始。窃尝观之西土,如斯宾诺沙费尔巴哈诸人,其破帝蔑神之论,极精妙透辟矣,然彼辈已起于中古以后,而其议论意趣,尚犹不能如我土庄周老聃之罄竭而畅尽。则道家思想之为功于中国哲学界,洵甚卓矣。

宇宙论与人生论既必相倚为命,而中国古代道家之新宇宙观,又甚卓绝而高明,故自有道家思想,而各家所持之宇宙观,乃亦不得不随之以俱变。墨家天志明鬼,与道家新义绝相远,其求变较难,故墨家之后起为名家,乃从另一路求发展。儒家之于天帝百神,本不如墨家之笃守,故其变较易。但如荀子之《天论篇》,乃欲一依儒家之人文,尽破道家之自然,其论偏激,乃不为后人所遵守。阴阳家则欲和会儒道两家而别创立其一套宇宙论。其说今亦失传,已不能详。但似仍守古昔素朴的天帝观,而以儒家称道历史上之人帝相附会,于是有五天帝五人帝之强相配合,其说浅陋而陷于迷信,实犹远不如皇古相传素朴的宇宙论之较近情理。惟自战国晚世,下迄秦皇汉武之间,道家新宇宙观既确立,而阴阳家言又不符深望,其时之儒家,则多采取道家新说,旁及阴阳家而更务为变通修饰,以求融会于孔孟以来传统之人生论,而儒家面目亦为之一新。予尝谓当目此时期之儒家为新儒,以示别于孔孟一派之旧儒,而其主要分辨,即在其宇宙论方面。至于人生论之旧传统,则殊无所大异于以前也。

故论战国晚世以迄秦皇汉武间之新儒,必着眼于其新宇宙观之创立。又必着眼于其所采老庄道家之宇宙论而重加弥缝补缀以曲折会合于儒家人生观之旧传统。其镕铸庄老激烈破坏之宇宙论以与孔孟中和建设之人生论凝合无间,而成为一体,实此期间新儒家之功绩也。

予论此时期之新儒,以《易传》与《小戴礼记》中诸篇为代表。盖《易传》《小戴》诸篇之产生,大率正在此期。请即专就此二书中之新宇宙观,观其所以与孔孟传统人生理论如何融凝合拍之处,以为吾说之证成。

古代素朴的宇宙论,以天帝百神为之主,而道家思想则破帝蔑神,归极于自然,偏倾于唯物。今《易传》与《小戴记》中之宇宙论,亦正大率近似乎主自然与唯物者。古籍《诗》《书》凡言天,即犹言上帝。天帝至尊,创制万物,不与物为伍。即《论》《孟》言天亦然,亦不与物为伍。及庄周老聃书,乃始天地并言,则天亦下侪于地为一物,与上世天帝至尊创制万物之意迥别矣。《易传》《戴记》亦每天地并言,如曰:"天尊地卑,乾坤定矣。"

"法象莫大乎天地。"(《易传》)"大乐与天地同和,大礼与天地同节。"(《乐记》)"致中和,天地位焉,万物育焉。"(《中庸》)此类不胜尽举。此《易传》《戴记》中之宇宙观,接近道家,异于上世之证,一也。

天既与地为伍,下侪于一物,则彼苍者天,与块然者地亦无以异。天帝之创制不存,宇宙何由而运转,种物何由而作始乎?此在庄周老聃,则曰是特一气之聚散耳。阴阳家承之,始详言一气之分而为阴阳,阴阳之转而为四时,散而为五行。阴阳家宇宙论之前一段,明承道家来。其后一段五德终始,五人帝,始配合之于儒家言。《周易》上下经,本不言阴阳,《十传》始言阴阳。故曰:"易以道阴阳",其实乃据《十传》言。其言阴阳,即天地也。《戴记》亦每以阴阳四时五行与天地并言,此皆兼承道家与阴阳家,而颇以道家为主,其胜于阴阳家而得目为新儒者在此。故凡其言天地阴阳,则皆以指其为一气之积与化而已。故《易传》曰:"乾,阳物也。坤,阴物也。"又曰:"广大配天地,转变配四时,阴阳之义配日月。"又曰:"法象莫大乎天地,变通莫大乎四时。"而《戴记》则谓:"礼之大体,体天地,法四时,则阴阳,顺人情。"(《丧服四制》)又曰:"人者,其天地之德,阴阳之交,鬼神之会,五行之秀气也。"又曰:"人者,天地之心,五行之端也。圣人作,必以天地为本,以阴阳为端,以四时为柄,鬼神以为徒,五行以为质。"又曰:"夫礼,必本于太一,分而为天地,转而为阴阳,变而为四时,列而为鬼神。"又曰:"天秉阳,垂日星,地秉阴,窍于山川,播五行于四时。"(《礼运》)凡此皆并言天地阴阳四时五行,以见天地亦不过为阴阳四时五行,为一种畴物的,即谓其偏倾于物质自然现象，而不认有所谓超万物之上而创制万物之天帝，此又《易传》《戴记》之宇宙观，接近道家，异于上世之证，二也。

《易传》《戴记》采取道家阴阳气化畴物的自然的宇宙观，既如上述。而《易传》《戴记》中之人生论，则确乎犹是儒家正统。儒家论人生，近于畴神畴性的，偏倾于人文的，人类心灵之同然，而异于专主自然者而言。其精神意味，与道家畴物的自然的宇宙观，扞格不相入。而儒家思想，又贵乎天人之融合一致，此则在道家亦然。凡中国思想之主要精神，盖无不然。故曰："易与天地准，故能弥纶天地之道。"又曰："乾坤其易之蕴耶：乾坤成列，而易行乎其中矣。乾坤毁则无以见易，易不可见，则乾坤或几乎息矣。"（《易传》）此言易道与天地融合也。其言礼犹其言易，故曰："天尊地卑，君臣定矣。卑高以陈，贵贱位矣。动静有常，大小殊矣。方以类聚，物以群分，则性命不同矣。在天成象，在地成形，如此则礼者天地之别也。天气上齐，地气下降，阴阳相摩，天地相荡，鼓之以雷霆，奋之以风雨，动之以四时，暖之以日月，而百化兴焉，如此则乐者天地之和也。"（《乐记》）此节言礼乐与天地合一，即承《易传》言易道与天地合一之义，而语句亦多袭之《易传》，可证《戴记》文字多有出《易传》后者，故特举以为例。又曰："宾主，象天地也。介僎，象阴阳也。三宾，象三光也。让之三也，象月之三日而成魄也。四面之坐，象四时也。"（《乡饮酒义》）此言制礼者效法天地之自然，亦礼与天地合一之义。《易传》言易者象也，此又蹈袭其说。可证当时言礼本天地，多自易本天地之说来。此言礼乐与天地融合，犹《易传》

言易与天地融合。而凡言礼与言易，其意皆求统包人生之全体。故其言天道，虽大体承袭道家所创畸物的自然的宇宙论，而必加以一番修正与变动，然后可以与儒家传统人生论诉合无间，此正《易传》与《戴记》在古代思想史上贡献之所在也。

故《易传》与《戴记》之宇宙论，实为晚周以迄秦皇汉武间儒家所特创，又另自成为一种新的宇宙论。此种新宇宙论，大体乃采用道家特有之观点，而又自加以一番之修饰与改变，求以附合儒家人生哲学之需要而完成。今请再约略述说之如次：

庄老道家所创之宇宙观，可称为气化的宇宙观，以其认宇宙万物皆不过为一气之转化也。《易传》《戴记》承其说，而又别有进者，即就此一气之转化，而更指出其不息与永久之一特征是也。《易传》曰："一阴一阳之谓道，继之者善也，成之者性也。"此所谓一阴一阳，即指阴阳之永久迭运而不息。故言可大，必兼可久。言富有，必言日新。继之成之，皆言一化之不息。而宇宙自然之意义与价值亦即在此不息不已有继有成中见。而《戴记》阐此尤详尽。《祭义》云："礼乐不可斯需去身，致乐以治心，则易直子谅之心油然生矣。易直子谅之心生则乐，乐则安，安则久，久则天，天则神。天则不言而信，神则不怒而威。"此谓天之所以为天，神之所以为神，皆由其久而后成也。《京公问》篇尤明言之。"哀公曰：'敢问君子何贵乎天道也，'孔子曰：'贵其不已，如日月之东西相从而不已也，是天道也。无为而物成，是天道也。已成而明，是天道也。'"夫无为而物成，斯乃道家所喜言，然所以无为而能物成者，则胥此不已与久者为之。若苟忽焉而即已，倏焉而不久，则将无为而物不成矣。道家喜言无为而物成,儒家又必言物之已成而明,而物之所以已成而得明者,又胥此不已与久者为之也。若苟忽焉而即已,倏焉而不久,则物虽成而即毁,终将昧昧晦晦,虽成犹无成也,又何以得粲然著明,以为法于天下,可传于后世乎?是则芒乎苟乎,虽已成而不明也。

论此尤详尽者为《中庸》。《中庸》之言曰:"不息则久,久则征,征则悠远。悠远则博厚,博厚则高明。博厚所以载物也,高明所以覆物也,悠久所以成物也。博厚配地,高明配天,悠久无疆。如此者,不见而章,不动而变,无为而成。天地之道,可一言而尽也,其为物不贰,则其生物不测。诗云:维天之命,于穆不已。盖曰天之所以为天也。于乎不显,文王之德之纯,盖曰文王之所以为文也,纯亦不已。"此极言天地之道之尽于不已而久也。博厚所以载,高明所以覆,而苟非悠久,则物且无以成。物之不成,而天覆地载又何施焉?故知天地之道,尽乎此不息不已之久也。而提出此久字者,可谓《老子》已先于《中庸》。

此不息不已之久,《中庸》又特指而名之曰诚。故曰:"至诚无息。"又曰:"诚者,物之终始,不诚无物。"又曰:"诚者,天地之道也。自诚明,谓之性。自明诚,谓之教。诚则明矣,明则诚矣。"又曰:"诚则形,形则著,著则明,明则动,动则变,变则化,唯天下至诚为能化。"道家论宇宙万物最喜言化。然其言曰:"方生方死,方死方生。""方将化,乌知不化。方将不化,乌知已化。"则其言化也,倏焉忽焉,驰焉骤焉,其间若不容有久。《易传》《戴记》之观化则异是。盖观化而得其久,得其化之不易不已之久,而特名之曰诚。而后此宇宙之意义与价值亦从而变。惟其观化也而疑若不容有久,故常疑大化之若毗于为虚无。既虚且无，又乌见其有诚？惟其观化而得其不息不已之久，故常主大化之为实有。实与有者皆诚也。此《戴记》之论宇宙，所由绝异于庄周老聃者也。而孟子之言诚与明，则又先于《中庸》。

《易传》颇不言诚，顾其指名此不息不已之久者，即所谓易也。故曰："阖户为之坤，辟户谓之乾，一阖一辟谓之变，往来不穷谓之通。"一阖一辟，往来不穷，此即易道之不息不已也。又曰："乾坤其易之蕴邪，乾坤成列而易主乎其中矣。乾坤毁则无以见易，易不可见，则乾坤或几乎息矣。"此谓易即乾坤也。又曰："乾，天下之至健也。坤，天下之至顺也。"至健之与至顺，即所以成其为不息不已之久者也。又曰："夫乾，确然示人易矣。夫坤，颓然示人简矣。"其确然颓然以示人者，此即所以成其为诚而明也。故《易·系》与《中庸》，其论宇宙大化，殆所谓同归而殊途，一致而百虑也。

天地之化既悠久而不息，至诚而实有，不如庄周老聃氏之所主，若为倏忽而驰骤，虚无而假合。《老子》书出庄周后，其思路已为《易》《庸》与《庄子》间之过渡，不如庄书之彻底破坏，此当别论，此处姑略言之。则试问此悠久不息至诚实有之化，又何为乎？《易传》《戴记》特为指名焉曰：凡天地之化之所为者，亦曰生与育而已。故《易传》曰："天地之大德曰生。"又曰："生生之谓易。"《中庸》则曰："赞天地之化育。"又曰："知天地之化育。"曰："天地位，万物育。"又曰："天地之道可一言而尽，其为物不贰，故其生物不测。"曰："万物并育而不相害，道并行而不相悖。""诚者自成也，而道自道也。诚者，非自成而已也，所以成物也。"《易传》又言之曰："范围天地之化而不过，曲成万物而不遗。"又曰："夫易，开物成务，冒天下之道，如斯而已者也。"《戴记》又言之曰："天时有生也，地理有宜也，人官有能也，物曲有利也。"（《礼器》）"天道无为而物成。"（《哀公问》）又曰："风霆流行，庶物露生。"（《孔子闲居》）凡此所谓生育开成，即天地不息不已悠久至诚之化之所有事。自庄周言之，则曰："浸假而化予之右臂以为弹，浸假而化予之尻以为轮。"自老聃言之，则曰："天地不仁，以万物为刍狗。"盖庄老言化，皆倏忽而驰骤，虚无而假合，虽天地无所用心焉，此所以谓之自然也。《易传》《戴记》言化，则有其必具之征，与其所必至之业。此征与业为何？曰生曰育曰开曰成是也。故虽亦无为而自然，而可以见天地之大德矣。故《中庸》曰："小德川流，大德敦化，此天地之所以为大也。苟不固聪明圣知达天德者，其孰能知之。"故《易传》《戴记》之言化，主于生而谓之德，其所以绝异于庄周老聃氏之言者又一也。

顾《易传》《戴记》言化，虽曰有生育开成之大德，亦非谓有仁慈创制之上帝。《中庸》曰："成者自成也，而道自道也。"又曰："无为而成。"《哀公问》亦云："天道无为而自成。"《易传》亦言之曰："乾主大始，坤作成物。"故天地何自始，即始于天地至健之性。天地何由成，即成于天地至顺之德。曰："天地之大德曰生。"大德犹言常性。凡天地之生成化育，此皆天地之自性而自命之。故曰："一阴一阳之谓道，继之者善也，成之者性也。"（《易传》）又曰："天命之谓性，率性之谓道，修道之谓教。"（《中庸》）凡《易传》《戴记》之所谓性，犹庄周老聃之所谓自然。天地自有此性，故天地自成此道。《易传》曰："天地设位而易行乎其中矣。成性存存，道义之门。"此之谓也。往者庄周老聃自然的宇宙观，至是遂一变而为秦汉以下儒家德性的宇宙观，亦可谓之性能的宇宙观，此又《易传》《戴记》之功也。

故天地一大自然也。天地既不赋有神性，亦不具有人格，然天地实有德性。万物亦然。万物皆自然也，而万物亦各具德性，即各具其必有之功能。言自然，不显其有德性。言德性，不害其为自然。自然之德性奈何？曰不息不已之久。曰至健至顺之诚。曰生成化育之功。此皆自然之德性也。以德性观自然，此为《易传》《戴记》新宇宙论之特色，所以改进道家畸物的自然宇宙论以配合于儒家传统的人文德性论者，即在籀出此自然所本具之德性，以与人事相会通也。

天人之际，所以为之沟贯而流行其间者，则有鬼神焉，此上世素朴的宇宙论则然也。人死为鬼或为神，而物之奇瑰伟大非常特出者，如山川河海之类，亦各有神。以上帝为万物之造主，而万物则变为鬼神，以回归于上帝。自道家自然的畸物的宇宙论既出，上帝失其存在，鬼神亦不复有。天地皆一物，人死曰物化。大化浑沦，既不见有生死，更何论于死后之鬼神。然世界既无鬼神，则人生短促，物各散殊，天人死生物我之际，更无沟贯流通之妙存乎其间。孰主张是，孰纲维是，此皆气化之偶然，而其势转将无异于机械之必然，此与儒家人文的德性的观点大悖。故《易传》《戴记》言宇宙，虽不言天帝造物，而尚主有鬼神。惟其所谓鬼神者，亦如其言天地，仅为德性的，而非人格的。鬼神亦为自然气化中所本具之两种德性。《易传》《戴记》中之鬼神论，实为其宇宙论中至关重要之一部分，抑且为其宇宙论与人生论所由融通透浒至关重要之一部分,是又不可以不兼论也。

《易传》曰:"易与天地准,故能弥纶天地之道。仰以观于天文,俯以察于地理,是故知幽明之故。原始反终,故知死生之说。精气为物,游魂为变,是故知鬼神之情状。"气字由庄老始言之,精字亦然。老子所谓"其中有精,其精甚真"是也。此皆分析宇宙万物之最后成分,而名之曰精与气。《易传》精气为物之说,显袭诸庄老。而游魂为变,则《易传》作者自足成之。朱子曰:"阴精阳气,聚而成物,神之伸也。魂游魄降,散而为变,鬼之归也。"是则鬼神即阴阳之变化,一气之聚散。故张横渠曰:"鬼神者,二气之良能也。"宋儒张朱论鬼神,皆承《易》义,与往古素朴的鬼神观不同。而论鬼神之义最明备者,则在《戴记》之《祭义》篇。"宰我曰:吾闻鬼神之名,不知其所谓。子曰:气也者,神之盛也。魄也者,鬼之盛也。合鬼与神,教之至也。众生必死,死必归土,此之谓鬼。骨肉毙于下阴,为野土,其气发扬于上,为昭明焄蒿凄怆。此百物之精也,神之著也。"朱子曰:"昭明是光耀底,乃光景之属。焄蒿是衮然底,其气蒸上,感触人者。凄怆是凛然底,乃人精神悚然,如《汉书》所谓神君至其风肃然之意。"又曰:"以一气言,则鬼者阴之灵也。神者阳之灵也。以一气言,则至而伸者为神,反而归者为鬼。其实一物而已。"又曰:"精气就物而言,魂魄就人而言,鬼神离乎人而言。"此处朱子说鬼神离乎人而言,即言鬼神非有人格性也。又曰:"天地公共底谓之鬼神。"又曰:"鬼神盖与天地通。"此即谓鬼神之为鬼神,乃弥纶周浃于天人物我死生之间,而为之实体,为之共性。故就物而言则为精气。《易传》曰"精气为物"。精犹质也。精乃气之至精微者，因其至精，遂若有质。是精气犹言气质也。惟此所谓气质，与宋儒所言气质微异。因宋儒朱张言气质，已落于粗言之。而《易传》之言精气，则并无鄙视气质之意。物必赋有气质，乃始成其为物。而就人而言则曰魂魄。魂指气言，魄指精言。合魂与魄而成为人，犹之合精与气而成为物也。《礼运》曰："体魄则降，知气在上。"盖谓人之死，体魂则降而下，知气则升而上。其降而下者，即所谓骨肉死于下阴，为野土者也。其升而上者，乃其人生前之知气，即所谓发扬于上，为昭明焄蒿凄怆者也。《郊特牲》亦曰："魂气归于天，形魄归于地，故祭，求诸阴阳之义也。"凡物莫不具精气，凡人莫不具魂魄。精气魂魄，其实则为一物，即鬼神是也。如是则岂不无我无物，无生无死，而通为一体，此一体即所谓之鬼神。鬼神即阴阳也。故求之鬼神，亦求之阴阳而已。鬼神何以能有感通之德，因其本在阴阳一体之内，岂有不相感通。故人之死，实非澌灭而无在也。其形魄归于地，骨肉蔽于下阴为野土。人体生于天地万物而仍归于天地万物，故曰鬼，鬼者归也。既谓之归，其非澌灭无存可知。然人为万物之灵，方其生时，有知气焉。及其死亡，一若其知气亦消散无存矣，不知其仍升浮发扬于上，而使生者感其昭明焄蒿凄怆。则死者之知气，实亦仍存于天地间，而有其灵通感召之作用者。此意《中庸》言之最透彻，曰："鬼神之为德也，其盛矣乎！视之而弗见，听之而弗闻，体物而不可遗。"朱子说之曰："鬼神无形无声，然物之始终，莫非阴阳合散之所为，是其为物之体而物所不能遗也。"曰鬼神之为德，犹言其性情功能。不仅死者之骨肉，仍有其性能存于天地之间。即死者之知气，亦有其性能之存于天地之间，而永不渐灭。此可见秦汉间儒家言鬼神，亦就其阴阳而指其德性言之。今谓其宇宙论乃是一种德性的宇宙论，则其鬼神论亦是一种德性的鬼神论。不必实有鬼神之人格，而实有鬼神之德性。此种德性，弥纶周浃于天地万物之中，而即为天地万物之实体，此即谓万物莫勿具此德性也。而就此德性观之，则更无所谓物我死生天人之别。物我死生天人之别，皆属表面。论其内里，则莫非以具此德性而始成为物我死生天人。故物我死生天人至此便融成一体，一切皆无逃于此体之外，故曰鬼神体物而不可遗也。惟其体物而不可遗，故使人觉其洋洋乎，如在其上，如在其左右。盖盈天地莫非此一种鬼神之体之德性所流动而充满，而人亦宇宙中万物之一物，亦自具此体，具此德性。而人之为人，尤为天地万物中之最灵。故人之于鬼神，其相感应灵通为尤著。故人与鬼神自能在同一体同一德性上相感格相灵应，此种感格灵应之验，则在人之祭祀之时尤为亲切而昭著。此义在《戴记》之《祭义》《祭统》诸篇发挥至明备。《礼运》亦言之，曰："人者，其天地之德，阴阳之交，鬼神之会，五行之秀气也。"其实此处所谓天地鬼神五行，亦莫非阴阳，亦莫非一气之化，此即道家气化的宇宙论之所创，惟秦汉间儒家于此阴阳一气之化之中，而指出其一种不息不已之性能，而目之曰诚。又于此阴阳一气之化之中而指出其一种流动充满感格灵应之实体而称之曰鬼神，故人生即一诚之终始，亦即一鬼神之体之充周而浃洽。故曰："人者，鬼神之会。"然则又何待于人之死而后始见其有所谓鬼神哉。《易传》所谓"通乎昼夜之道而知"，所谓"幽明之故，死生之说，鬼神之情状"，皆当由此参之。故《礼运》又言

之,曰:"礼必本于天,殽于地,列于鬼神。"《礼器》亦言之,曰:
"礼也者,合于天时,设于地财,顺于鬼神,合于人心。"《乐记》又
言之,曰:"乐者敦和,率神而从天。礼者别宜,居鬼而从地。故
圣人作乐以应天,制礼以配地。礼乐明备,天地官矣。"又曰:
"礼乐之极乎天而蟠乎地,行乎阴阳而通乎鬼神。"又曰:"礼乐
偩大地之情,达神明之德。"凡此皆当时礼家所由谓惟礼可以尽
人道,通鬼神,而合天地之所以然也。故《祭义》又曰:"因物之
精,制为之极,明命鬼神,以为黔首则。百众以畏,万民以服。"
夫谓之明命鬼神,犹其谓制礼作乐。要之为一事,而特以名之曰
鬼神而已。故必谓鬼神为实有者固非,必谓鬼神为实无者,亦未
然也。鬼神即阴阳,即阴阳之德性与实体,而就其特具感通灵应
之迹者而明命之曰鬼神。盈天地,莫非鬼神之体之所充周而流
动。若非明于鬼神之道,则何由知天地之所以为天地,而物我死
生天人之际,亦将扞格难通,不明其一体之所在。而如《礼运》
所谓圣人耐以天下为一家,中国为一人者,亦必无由以至。故欲
明天地之全体与大德,不可不通鬼神之真义。而礼者,即所以事
鬼神而求有以通之之道也。则又无惑乎当时儒家之所以尊言夫
礼矣。凡此皆秦汉间儒家所以言鬼神之大道也。以此较之上世
素朴的鬼神论,其违越固已甚远,此《易传》《戴记》采用道家新
说,转进以饰儒义之又一端也。

　　《易传》《戴记》时亦不兼举鬼神而特单称之曰神。凡其言
神,即犹之言鬼神也。《易传》云:"神无方而易无体。"夫鬼神尚
无方所,更何论于人格性,神只是天地造化之充周流动而无所不
在者。故又曰:"阴阳不测之谓神。"曰:"知变化之道者,其知神

之所谓乎。"又曰："穷神知化，德之盛也。"又曰："惟神也，故不疾而速，不行而至。"凡此皆以阴阳气化言神也。天地万物即阴阳气化之所由生，故曰："神者，妙万物而为言者也"（《说卦传》）《老子》曰："玄之又玄，众妙之门。"言妙万物即犹言众妙。《老子》所谓玄之又玄者，必归极之于无。故曰："常无，欲以观其妙。"《易传》则以此妙万物者为神。《易传》之言神，相当于《老子》之言无，而意义迥殊。故道家谓之化，而儒家则转言之曰生。道家谓之无，儒家又转言之曰神。而又曰："神无方而易无体"，则神者，岂不妙无以为之神者耶。《乐记》亦言："乐则安，安则久，久则天，天则神。天则不言而信，神则不怒而威。"（《祭义》亦云）若以天为自然，则神亦自然也。故道家言无与自然，儒家则转言之曰神。即据儒道两家所运用名字之变，可见其观念之不同。而儒道两家精神所在，亦大可由此判矣。《易传》又或不单言神而兼言神明，如曰："以体天地之撰，以通神明之德。"又曰："以通神明之德，以类万物之情。"此皆证神明即为天地与万物，亦胥由其德性以言也。

故阴阳气化，犹是此阴阳气化也。道家则视之为倏忽驰骤，虚无假合焉。儒家则视之为不息不已，至诚实有焉。道家视之为至无，儒家视之为至神，此一异也。故诚与神，为晚周儒家观化之两大概念。诚与神，皆化也。诚言其不息不已，神言其变化不测。诚与神，皆天地大化之所以为化，亦即此大化所具有之德性。故若名道家所主为畸物的宇宙论，则此新儒家之所持，当名之为畸神的宇宙论，即德性的宇宙论，或性能的宇宙论。即以德性一元而观宇宙，故可谓是德性的一元论，或性能的一元论。人生亦气化中一事,求所以通物我死生天人于一化者,亦惟此至诚之性与至神之体。故曰:"天行健,君子以自强不息。"又曰:"诚者天之道,诚之者人之道。维天之命,于穆不已。而文王之所以为文,纯亦不已。"凡秦汉间新儒家所谓之天人合德,人生与宇宙之所由以融成一体者,亦本此至诚至神之德性。此为易道,亦即为礼意。人之所由以通天德而达物情,所由以交鬼神而合大道,亦胥由此至诚之心以期夫此至神之感而已。故易之由卜筮,礼之由祭祀,蓍龟之与醴牢,皆物也。物为大化中之一物,犹人为大化中之一人,均之在大化之中,俱为此至神之体至诚之性之所包孕。人苟具至诚之心,则虽蓍龟醴牢,可藉以通夫至神之域矣。故不明鬼神之说,将无以通于易道与礼意。而人苟非具一至诚之心,亦将无以明鬼神之情状,即将无以通物我死生天人而为一。凡所以能通物我死生天人而为一者,由其本在同一大化中,本具同一之德性。此种德性,直上直下,即体即用,弥纶天地,融通物我,贯彻死生。故本于此种德性一元或性能一元之宇宙观即成为德性一元或性能一元之人生观。《孟子》与《中庸》之所谓尽性,即持此种德性一元之人生观者之所有事也。惟孟子当时,道家气化的新宇宙观方在创始,孟子未必受其影响,故孟子胸中之宇宙观,大体犹是上世素朴的传统。因此孟子之所谓性,亦遂与《中庸》之所谓性,涵义广狭,不全相符。此在本文,殊不能多所发挥,要之秦汉间儒家人生观之大传统,则犹承孔孟之旧,不过略变其宇宙观,以求与道家后起之新义相配合。本文所欲论者,则暂止于此而已。

秦汉间儒家之人生观,其详非兹篇所欲论。特亦有承袭道家观点修饰改进,以自完其儒家之传统者。其事颇有类于上述,一若其改进修饰道家之宇宙论以自适己用,则继此犹可稍稍略述也。其著者如言变化。道家喜言化,秦汉间儒家则继而言变。盖化纯属于自然,而变则多主乎人力也。《易传》:"化而裁之存乎变。"朱子曰:"因自然之化而裁制之,变之义也。"故变化之辨,即天人之别也。《易传》又曰:"功业存乎变",是知变化之辨,即功业与自然之辨也。道家尚自然,故主言化。儒家重功业,则转而主言变。而功业又贵其不悖乎自然,故变者不能悖化以为变,贵乎因化之自然而裁制之以成其变,此《易传》言变之宗旨也。《易传》言变遂言动。《易传》之言动,乃又与道家之尚静者异焉。故曰:"以动者尚其变。"又曰:"道有变动。"曰:"变动以利言。"易既言变动,又言变通。曰:"通其变,使民不倦。神而化之,使民宜之。""易穷则变,变则通,通则久。"又曰:"化而裁之谓之变,推而行之谓之通。举而措之天下之民谓之事业。"又曰:"通变之谓事。通其变,遂成天地之文。"又曰:"广大配天地,变通配四时。"又曰:"变通者,趣时者也。"可见《易传》言变通,犹其言变动,皆主功业事为而言之。惟变必因化之自然,否则亦无由动而通也。

《易传》主言变,以异乎道家之言化。又常言器,以异乎道家之言物。盖物属自然,器则人为。道尚自然,儒言人事。圣人因物以制器,犹之因化以裁变。所由言之虽异,其所以为言则一也。故曰:"形而上者谓之道,形而下者谓之器。"言器而不言物。物者纯于自然,器则虽不离乎自然,亦不尽出于自然。儒家不纯以自然者为道,故曰:"易有圣人之道四焉,制器者尚其

象。"象即象其自然也。制器尚象,即化而裁之之道也。又曰:
"备物致用,立成器以为天下利,莫大乎圣人。"又曰:"君子藏器
于身,待时而动,何不利之有。动而不括,是以出而有获,语成器
而动者也。"故知《易传》言器,犹其言动,亦皆主乎事为功业。
又曰:"阖户谓之坤,辟户谓之乾,一阖一辟谓之变,往来不穷谓
之通,见乃谓之象,形乃谓之器,制而用之谓之法,利用出入民咸
用之谓之神。"是知变通之与形器,其本皆起于自然,而又皆主
于人事。其极则皆达于神,其要则不离乎阴阳气化。然而与道
家之纯言夫阴阳气化以为毕宇宙之蕴奥,穷人物之能事者,有间
矣。此《易传》之所以修饰改进道家之说之又一端也。

故《易传》中之宇宙,乃一至繁赜至变动之宇宙也。故曰:
"言天下之至赜而不可恶,言天下之至动而不可乱。"人之处此
宇宙,则贵乎能顺应此繁赜变动者而裁制之,利用之,以达于宜
而化。故曰:"圣人有以见天下之赜,而拟诸其形容,象其物宜。
有以见天下之动而观其会通,以行其典礼。拟之而后言,议之而
后动,拟议以成其变化。"而人事之变化,则贵能与此至繁赜至
变动之宇宙,相互诉合而无间。换言之,则即其繁赜变动者而繁
赜变动之焉是也。故曰:"以体天地之撰,以通神明之德。"又
曰:"以通神明之德,以类万物之情。"其所谓通德类情者,即求
以合天人而融物我,必如是而后可以尽变化之妙,亦必如是而后
可以穷运用之宜,亦必如是而后始完吾德性之全。故曰:"精义
入神,以致用也。利用安身,以崇德也。"在宇宙万物谓之神,在
我谓之德。崇德即所以入神,亦必能入神乃始为崇德。必如是,
乃可以范围天地之化而不过,曲成万物而不遗。必如是,乃始可

谓之崇德而广业。此《易传》论人生之大旨也。

记礼者则即以礼意当易道。故《戴记》言礼乐，同所以修饰改进道家之论自然，与易家之论往往貌异而神肖。而其论人生之最精邃最博大者，则莫如《中庸》。《中庸》曰："其次致曲。曲能有诚。诚则形，形则著，著则明，明则动，动则变，变则化。唯天下至诚为能化。"此即易家至繁赜而至变动之人生论也。夫万物既繁赜矣，今又曰各推致其一偏一曲焉。一偏一曲，正庄周之所卑，故曰："曲士常见笑于大方之家。"又曰："曲士不足以语道。"而《中庸》则谓推极一曲可以尽大方，此即所谓絜矩之道。此又儒道之一异也。《易》曰："化而裁之存乎变。"今《中庸》则谓变则化。盖《易》主裁大化以成人事之变动，而《中庸》则主由人事之变还以宣畅完成乎大化。其实则天人合德，先天而天弗违，后天而奉天时，二者之间固无大辨，所谓合外内之道，故时措之宜也。夫果以性之德言，则天人物我死生，固皆周浃融洽而无间矣。故苟能有诚，不仅内之有以成己，外之又有以成物。成己者，即所以尽己之性。成物者，亦所以尽物之性。《中庸》又言之曰："惟天下至诚为能尽其性。能尽其性，则能尽人之性。能尽人之性，则能尽物之性。能尽物之性，则可以赞天地之化育。可以赞天地之化育，则可以与天地参矣。"《中庸》之言尽性，即《易传》之所谓崇德。赞天地化育以与天地参，是即《易传》之所谓入神也。其机括惟在自致己诚，自尽己性。何者，盈天地万物皆此一性之弥纶周浃，即皆此一诚之所始终贯注，亦即此一神之所充满流动。故天也，人也，物也，性也，诚也，神也，其实皆一也。其机括则只在于一己之自尽而自成。故宇宙虽繁赜而至简易,虽变动而至安定。《易传》《戴记》德性一元之宇宙论,归其极为人性之一元。此《易传》《礼记》所以修饰改进道家自然主义之宇宙观以完成儒家传统的人文主义之人生论之要旨也。

从来治经学者,易与礼,常多分别以求,极少会通而观。如我上所论述,例证详明,亦可无疑乎其为说之创矣。抑犹可于《易系》《戴记》之书得其更直接之内证焉。《系辞》有曰:"圣人有以见天下之赜,而拟诸其形容,象其物宜,是故谓之象。圣人有以见天下之动,而观其会通以行其典礼。系辞焉以断其吉凶,是故谓之爻。"是作《易系》者明谓圣人制礼之本乎易道也。《戴记·祭义》之篇有之,曰:"昔者圣人,建阴阳天地之情,立以为易。易抱龟南面,天子卷冕北面。虽有明知之心,必进断其志焉。示不敢专,以尊天也。"立以为易,指易之书。抱龟之易,指占易之人。则记礼之人之亦明尊乎易也。《周易》之书,本不道阴阳,而十翼则道阴阳,犹之可也。记礼者亦道阴阳,此自孔子以至孟荀皆不然。故知《戴记》诸篇皆当出荀子后,其时阴阳家言已盛行,儒者或以说易,或以记礼,其事皆已在秦汉之际。如《戴记》有《月令》之篇,其为阴阳家言尤益显。阴阳家言之异于儒家言,司马迁《孟荀列传》已明揭之。然如此篇所举,易礼两家同为儒术发明新宇宙论,陈义精微,实为于中国思想史上有大贡献。虽其蹈袭阴阳,远本道家,亦不足深怪。惜乎汉儒通经致用,仅于政事上有建设,于儒术精义,不能触及其深处。其言宇宙,则一本阴阳家言,自五天帝而及于五人帝,较之古昔素朴的宇宙论,更为不如。其流而为谶纬,更何以启人之信,而维系于垂后。汉儒本此以告诫警劝汉室之帝皇,其意不为非。若庄老道家无为之意,则于汉代政事,实不能有大贡献也。统一六国,天下一君,秦始皇帝遂有子孙万世为帝皇之想。惟阴阳家独主五德终始,力言无万世一统之帝皇。然汉儒之独尊阴阳家言,则亦有故。余当为阴阳家言宇宙,别立一名,称之曰畸于史,即畸于人事之宇宙论。惟自魏晋以下,篡弒相乘,阴阳家五德终始之说,乃为世人所吐弃。于是庄老复兴,佛释乘之。迄于唐五代,中国思想界之宇宙论,遂为道释所独占。惟《易系》与《中庸》,亦尚为道释两家所参考。北宋理学兴起,始复有儒家自己一套的宇宙论。逮于南宋朱子之理气论出,而此一番新起的宇宙论,乃臻完成。若以孔孟时代为天帝人格化的古昔素朴的宇宙论,《易系》与《戴礼》为畸于神的德性一元的宇宙论,则两宋理学可谓是畸于理的理性一元的宇宙论。欲探究中国儒家思想所抱有之宇宙论,必分别此三者而加以探究。其畸于神与畸于理之两部分,虽在其贯通于人生论方面,莫不上承孔孟,而无大扞格。但畸神畸理,终不能谓其无所歧异。继今而后,于此畸神畸理之两面,是否重有所轻重取舍,以为调和融通,再产生一更新的宇宙论,以使儒术更臻于发扬光大,则尚有待于此下新儒崛起之努力。

美国杜威《哲学之改造》(许崇清译本)有云:西方人走上实验的科学和其自然制驭上应用底路径,比东方人早些。后者在其生活习惯里多存了些静观的审美的思辨的宗教的气质,而前者则多着些产业的实践的。这个差别,和关联而生底其他差别,乃彼此相互理解的一个障碍,亦为彼此相互误解的一个根源。所以切实在其关系和适当的均衡上求融会此两个各不相同的态度的哲学,确可以令他们彼此的经验互相增益其能力,而更为有效的协同致力于其丰盛的文化劳作。又云:在眼前确无有什么问题比实用科学和静美的鉴赏所持态度能否调和与怎样调和这个问题更为重要的。没有前者,人会成为他所不能利用,而又不能制驭底自然力底玩物和牺牲。没有后者,人类会变作孜孜向着自然追求利得和彼此推行买卖,此外就是终日无所事事,为着空闲而懊恼,或将他仅用于夸耀的铺张和越度的奢纵底一种经济的妖怪。又云:静观的知识根本变作活动的知识,是现在所用研究发现底方法所必致的结果。但这个变化的大部分,只影响于人生底技术方面。科学造成了新工业的技术,人对于自然势力底物理的统制无限扩大了。还有物质的财富和繁荣的资源的制驭,从前曾是不可思议的事物,现在却已成为平常日用,却可用蒸汽煤炭电力空气和人体去做成了。但还很少是十分乐观,而敢宣布对于社会的道德的幸福,亦可以同样统制的。又云:这个经济的发达,是物理的科学中所起革命底直接结果。但那里又有比并着这个底人的科学和艺术。不但是知底方法底改善,至今只是限于技术的经济的事项,而且这个进步且惹起了重大的新道德之纠纷。(以上引杜威语)今按:西方哲学路径,往往有与中国哲学可相比拟而不能全相近似者。杜威以为彼方希腊及中世纪基督教徒时代,偏于美术与宗教气质的哲学都对于知识抱静观的态度。而近代科学态度则为实践的,活动的。此一分别,以之比看中国哲学,则中国道家虽为反宗教的,主张自然主义,偏近于唯物论,而实际则为抱静观态度者。儒家虽对传统宗教信仰带有妥协调和的色彩,而其态度转为实践的与活动的。

如本篇上引《易系》与《中庸》里所说制器与尽物性的理论，以及鬼神的观念等，实大可藉此打通西方宗教艺术与科学的相互间之壁垒。《易系》与《中庸》之宇宙观，确是极复杂极变动的，无宁可谓其与近代西方的科学观念较近，与古代西方的宗教信仰较远。此处便有道家的功绩。而且《易系》之与《中庸》，终是属于杜威所说人的科学和艺术方面者。又绝无如杜威所排斥如西方哲学界传统的形而上学与认识论等既无用而又麻烦的诸问题。则杜威所想象，欲为以后彼方哲学另辟一新途径，使其可以运用新科学的实践的活动的知识方法来解决社会的道德的幸福，以达到彼所想的一个复多而变动的人生局面之不断进步与长成之新哲学，其实此种意境与态度，早在中国《易系》与《中庸》思想里活泼呈现。惟在中国方面，对于经济的技术的物理科学方面的知识上之创辟与使用，则比较不受重视。故以较之近代西方，诚为远逊。此则并非简单一个理由可以说明。但秦汉以后印度佛学来入中国，道家本是先秦一个最激烈反宗教的学派，而魏晋以下，不免追随佛教，而结果乃反自陷于宗教迷信之氛围中。道佛两教在当时，亦时时相互渗透，相互斟酌。要之则皆偏于杜威所谓静观的态度。而后世言《易》《庸》哲学者，又常摆脱不掉《易》《庸》中间所含道家的原始情味。甚至又和会于佛说。于是亦不免于以静的意态看《易》《庸》，却不能将儒家一番积极活动与复杂实践的精神尽量发挥。至于宋代理学家畸于理的宇宙论，主张格物穷理，以达于豁然贯通之一境，其持论要点，似为与近代西方的科学精神，有其更接近之一面。窃意此后中国思想界，既受西方科学精神之洗礼，其在哲学方面，尤其在宇宙论一方面,应该更有一番新创辟。《易》《庸》思想与宋代理学中之理气论,早已为此开其先路。惜乎杜威所知的东方哲学甚有限,彼仅认东方哲学多属宗教的静观态度。彼不知庄老道家思想,已为一种极彻底的反宗教者。而继此以起之新儒家,如《易系》《中庸》诸书,乃有一种极复杂极动进之宇宙观与人生论,决然是为实践的,而非静观的。即宋代理学亦然。其言主静主敬,本意皆在实践,而非静观。若今后国内学术界,能将中国固有思想就其有关哲学一面者,尽量忠实介绍于西方,则将来新中国哲学思想之伟大前程,纵不在中国本土发展,亦当能在异邦思想界先著祖生之一鞭。

又按:《易传》《礼记》中所有之鬼神论,复与西方人所言之泛神论不同。泛神论主张一切是神,如此则宇宙每种形态均将为神之实在之一种启示,如是则世上是非善恶之分别,更从何建立。至如《易传》《戴记》中所言之神,并不指宇宙万事万物之现成的静态言,乃指宇宙万事万物不息不已变动不测至诚实有之一种前进的性能言。乃指一种自身内在的能动的倾向言。故当时儒家,即我所谓《易传》《戴记》之著作诸儒,实并不谓宇宙万物之最先创始者为神,亦不以宇宙万物当前现成的静态谓是神。当时儒家,乃指宇宙万物一种至刚健至笃实之内在的自性的向前动进的倾向而谓之神。此种向前动进的性能与倾向,乃自性自能,别无有为之作创始者。又不息不已,永无到达归宿之一境。若论归宿,当前即是归宿。若论创始,亦可谓当前即是创始。而所谓当前,又非一种静态与定局。此实中国儒家性能一元的宇宙论之精义所在。《易传》又即指此继续不断之前进倾向而名之曰善。至问此种善何由来，则仍为万物自身内在之一种性能。故曰："一阴一阳之谓道，继之者善也，成之者性也。"所谓性与善，仍即是此一阴一阳之不息不已处。因此其所谓善，并不与恶为对立。亦并非认许当前之一切静态定局而即谓之善。亦不须说宇宙万物必待其最终结束处始是善。所谓善，即指此当前现下一种前进不已之性能与动势。而此种性能与动势，又是自性自能，刚健主动，非另有一创造此性能者为之主宰。而此一种自性自能，刚健主动之前进，又必得有所成。然所谓之成，又并不即是归宿，而依然仍有其不息不已之向前。此为中国儒家宇宙观之主旨。若细论之，则不仅以前孔孟如此，以后宋儒亦如此。并不得谓只是《易传》与《戴记》之作者抱有此意想而已。正为中国儒家之宇宙论，实乃建本于人生论。把握其大本大原，乃知其前后之实相一贯也。或疑如此立说，只谓不息不已，至诚实有，变动不测，而称之曰至诚与至神，或曰至善与至德，岂不流于一种形式主义，只求其不息前进，而更无实际内容可言乎？是又不然。因宇宙既为性能一元，则当着眼其弥纶天地终始万物之可久可大处。若从其可久可大处着眼，则此至诚至善之性，断非仅属形势而无内容。我所谓中国儒家之宇宙论，实建本于人生论，其要旨即在此。

若明白扣紧此等处着眼，则知孔子《论语》所提仁字，骤看若仅限于人生界，而实已包举了宇宙之统体。而且此所谓仁之一德，亦并不限于静之一边。故孔子虽言仁者静，而实际此仁德乃渗入于复杂之人生界，而为一种实践之动进。至于此后宋儒如谢上蔡，以觉释仁，此乃限于静的一边，必待外面事物之来，始有所谓觉，始见所谓仁。故其说为此后朱子所反对。若使此宇宙全体而陷于静的一边说之，则必落于《易传》所谓乾坤或几乎息矣之境。此因孔子最先立论，本是专一注重在人生界，而宇宙论方面，则仍守古昔之素朴信念，而未有所阐述。即孟子亦然。故孔子论仁，孟子论性善，皆有待此下新儒之更为申阐。即墨子亦只注重人生实践，虽推本于天志，而其意想中之天，则仍是一古昔素朴的天。惟至于老庄始大不然。老庄言宇宙，乃始以道体为说。道体则是大化不居，决非静态。惟老庄教人识此道体，则实用静观。而人生则终不能止于静观而已。是以在道家思想中，天人终不相合。必待至于《易传》《中庸》，始合天人而一贯说之，曰至诚，曰至神，曰至健，则通体是一进动向前，而又竟体融会和合，而孔子所提仁字，本属人生实践一面者，亦可包举，不见违碍。此后宋代理学家，以理字说宇宙，而朱子有天即理之说。但理字若仍落在静的一边，若果宇宙只是一理，而此理又在静定之境，则又何从而变化无方，至诚不息，以达于可久而可大乎？所以朱子言理定兼言气，气则在动的一边，而有理以为之主宰。由理气转落到人的心性。性属理，在静的一边。而心属气，则在动的一边。故须由心来主宰一切动。虽说性为心主，但须人尽心以知性。由宋儒的宇宙论转落到人生论，在其动进向前以至于天人合一之一切实践与活动，则仍与孔孟原来主张无别。而且既说性即理，而物必有性，一物一性，此一宇宙，仍是繁复的，多方的。故须人即凡天下之物，莫不因其已知之理而益穷之，以求至乎其极，而达于豁然贯通的一境。故《易》《庸》畸于神的宇宙观，尚未脱尽道家静观的玄思的意味。而宋儒畸于理的宇宙观,乃始更落实到人生复杂动进的实践中。陆王后起,转从人心良知为说,在人生论上似乎明白易简,但在宇宙论方面则又嫌落空了。此下转出顾习斋,彼欲力矫宋儒之流弊,但实未明宋儒之真义。彼之立论,颇欲以礼乐为主,但并不能透到《易系》与《戴记》持论之深处。只重实践,狭隘已甚。此下有戴东原,更属浅薄无深趣。大抵中国儒家思想主要贡献在人生论方面主实践,主动进,以道德精神为主。道家思想在宇宙论方面有创辟,能静观,富艺术精神。《易》《庸》在此两方面绾合在先,宋代理学家继起在后,皆求于儒家人生论上面安装一宇宙论,而亦都兼采了道家长处。余一向主以《易》《庸》思想与宋代理学来会通西方科学精神,获得一更大之推扩。上引杜威之言,似乎亦有此意向。惜其对中国思想所涉太浅,全未说准了东西双方真异同之所在。惟此路遥远,非能深沉博涉于东西双方科哲精微,文化大全,而又别出心裁,独探理真,则殊未易于胜任而愉快。固不足以责杜威一人也。

此稿草于一九四四年,载是年五月
《思想与时代》第三十四期。

《中庸》新义

诚 明 篇

天人合一之说,中国古人虽未明白畅言之,然可谓在古人心中,早已有此义蕴涵蓄。下逮孔孟,始深阐此义。道家老庄,则改从另一面对此义阐发。大较言之,孔孟乃从人文界发挥天人合一,而老庄则改从自然界发挥。更下逮《易传》《中庸》,又汇通老庄孔孟,进一步深阐此天人合一之义蕴。本文专拈《中庸》为说。

《中庸》阐述天人合一,主要有两义。一曰诚与明,二曰中与和。

《中庸》云:

> 诚者,天之道也。

朱熹注:

诚者，真实无妄之谓。

当知天体乃真实有此天体，群星真实有此群星，太阳真实有此太阳，地球真实有此地球。凡此皆真实不妄。循此以往，风云雨露，乃真实有此风云雨露。山海水陆，亦真实有此山海水陆。鱼虫鸟兽，真实有此鱼虫鸟兽。人类男女死生，亦真实有此男女死生。更循以往，喜怒哀乐，亦真实有此喜怒哀乐。饥寒温饱，亦真实有此饥寒温饱。凡此皆各各真实，不虚不妄。中国古人则认此为天道。故曰：诚者，天之道也。

若就宇宙一切事象而论其意义，则真实无妄即为一切事象最大之意义。若论价值，则真实无妄亦即一切事象最高之价值。换言之，凡属存在皆是天，即是诚，即是真实无妄。既属真实无妄，则莫不有其各自之意义与价值。此一义，乃中国思想史中一最扼要，最中心义。必先首肯此义，始可进而言中国思想之所谓天人合一。

若不认存在即价值，而于存在中别求其价值，则无异于外存在而求价值。因在一切存在中，可以有价值，亦可以无价值，乃至于有反价值，即价值之反面之负数之存在也。

如就一般宗教信仰言，上帝至善而万能，此当为价值之最高代表。然上帝之外，仍有魔鬼。魔鬼不仅是无价值，抑且是价值之反面与负数，即反价值者。然何以此万能之上帝，竟不能使魔鬼不存在。此至善之上帝，乃竟容许此魔鬼之仍存在。则此魔鬼之存在，决非绝无意义，绝无价值可知。魔鬼且然，更何论于万物？

就中国思想之主要演进言，则只问其是否存在与真实。苟是真实存在，即有其意义与价值。此世界，乃即以一切存在之共同构成而表现此世界之意义与价值者。中国人则谓此曰天。诚者天之道。天道即尽于此真实无妄。天既许其存在，而复是一真实无妄，则谁又得而不许其存在，而抹杀其所以得存在之意义与价值乎？

《中庸》又曰：

诚者，自成也。诚者，物之终始，不诚无物。

当知宇宙间一切物，一切事象，皆属真实无妄，不虚不幻，故得在此宇宙间存在而表现。充塞此宇宙之一切存在与表现，则全属真实不虚妄者。故知充塞此宇宙者，只是一诚。

其次当知，凡属诚，则必然是自成者。非伪为，非幻化。伪与幻皆属不真实。不真实即根本不存在。故凡属存在，皆是其物本身之真实存在，即是其物本身之自然存在，绝非由另一物者可以伪为之，幻化之，而使其妄厕于此真实无妄之宇宙中，而亦获其存在。故曰不诚无物也。

由此言之，可悟中国古人所谓万物一体，此一体即是诚，即是真实无妄，真实不虚。此一体，中国古人亦谓之天。天则必然是真实无妄者。故天只是一诚。天不可见，不可知，而凡此宇宙间一切真实无妄，与其真实不虚者，即凡在此宇宙间有其存在与表现者，则终必有为人可见可知之机缘。此即由诚而达于明。故存在者必有所表现，此即由诚而明也。凡存在者，知其为真实存在。凡表现者，见其为真实表现。由其存在与表现，而知其真实而无妄，此即由明诚。故《中庸》曰，诚之者，人之道也。

《中庸》又曰：

> 自诚明，谓之性。自明诚，谓之教。诚则明矣，明则诚矣。

宇宙间一切物，一切事象，苟有其真实无妄之存在，将必然有所表现，而与世以共见，此即物之性。人苟实见其有所表现，真知其有所存在，而诚有以识其为真实而无妄，则此天道之诚之真实而无妄者，乃在人道之明知中再度真实表现而存在，此即人之教。凡一切物，一切事象，既各有其存在与表现，即各有其天然本具之性。一切物，一切事象，既各具此真实无妄之性，即有此真实无妄之存在与表现，此属天之事。人心之知，则在明知明见此物此事象之存在与表现之真实而无妄，而明知明见了此物此事象之存在与表现所内涵之意义与价值。此属人之事。人则当奉此为教的。故人之所奉以为教者，其主要乃在一切物一切事象所本具之真实无妄之天性。

故《中庸》又曰：

> 天命之谓性，率性之谓道，修道之谓教。

凡宇宙间一切存在皆有天性。一切表现皆是天道。人之为教，则只有就此一切存在与表现之真实无妄之诚而有以明之耳。然此事实不易。故《中庸》又曰：

> 其次致曲。曲能有诚，诚则形，形则著，著则明，明则动，动则变，变则化。唯天下至诚为能化。

曲者，大方之一曲。分别言之，宇宙间一切物，一切事象，皆一曲也。一切存在，莫非此宇宙大存在之一曲。惟苟有其存在，即有其真实无妄，故曰曲能有诚。故虽为一曲，而其同为分得此宇宙大存在之真实无妄而始有其存在，则无异也。苟有存在，必有表现。苟有表现，必可知见。故曰诚则形，形则著，著则明。既有表现，则当知宇宙间一切表现，皆属变动不居，绝无可以固著于某一形态而不动不变者。故纵谓凡存在即表现，凡表现即变动可也。倒而言之，亦可谓凡变动者即表现，凡表现者即存在。此三者，其实则一。故曰：明则动，动则变，变则化。然则亦可谓变化者，乃宇宙间惟一可有之现象，亦即宇宙间惟一可有之存在。而其所以能有变化，则端为其物与事象之内具有一分真实无妄之天性。故曰：唯天下至诚为能化。然则宇宙间所以有一切变化，正为其有内在之真实无妄，决非可以伪为，决非可以幻化。凡宇宙间一切之化，则皆本于宇宙间之一切之诚。人类之知，纵不能即凡宇宙一切化而大明其全体之诚之所以然，然固可就于一曲以求知。一曲者，虽小小之事，然其同为宇宙大诚之一体，则由此固可以明彼，即小固可以见大。故《中庸》又曰：

> 唯天下至诚为能尽其性。能尽其性，则能尽人之性。

> 能尽人之性，则能尽物之性。能尽物之性，则可以赞天地之
> 化育。可以赞天地之化育，则可以与天地参矣。

凡宇宙间一切无生有生，变化长育，皆各有性，即皆各有诚。人类之知，即不能骤企于直接明晓此天地万物之大诚之一体。然固可内就己性，自尽己诚，先有以明乎我，推此以明夫人，又推此以明夫物，明夫一切事象。其极则可以明宇宙。苟使由我之诚而推以明夫宇宙之大诚，则一切宇宙变化长育之权，我可以赞助之，参预之，人道乃于此乎立极。故《中庸》又曰：

> 诚者，非自成己而已也，所以成物也。

成物本属天之事。人而可以成物，是即人而天矣。成己成物，其要在于尽性。尽性者，亦在尽此天所与我之一分真实无妄之诚而已。故曰：

> 君子诚之为贵。

而欲尽此一分天所与我之真实无妄之诚，其事必先知夫此真实无妄之诚之为何事，为何物，此则先有待于知。

此天所与我之一分真实无妄之诚，又有可以一言说之者曰善。惟真实无妄始是善。而苟真实无妄，则必然是善。此之谓尊天。人亦由天而生，人固不能逃于天，而奈何可以指此天之真实无妄之诚而谥之曰恶，而凭人之小智小慧，私见私识，以别立

一善于此真实无妄之诚之存在与表现之外。或欲排拒此真实无妄之诚之一切存在一切表现，而妄设一不真实未存在者而私奉之为善，私定以某种之意义与价值乎？此乃非天不诚。不诚即无物，即不可存在。宇宙间固不可能有不真实之物，即不可能有不真实之存在，与不真实之表现。故凡宇宙间之一切存在与表现，则皆是真实，皆是诚，皆属天。惟此天所赋与之一分真实之诚始是性，始是善。尽此性，奉行此善，始是道。人道与天道之合一通贯者正在此。

故《中庸》又曰：

> 诚者，天之道也。诚之者，人之道也。……诚之者，择善而固执之者也。

善则固已存在，亦已表现，在人之能择而固执之。故善由于人之能择，非由人之能创。善是诚，故属天，乃先于人而存在。而人之择善，又必先明善。故《中庸》曰：

> 诚身有道。不明乎善，不诚乎身矣。

人又何由而明善，择善，而固执之，以诚吾身而尽吾性乎？《中庸》又曰：

> 博学之，审问之，慎思之，明辨之，笃行之。……果能此道矣，虽愚必明，虽柔必强。

　　然则人之明善择善而固执善,在于博学审问慎思明辨笃行之五者。其所学问思辨,即学问思辨于此宇宙间之一切存在与表现,即学问思辨于此宇宙间之真实无妄,即学问思辨于此宇宙间之一切存在与表现之性与诚。因只此是善,外此乃更别无善。而此种学问思辨之入门下手处,则在即就小小之一曲,以至亲切至卑近者为入门而下手。

　　故《中庸》又曰:

　　　　君子之道,辟如行远,必自迩。辟如登高,必自卑。

又曰:

　　　　道不远人,人之为道而远人,不可以为道。

人亦宇宙间一存在。亦宇宙间一表现也。宇宙间一切存在表现之中有人,此乃真实无妄,是即宇宙大诚所表现之一相。我亦人也,则我又何可以视人为不善,而远人以求道? 此之谓尊人。尊人即尊天也。故《中庸》又曰:

　　　　君子尊德性而道问学,致广大而尽精微,极高明而道中庸。温故而知新,敦厚以崇礼。

何以曰尊德性而道问学? 德性即指天之所以与人,故尊德性即是尊天,同时亦即是尊人。而人之德性,则有待于学问而始明,故曰尊德性而道问学。

何以曰致广大而尽精微？在宇宙一切存在与表现之中有人，在人之存在与表现之中有我，在我之存在与表现之内涵深处有此天所赋与之真实无妄之性。此在宇宙间，可谓极小之一曲，至精至微，宜若无足道。然此极小之一曲之至精至微者，亦宇宙全体大诚之一分，亦宇宙全体大诚之所存在而表现之一态。故我德性之精微，即宇宙全体大诚之广大之所寓。故尽性可以赞天地之化育，故曰致广大而尽精微也。

何以曰极高明而道中庸？宇宙全体大诚，此可谓之高明矣。而愚夫愚妇之德性中，亦寓有此全体大诚之一分焉。愚夫愚妇之德性之所与知与能，此所谓中庸也。而由乎此中庸，可以达于至高极明之境，故曰极高明而道中庸也。

何以曰温故而知新？凡宇宙间一切存在与表现，则必变动而化，不居故常。然凡其所化，苟既存在而表现，则皆宇宙之至诚与至善也。无问故者新者，我既得其至诚与至善，则故与新一以贯之矣。人之知，则仅就于宇宙间之已有之善而知之明之，固非外于宇宙之已有，而人之心知可以别创一绝不存在之不真实者而奉之以为善。故曰：温故而知新，新即由故化而来。故《中庸》曰：至诚无息。

若天地间本未有此善，而有待于人之创立，则在人未创立此善之前，岂不天地之善机已息乎？善机已息，何以有天地？若天地本是一不善，于天地中生人，人又何能从不善中生而自创一善？《中庸》目此为不诚。不诚则无物，无物始是息。故《中庸》既曰诚者物之终始，又曰至诚无息也。《中庸》又曰：

> 至诚之道，可以前知。

因至诚既不息，故明于至诚，则可以知前，可以知后矣。《中庸》又曰：

> 君子之道，本诸身，征诸庶民，考诸三王而不谬、建诸天地而不悖，质诸鬼神而无疑，百世以俟圣人而不惑。

故曰温故而知新也。

何以曰敦厚以崇礼。君子即就人之存在与表现之至诚处，即就愚夫愚妇之德性所有之存在而表现之中庸处，择善而固执之。而不远于人以别创其私智私见之所谓善，而强人以必从，此为敦厚之至，崇礼之至，故曰敦厚以崇礼也。温故以知新是尊天，敦厚以崇礼是尊人。是亦天人一贯精义之所在。

夫此宇宙整全体之真实无妄，至博厚，至高明，至悠久。人类之生育成长于其间，则卑微之至，狭陋之至，短暂之至。而人类亦有其尊严。人类之尊严何在？夫亦曰正在其亦得于此宇宙整全体之真实无妄之大诚之一曲，夫亦曰正在其亦存在表现于此整全体之大诚之内而为其一体之一端而已。而人类之尤见其为尊严者，乃在其为万物之灵，乃在其具有心之明见，乃在其能明见夫此宇宙整全体之真实无妄之诚。然人心之明，亦只能明见此宇宙整全体之真实无妄之诚而止。若此真实无妄之诚之整全体，则终非人心之明之所能尽其量而无余憾。故人心之明，亦仅明知有此真实无妄，明知有此诚而止耳。人心之明，终不能超

于此真实无妄之诚而别有所明也。故一切存在一切表现之一切
意义与价值,亦将限于此真实无妄之诚而止。万物虽不能有其
明,然其同为此宇宙整全体中之真实无妄之诚之一曲,则与人无
殊致。人心之明,亦仅明于此宇宙间一切存在与其表现之各有
其意义与价值而止。若越出于此存在表现之外,而人心自恃其
聪明,自信其思索,认为别有一种所谓意义与价值者,或即就于
此存在表现之内,而人心自恃其聪明,自信其思索,认为惟某者
为独有其所谓意义与价值者,此皆中庸之所谓索隐行怪,其流将
归于小人之无忌惮。察察之明,窃窃之知,违于天而远于人,乃
使愚夫愚妇无可与其知,而圣人之所不知者,彼亦自负曰予知,
此决非中庸之道。决无当于《中庸》之所谓明与诚。

故《中庸》又曰:

> 道并行而不相悖,万物并育而不相害。小德川流,大德
> 敦化。

当知天地固无不持载,无不覆帱。四时错行,日月代明,此天地
之所以为大。既是同此存在,同此表现,同此真实无妄,何得以
人类之私智小慧,妄加分别,而谓孰者是道,孰者非道。孰者当
育,孰者不当育。此决非聪明睿知足以有临,宽裕温柔足以有
容。使不足以有容者而临于人上,则人道将息,而足以有临者亦
不久。故《中庸》又曰:

> 唯天下至诚,为能经纶天下之大经,立天下之大本,知

天地之化育,夫焉有所倚?

盖凡有所倚者,倚于此则必离于彼,而中庸之道,则中立而不倚。何所立,则亦立于此诚而已。故曰:鸢飞戾天,鱼跃于渊,言其上下察。试问鸢飞于上,鱼跃在下,孰非真实无妄?孰为不诚?孰为非道?孰为不当育?故《中庸》又曰:

> 肫肫其仁,渊渊其渊,浩浩其天。苟不固聪明圣知达天德者,其孰能知之?

何谓天德,即诚是也。鱼跃鸢飞,皆率性,皆天德,皆至诚,皆天之所覆,地之所载,日月所照,霜露所队,同在此化育之中,即同为大道之行,同属至诚之一体。惟人心之明,或有所未知耳。故《中庸》又曰:

> 君子戒慎乎其所不睹,恐惧乎其所不闻。

凡人心之明之所不睹不闻者,君子尤当致其戒慎恐惧之情。此始为至明,亦即至诚也。

中 和 篇

上篇述《中庸》诚明之义竟,或疑如此释诚,仅如西方哲学家所谓凡存在者莫不合理,则又何有所谓择善而固执?请续述中和义,以补上篇之未备。

《中庸》曰:

> 中也者,天下之大本也。和也者,天下之达道也。致中
> 和,天地位焉,万物育焉。

何以谓天地位于中和?试就太阳与地球之位置言。若幻想有大力者,将地球现行轨道移近太阳至某限度,则地球将为太阳吸力所摄,重再回归太阳,而失却其存在。又若此大力者将地球移远太阳至某限度,则太阳吸力将摄不住地球,地球将脱离日局,成为流星,游荡太空,而不知其终极之何去。然则就天体言,今日地球位置,正因其距离太阳在一不远不近之中度故。

此所谓不远不近之中度,又以何为准则?依今天文学常识言,岂不以太阳与地球两体之面积,重量,及其相互吸力之相和关系而决定。故知中见于和,和定于双方各自之内性。换言之,中由和见,和由性成。故中和者,即万物各尽其性之所到达之一种恰好的境界或状态也。

惟有此状态,宇宙一切物,始得常住久安。大言之,如日月运行。小言之,如房屋建筑。屋宇之奠基,过重则陷。屋宇之构架,过轻则摇。凡属木石泥土,种种配合,楼台廊庑,种种结构,必符建筑之原理,必有力学公式数字可以计算,而后此房屋乃得安然位置于地上。凡所谓建筑原理,则亦一种重力之中和也。故曰致中和,天地位。

何以谓万物育于中和?当此地球始有生物,必在某一区,温

度适中，不过热，不过冷。又必湿度适中，不过燥，不过润。以及其他种种条件，而后生物始得在此一区开始滋长。就浅近易见者言，如种稻麦，稻麦各有其生性，必稻麦之生性，与夫土壤之性，雨水之性，乃及阳光热度，种种配合，调和得中，到达一恰好之情形与境界，而后稻麦始获长茂，天地化育之功始见。复以动物言，男女构精，雌雄配合，亦是双方调和得中，乃有子嗣。故天地一切生育，其本由于和合，不由于斗争。其功成于得中，不成于偏胜。此皆所谓宇宙整全体之真实无妄之诚之所存在而表现，而与人以可明见者。故曰致中和，万物育。

　　然则天地虽大，万物虽繁，其得安住与滋生，必其相互关系处在一中和状态中。换言之，即是处在一恰好的情况中。如是而始可有存在，有表现。故宇宙一切存在，皆以得中和而存在。宇宙一切表现，皆以向中和而表现。宇宙一切变动，则永远为从某一中和状态趋向于另一中和状态而变动。换言之，此乃宇宙自身永远要求处在一恰好的情况下之一种不断的努力也。如大气之流，阴阳晦明，风雨雷电，冷空气转向热空气，气体冷而凝结为液体，又凝结为固体。固体热而融化为液体，又融化为气体。大气循环，虽若瞬息繁变，要是求向于中和也。

　　故宇宙一切存在，莫不有表现，宇宙一切表现，莫不有变动，而宇宙一切变动，则永远在求向于中，永远在求两异之相和，永远在两异之各尽其性以成和而得中。故曰：中者，天下之大本，和者，天下之达道。性则赋于天，此乃宇宙之至诚。而至诚之一切存在与表现，则莫不存在表现于中和状态中。换言之，即是存在与表现于相互间一恰好的情形下。故宇宙至诚之所在，即是宇宙至善之所在也。

天道如此，人道亦然。老子曰：六亲不和有孝慈。人类之有孝慈，即在求父母子女双方两情之得和。父母不偏胜，子女不偏胜，必执父母子女之两端而用其中，而后双方之和乃见。故孝慈各有一中道。若父道偏胜，子位不安。子道不行，则父子失和。此在父不为慈，在子不为孝。若子道偏胜，父位不安。父道不行，则父子失和。在子不为孝，在父不为慈。故人类之孝与慈，在求尽性，在求合天，而其要则在致中和也。

宇宙中和状态，自始即存在。若非中和，则天地不得位，万物不得育。孝慈即父子两情间一中和状态也。苟非孝慈，则人类将不见有父子之一伦，故曰不诚无物。故孝慈即一至诚，即一至善。无孝慈即无父子，而父子之间之一切变动，其势必变向于孝慈。否则孝慈不存在，父子一伦终亦将失其存在。若果人类有新人伦创设，则必仍创设在一新的中和状态下，此即所谓至诚之可以前知也。

父子然，夫妇兄弟君臣朋友一切其他人伦亦莫不然。推至家庭社会邦国天下，其相异相与之间，亦莫不各有一中和之道焉，而后得有此人伦，有此家国天下，以安位于此宇宙之内。

人道然，人心亦莫不然。浅言之，如血行脉搏，亦须一中和。深言之，如情感发动，亦须一中和。人心之得常久存在而不断有所表现，亦存在表现于此中和状态下可知。故《中庸》曰：

喜怒哀乐之未发，谓之中。发而皆中节，谓之和。

喜怒哀乐是谓人情，人情亦出天赋。人而无情，何以谓之人。然人每若为喜怒哀乐之所苦。喜怒哀乐亦人心所实有，亦一真实无妄，是亦天地间至诚之一种存在与表现。纵其苦人，固不得排而拒之，扫而空之。是犹大气之有阴晴晦明，风雨雷电也。当其未发，太空一碧，片云不着，然风雨雷霆，固已蕴藏。当天气骤变，冷空气与热空气交流，风雨雷霆忽然间作。此乃天地间大气之交和，而求达于中道之所宜有。故虽若变化无端，而实有其常态不变，固无足惊者。《乐记》言：

> 人生而静，天之性也。感于物而动，性之欲也。物至知知，然后好恶形焉。好恶无节于内，知诱于外，不能反躬，天理灭矣。夫物之感人无穷，而人之好恶无节，则是物至而人化物也。人化物也者，灭天理而穷人欲者也。

此所谓之人生而静为天性，此犹言太空一碧也。其谓感于物而动是性之欲，此犹四围冷空气来与此太空一碧之热空气相交流，此一碧中之热空气，必不能静定不变，必求与外来冷空气交和合流而求达一新中道，此若有一种内在之欲，蕴藏于本然，此即所谓性之欲，是亦一种真实无妄，亦即天赋之性。凡物异性相交，其间自有一中道可以成和，此即乐记之所谓天理。当人心未与外物相接，此犹太空之一碧也。外物感之，喜怒哀乐之情杂然而起。此亦心物交和，求达一中道耳。中道既得，则心情自平，此则风雨雷霆，忽尔止息，喜怒哀乐，复泯归于无迹，而人心重由己发复归于未发。则风雨雷霆之余，天空复归于一碧也。

然则中和者,乃天地之常。因于求中和,而有天地之变。然若再深言之,则当其在求中和之途程中,凡其一切变化,亦是一存在,一表现,则亦无一而非中和。因天地间,苟非中和,则无可存在,无可表现也。故物之得存在,以其得中和。物之求存在,则必求中和。失却中和则必变,其变之所向,则仍在求中和。苟其所处情状不中和,则不安顿,甚至不出生,不成长。而在其求变中之犹得目之为中和者,则仅乃一暂态之中和。此一暂态,变动不居,不可宁定,必俟其到达于一种新的常态之中和,而后乃重得宁息,重得静定。故《中庸》曰:至诚无息,即此道也。

昔人曾喻心之静态如天平。天平之静定,即未发之中也。天平非必两头无物,乃求两头轻重之相等。苟是轻重相等,则有物如无物焉。心中无物,故得静定,此乃心之常态,犹如太空一碧也。当知人心之明初现,本是空无一物者,此在佛家禅宗,谓之父母未生以前本来面目。此种本来面目,即是一中。因宇宙一切本来面目,同是一中也。迨其心上忽然挂了一物,此如天平一头悬重,另一头空无所悬,必轩而上举。而悬重之一头,必掉而下沉。如此则失却平衡,即不安定。此为逆天背性,势不可久。然当知此种不安定,正为求中求平。故知宇宙间至诚之性,虽若变动不居,在不安定中存在而表现,其实则天平两头之一轩一轻,正是此天平至理之仍然存在而表现也。

故人心如天平,喜怒哀乐,犹如天平一边之砝码。外物来感,如在天平一头悬上重量,则此另一头即须增上砝码,以求双方之平衡而得安定。若使人心喜怒哀乐之发,常能如外物之来感者而轻重适等以获平,则此心常在一恰好状态下,即此心常得天理。换言之,此心常保其天性之本然。则此心之有喜怒哀乐,将若不见有喜怒哀乐。外物之有种种相乘,亦常若不见有种种相乘。此心常如天平,此心常如空无一物,此心常如静定不动。此在佛家谓之无分别心,有分别用。《中庸》则谓之中立而不倚。而喜怒哀乐之迭起,常如大气流动之一片太和,犹如好天气之常是太空一碧也。当知太空一碧非真空,则知心中无物非真无物,而喜怒哀乐之无害于人心中和之性矣。宋儒则谓是其人能见性见理。见性见理,即见此中和而已。

若使天平一边,悬上千斤之重,则另一头之砝码,亦当加足千斤,使此所悬千斤之重,等如无重。佛家谓我不入地狱,谁入地狱。然纵使入地狱,以吾佛慈悲,其心仍是太空一碧,不失中和。故中和乃至真实,乃至诚,非虚非幻。佛家天台宗有中假空一心三观之说,正可本此意而为之阐说矣。

然则人心之恰好境界,实乃虚无一物者。所谓虚无一物,非真虚无一物,乃是兼容万物,而若虚无一物。宇宙整全体之大诚如是,人心之至精微处亦如是。人心虽常若虚无一物,而不失为其有一定向。此定向中涵,即所谓性也。人心本此中涵之定向,而肆应外物以成和,故明儒谓即流行即本体。以此一虚之体,发为万实之用。未发似虚而非无,已发似实而非有。天如此,心亦然。《老子》亦曰:天地之间,其犹橐籥乎?虚而不屈,动而愈出。然老子似不知此天地之虚,乃有一定向,有一真性,有一至诚,似橐籥而非橐籥也。此定向与真性与至诚者繋何?曰即中和是已。老子似不知此,不知天地之有此一中和,故老子之守中,遂与《中庸》之致中异其趣。《老子》曰:有之以为利,无之以为用,何不曰:中之以为体,和之以为用乎?

《中庸》又曰:

> 人莫不饮食也,鲜能知味也。

知味是人心之明,饮食则天道之诚。人虽饮食,而鲜能知味,犹如万物在中和中生育,而不知有此中和也。然人虽不知味,固已饮而食之矣。犹如虽不知所谓中和之道,而固已在此中和中生育成长。人心之有喜怒哀乐,人心之必于喜怒哀乐中求中求和,此心不得中和则不安定,不宁息,此虽愚夫愚妇,莫不皆然。即在禽兽犬马,其心亦有中和之一境,亦莫不在中和状态下得宁定。然而禽兽犬马,固不知有所谓中和也。则固如饮而食之矣,独恨其饮食而不知味。人生皆在至诚至善中,惜乎其不明此至诚与至善。虽在圣人,明此至诚之道,亦终不能与天地至诚相似,则亦惟得此至诚之一曲耳,此所谓圣人犹有憾也。然虽天地,亦有风雨雷霆,不能常是太空之一碧,则天地亦复有憾焉。然而飘风骤雨不终朝,终必达于太空一碧,始是天地之常。常则悠久,悠久而有时措之宜,则不害其有风雨雷霆之暂矣。

中国儒家思想,在直下承认此悠久不息真实无妄之圣诚,而尊名之曰性,曰天,曰道。故虽风雨雷霆,亦性也,亦天也,亦道也。然则岂必强执太空一碧之一端而始名之曰性,曰天,曰道?惟风雨雷霆,究与太空一碧不同。性与天道,从中和来,故必悠久求全此中和。而此中和则仍在各尽双方之性,仍在各致双方之诚。性与诚，由中和生，在中和中化，又必在中和中发育完成，而悠久。此为中国古人所明之所谓天人合一之道，此真所谓大明终始。其实则只是明于此一诚。故曰此道甚迩，虽夫妇之不肖，可以能知能行，而其极则察乎天地，尽包宇宙，虽圣人亦有所不能知不能行也。

惟其虽圣人而终有所不能知，不能行，故圣人不愿乎其外。《中庸》曰：

> 忠恕违道不远。

尽己之谓忠，是即尽己之性也。推己及人之谓恕，是即由尽己之性以尽人之性也。忠即诚也。恕即明也。喜怒哀乐之未发谓之中，亦即忠也。恕亦即和也。当知人心之喜怒哀乐，即是至诚至性，亦即是人心之至忠。人心之遇物而有喜有怒，有哀有乐，此正人心至忠之存在而表现。由是乃可有恕。舍却喜怒哀乐，岂别有所谓忠之存在与表现之余地乎？人心无忠，又何能有恕？故人惟有喜怒哀乐之情，始能有诚有忠，见性见道，得明得恕。天地之中和，即所谓天地之大本达道者，就人言之，则亦仅此心之喜怒哀乐之发与未发而已。

知者过之，乃求舍弃此心之喜怒哀乐以求明性而达道，此虽瞿昙老聃有不免。贤者过之，故瞿昙老聃，乃教人舍弃其心之喜怒哀乐以求见性而明道。此犹禁人饮食而与之论味，求其知味也。若夫愚夫愚妇，则亦曰我既饮而食之矣，又何贵乎知味？然愚夫愚妇，虽不知味，固已近于知味焉。何者，彼固常饮而食之也。犹如人之有喜怒哀乐者,其心虽不忠,固已存有忠道。其心虽不恕,固已存有恕道。有贤知者教之,不许其心有喜怒哀乐。彼贤知者之用心,在恐人心之喜怒哀乐之有伤于忠恕耳。故贤知者其心在求知味,此其所以为贤知。而惜乎其过之,因其欲拒饮食而求知味也。过之则犹之不及也。此中庸之道之所以为难明而难能也。愚夫愚妇,既饮而食之矣,既已饮而食之,若其味已得,又何贵乎知味,因此其心乃常在喜怒哀乐之起伏中,而不得其所安定。彼若谓我心之喜怒哀乐,即吾心之至忠,即吾心之至诚也。夫此岂不然,而惜乎其常在晦盲否塞,风雨雷霆,变化莫测中,而不知有天宇澄清,太空一碧之一境。即不能有中和宁定之一态。于是其心常变幻,若不见有真诚。故谓之为不及。然君子终不违夫此愚夫愚妇之心情而别求所以明性而见道,终不离乎此至诚者以求明。故大舜之大,在乎好问而好察迩言而已。此中庸之道之所以又为易明易能也。《中庸》又曰:

君子之道,本诸身,征诸庶民。

本诸身即致曲,即忠,即诚,征诸庶民则恕而明。故《中庸》又曰:

道不远人,人之为道而远人,不可以为道。

抑天地之道,岂仅不远人而已。夫人有饮食,禽兽亦知有饮食。孟子曰:人之异于禽兽者几希。此人兽几希之相异,固不可不明。然当知于此几希相异之外,复有其大体之相同焉。贤知者过于重视此几希之相异，而忽忘夫其大体之相同。不悟无其相异，固不得谓之人。然无其相同，又焉得独存其相异者而成其为人乎？故饮食者，人与禽兽之所同也。其相异者，独在知味之几希耳。知味亦在求饮食之得其中和而已。饮之食之而过与不及焉，皆不足以知味。饮食之有味，即饮食之得其中和也。然则人不能离乎饮食，岂仅不远人以为道，亦且不远禽兽以为道矣。人心之有喜怒哀乐，即在禽兽之心亦时有之。若谓心有喜怒哀乐，即将陷人于禽兽。不悟人本不远于禽兽以为人。禽兽亦得天地之中和而生，与人之生无大殊异，所异则仅在几希之间。故惟尽己之性者，乃可以尽人之性，而尽人之性，亦即可以尽物之性，而然可以赞天地之化育也。

《中庸》又曰：

> 诗云：鸢飞戾天，鱼跃于渊，言其上下察也。君子之道，造端乎夫妇，及其至也，察乎天地。

夫夫妇之道，惟人有之，然禽兽亦有雌雄，草木亦有阴阳，其所异者亦几希耳。则道不远人，亦不远夫禽兽草木矣。故鸢飞鱼跃，同是大道之上下察著。今试问：固可以有夫妇而无喜怒哀乐之情者乎？夫妇，人情之最切著，忠恕之最恳笃，即喜怒哀乐之情之最自然而流露者。然则君子之道，本于人文，推而及于宇宙大自然，故必曰察乎天地也。自然界之与人文界，亦一以贯之。曾子谓一贯于忠恕，而中庸则一贯之以中和。人之生也，已有夫妇好合之逑矣，特其存于中而未发耳。圣人定之以夫妇嫁娶之礼，斯发而中节矣。人文界之与自然界，其相异则亦仅几希焉。故知君子不远人以为道，亦不远天地万物，不远于自然以为道也。故曰可离非道也。天人合一之道，至《中庸》之书而始得大明焉，此必明乎中和之说而始可窥其深微矣。

《中庸》又曰：

> 惟天下至圣，为能聪明睿知，足以有临也。宽裕敦厚，足以有容也。发强刚毅，足以有执也。齐庄中正，足以有敬也。文理密察，足以有别也。

别者，别此几希之相异。容者，容此几希相异之外之大同。执者，执其两端以用其中于民。惟其相异，故贵各尽其性。惟其大同，故必明夫此全体之大诚之终于和合而为一。《中庸》之书即说明此意。宋儒程子说之曰：

> 其书始言一理，中散为万事，末复合为一理。放之则弥六合，卷之则退藏于密。其味无穷，皆实学也。

此可谓知言矣。而所谓一理者，即中和是也。

然则深而言之，人文界之在宇宙自然界，即宇宙自然界中一未发之中也。在宇宙自然界中而有人文界，亦即宇宙自然界中一发而中节之和也。人文造端乎夫妇，人类之有夫妇，即犹禽兽之有雌雄，此乃人文界中之最自然者，亦即天人合一之道之最察著者也。自有夫妇，乃有父子。故《中庸》继夫妇而言大孝。父子之孝慈,以视夫妇之相爱,其离于禽兽者,若渐益远矣。然父子之有孝慈,亦生物化育中一未发之中也。当知宇宙至诚,正因有此未发之中,故能悠久而不息耳。故《中庸》又曰:

> 君子不可以不修身。思修身,不可以不事亲。思事亲,不可以不知人。思知人,不可以不知天。

夫身由亲生,自中国传统思想言,思修身不可以不事亲,似为不净自明之理。然亲亦人也,故思事亲不可以不知人。而人由天生,故求知人又不可以不知天。如是则修身事亲,其道在乎知天,岂不转若远人以为道乎? 然《中庸》又言之,曰:

> 施诸己而不愿,亦勿施于人。……所求乎子,以事父。……所求乎臣,以事君。……所求乎弟,以事兄。……所求乎朋友,先施之。

又曰:

> 在下位,不获乎上,民不可得而治矣。获乎上有道,不信乎朋友,不获乎上矣。信乎朋友有道,不顺乎亲,不信乎朋友矣。顺乎亲有道,反诸身不诚,不顺乎亲矣。诚身有道,不明乎善,不诚乎身矣。

盖《中庸》之道,必知有两端焉。其一端在天,若为至远。其一端在己,在身,则为至迩。惟能执其两端而用其中。而中者,即此两端之和。中和为天下之大本达道,而吾心之喜怒哀乐,亦以中和为大本,为达道焉。故惟中和者,乃为天人两端合一之所在。而惟中和为至诚而自明。虽愚夫愚妇,亦求向于此至善而求达焉。则所谓知天者,亦惟知有此中和而已。所谓明善者,亦惟明有此中和而已。上帝鬼神,在中和之此一端,鸢鱼万物,在中和之彼一端,人则处于此两端之中而参焉。故《中庸》曰:

> 知远之近,知风之自,知微之显,可与入德矣。

人心者,是亦至近至微,而亦可谓是宇宙风向转化之一中心出发点,人必明夫此,始可以入德。《中庸》又曰:

> 苟不至德,至道不凝焉。

天地至道之所凝聚而常住而得安于其所悠久而不息者,是非存在表现于此至德而又何所存在而表现乎?呜呼!《中庸》之教,遂由此而远矣。学者其可不于此而潜心以求明乎?

照中国人传统意见,从来言《中庸》者,率以人事为主。然人事必本于天道。非天道,人事亦无由定。故本篇言《中庸》,转以天道为主而名曰新义焉。实非新义,乃发挥人事之另一端也。

此稿草于一九五五年,载是年八月
《民主评论》六卷十六期。

《中庸》新义申释

（一）

　　鄙人历年来所作有关中国学术思想之论文及书籍，多半乃为研究中国思想史而作。就思想史立场言，儒家大义，亦历代有异同。不仅荀子与孟子持论相异，即孟子与孔子，持论亦未必全同。《中庸》与《语》《孟》，意见更多歧出。至于郑朱注释，乃多以己意说古籍。康成所注，正多东汉人见解。晦翁所注，则代表两宋程朱一派之意见。故康成与晦翁，解释亦各复不同，而其与《语》《孟》《中庸》之本义，亦各有出入。此皆当分析辨别，使各还其本真，必待发掘出了各时代各家各派之相异处，乃可综合出各时代各家各派之相同处。治思想史之主要目的正在此。惟在客观地叙述中国各时代各家各派思想异同之际，终不免时时有自己主观意见之羼入。若读者亦谓其仍是以己见说古籍，则知我罪我，事在读者，非鄙人所欲深论。

　　就鄙意，《中庸》与《易传》，同为晚出书，两书作者乃染有道家庄老思想之影响,而求汇通儒道以别辟一新境。鄙意之所以重视《中庸》与《易传》者正在此。又既心爱晦翁,向师其读书法,故特为《中庸》作新释,此亦今日格一物,明日格一物,以期一旦之豁然贯通。鄙意认为《中庸》原义实如此,此乃用研究思想史眼光求其真实义解,并非说中国儒家思想之大传统当如此,或鄙意所认为之宇宙真理与人生真理当如此。此乃就书说书,与自创己见不同,而亦非拈提一书以概括群书,谓群书大义全是如此也。抑又谓治每一民族思想史之传统衍进,应如观滚雪球之愈滚愈大。而中国思想尤然。每一书,必有各时代人之注解申释。此各时代人之注解申释,固同是以此书为中心,而不害于其各自夹杂进各时代人之各别见解。既于同中见其异,复亦于异中见其同。读拙文者,当先明斯义,庶可减少许多不必要之争执也。

(二)

首先当讨论者,即关于性字之义解。郑注以仁义礼智信五常释性,此正是东汉人意见。此一意见,便已与先秦时代人说性字本义大异其趣。《中庸》果如郑注,以性为仁义礼智信五常,何以下文忽然突地举出喜怒哀乐,而独不著仁义礼智信一字?当知若专以仁义礼智信说性,便不免要分割性情为对立之两橛。如《白虎通·情性》篇即云:

人禀阴阳气而生,故内怀五性六情。情者静也,性者生也。……故钩命诀曰：情生于阴，欲以时念也。性生于阳，以理也。……故情有利欲，性有仁也。

此条便以性情理欲分说。性则专指善的一边，情有利欲，便在恶的一边，不言可知。故《白虎通・礼乐》篇又云：

人无不含天地之气，有五常之性者。

此处五常之性，即是郑注所本。故郑笺《毛诗》"天生烝民有物有则"云：

天之生众民，其性有物象，谓五行仁义礼智信也。

当知如此解性，决非先秦古人原义。孟子明明分别说，犬之性犹牛之性，牛之性犹人之性与？此显然主张人性与犬牛之性有不同。但郑注误解了有物有则之物字，则谓天之生众民，其性有物象，便把民与物混一说之。故以仁义礼智信分属五行，而五行明明总括万物。如谓木神则仁，金神则义是也。犬牛亦同属五行，岂非犬牛之性亦有了仁义礼智信之某一部分或某几部分。如此说性，便已混进了道家义，但不能谓其即是《中庸》义，更不能谓其有当于孟子义。此后朱子论性，往往牵合康成；分五行说五常，象山讥朱子谓支离，如此等处，即其显见者也。

赵岐注《孟子》，较与康成不同，而较得《孟子》书之原旨。其言曰：

> 天之生人，皆有善性，引而趋之，善恶异衢，高下相悬，
> 贤愚舛殊。

此所谓皆有善性，固可谓其说性即至善，亦可谓是说性中有善，赵注实近后义。董仲舒《春秋繁露》云：

> 性比于禾，善比于米。米出禾中，而禾未可全为米也。
> 善出性中，而性未可全为善也。

赵注与董略近。就此后中国儒家思想之大系统言，尊江都胜过高密，则康成以五常释性，至少已非汉儒之通义，自不得即奉为儒义之正统。赵岐又曰：

> 守正性者为君子，随曲拂者为小人。

此处上句言正性，知下句言曲拂者亦指性，惟不得谓是性之正。此犹《孟子》言正命。有正命，即有非正之命。有正性，亦有非正之性。是即赵氏所谓曲拂也。故《孟子》曰：君子不谓之性，不谓之命，此亦是性命，特非性命之正耳。故赵岐又曰：

> 人生皆有善性，但当充而用之。

又曰：

性有仁义礼智之端,心以制之。惟心为正。人能尽极其心以思行善,则可谓知其性矣。知其性,则知天道之贵善者也。

赵氏谓性有仁义礼智之端,说性有此四端,不说性只是五常,显是较近于《孟子》之原旨。故赵岐又曰:

此皆人性之所欲也。得居此乐者有命禄,人不能皆如其愿也。凡人则触情从欲而求可乐。君子之道,则以仁义为先,礼节为制,不以性欲而苟求之也。故君子不谓之性也。

此处赵氏显以情欲亦归之人性所有,只是君子不谓之性。《孟子》曰:食色性也,食色固可无违于五常,然食色决非即五常。故知说《孟子》性字义,赵氏之注,实胜康成。清代汉学家尊康成,无微不至。然说《孟子》,大率仍遵赵氏,最后如陈澧《东塾读书记》,其书绝大祈向,端在贯通汉宋,汇通郑朱,然其阐释《孟子》性善,亦仍守赵旨。此因《孟子》原书辞指显然,若一一遵依郑注说之,必感扞格难通也。

(三)

至朱子所释性即理也,此更显然是宋儒语,先秦时代人决无此观念。《韩诗外传》有曰:

圣人何以不可欺也？曰：圣人以己度人者也。以心度
心，以情度情，以类度类，古今一也。类不悖，虽久同理，故
性缘理而不迷也。

此只说性当缘理而不迷，却并未说性即是理。理之呈现，在乎能
以心度心，以情度情，以类度类。人之与人，既是同类，故心同理
同，即己可推。故曰忠恕违道不远。夫子之道，忠恕而已矣。忠
恕指心言，指情言。又曰：己欲立而立人，己欲达而达人。己所
不欲，勿施于人。可见忠恕又兼可包欲言。孔子曰：吾欲仁，斯
仁至矣。孟子曰：乃若其情，则可以为善矣。在先秦儒家观念
中，既未把性与情严格划分看成对立，亦未将理与欲严格划分看
成对立。即沿至西汉，亦复如是，即上引《韩诗外传》便可证。
惟《小戴礼·乐记》篇有云：

人生而静，天之性也。感于物而动，性之欲也。物至知
知，然后好恶形焉。好恶无节于内，知诱于外，不能反躬，天
理灭矣。夫物之感人无穷，而人之好恶无节，则是物至而人
化物也。人化物也者，灭天理而穷人欲者也。

此始把天理人欲划分对立看，然《乐记》语仍与宋儒义微有不
同。郑玄注：

理，犹性也。

孔颖达疏曰:

> 天之所生本性。

又曰:

> 天生清静之性。

依郑孔注疏,则《乐记》语天理灭即犹云天性灭。天性即指人生而静的那一番清静无欲之性。当知《乐记》此一节话,显然是羼进了道家观点,但仍未有如宋儒所提出之天理观。故程明道亦说:

> 只天理二字,是某自家体贴出来。

可见明道说天理,是他自己的一种新观点,非本汉唐注疏也。故郑玄之理犹性,与程朱之性即理,其间仍有汉宋疆界,不该混一而视。

许氏《说文》云:

> 理,治玉也。

赵岐《孟子章句》云:

> 理者,得道之理。

此为东汉时人对理字的正释,亦即东汉时人对理字之真观念,此与程朱言理,实际有绝大之不同。即在宋儒,如胡宏《知言》亦谓:

> 天理人欲,同体而异用,同行而异情。

彼所谓同体者,即指其同体于性,陈义与《乐记》本意为近。今若谓程朱严辨天理人欲,乃程朱深入圣域后所特创之新见解,则并无不可。若谓儒家传统古义早有此一辨,则殊未必然也。

(四)

陆象山对此天理人欲之对立观,更提驳难,义极深挚。象山云:

> 天理人欲之言,亦自不是至论。若天是理,人是欲,是天人不同矣。此其原,盖出于老氏。《乐记》曰:人生而静,天之性也,感于物而动,性之欲也。物至知知,而后好恶形焉。不能反躬,天理灭矣。天理人欲之言,盖出于此。《乐记》之言,亦根于老氏。且如专言静是天性,则动独不是天性耶?《书》云:人心惟危,道心惟微。解者多指人心为人欲,道心为天理,此说非是。心一也,人安有二心?……因言庄子云:眇乎小哉,以属诸人。謷乎大哉,独游于天。又曰:天道之与人道也,相远矣。是分明裂天人而为二也。

此处象山指出理欲之辨裂天人而为二,此层极有关系,最当深玩。程朱既言性即理，又言天即理，遂又分出气质之性与理义之性而二之。此分明是裂天人而为二也。孟子道性善，所辨在把人与禽兽划分，而庄周则重提天的观念，把人禽之辨冲淡了。荀子所谓庄周知有天而不知人是也。《中庸》接受庄周观念，而重新奠定了人的尊严，此为《中庸》思想之大贡献。要之即在孔孟，固未尝裂天人而二之也。裂天人而二之，主要者在程朱。此后清儒如颜习斋戴东原，皆曾为此力加攻击。就此点言，程朱性即理之说，略近于康成，而实违于孟子。程朱与孔孟之间，在思想上断不能说全属一致，绝无歧异。关于此层，既非本篇范围，无可详说。惟若谓中国儒家思想必尊程朱为正统，必俟展演到程朱，始是登峰造极，从来群儒异见，必折衷于程朱而始得定论，此亦自成一说。信奉程朱者，尽可如此说之，但不当谓程朱解释《语》《孟》《易》《庸》，全是《语》《孟》《易》《庸》之本意。若果如此，则程朱在中国思想史上仅成一解经释字人，其为功亦浅矣。而横渠之分别义理之性与气质之性，程朱亦决不推之谓开前圣所未发，功不在孟子下矣。

（五）

象山所谓裂天人而为二者，此一说又可牵涉到形上形下之辨。形上形下一语，始见于《易·系辞》。鄙人私见，《易·系辞》亦属晚出书，当与《中庸》略同时，均属汇通儒道而立说者。故《易》《庸》与《论》《孟》，断当分别而观。《易·系辞》谓：

形而上者谓之道,形而下者谓之器。

此处器字,当就《易·系》本文为之规定。盖其所指,即是结绳
为网罟,断木为耜,揉木为耒,日中为市,垂衣裳,刳木为舟,剡木
为楫,服牛乘马,重门击柝,断木为杵,掘地为臼,弦木为弧,剡木
为矢,上栋下宇,棺椁,书契诸端也。若《易·系》器字指此等而
言,则离,益,噬嗑,乾坤,涣,随,豫,小过,睽,大壮,大过,夬诸卦
象,显见已属形而上。《易经》六十四卦便已全属形而上,则一阴
一阳更是形而上。至少《易·系》原文当作如此解。并在《易·
系》原文,制器尚象,庖牺氏以下历古圣人,正在其能创造出许多
形下之器,以济世用。形下形上,不分贵贱。即在程明道,亦尚颇
得《易·系》原意。故明道说:

> 《系辞》曰:形而上者谓之道,形而下者谓之器。又曰:
> 立天之道,曰阴与阳。又曰:一阴一阳之谓道。阴阳亦形而
> 下者也,而曰道者,惟此语截得上下分明,原来只此是道。

明道谓阴阳亦形而下,此已失却《易·系》原旨,然谓原来只此
是道,则在明道意中,形上形下,本不须大分别。则又何尝如象
山之所疑,乃谓程朱一派乃裂天人而二之乎?故明道又曰:形而
上为道,形而下为器,须着如此说,器亦道,道亦器。道器合一,
此即天人合一也。此后惟王船山阐述最精。明道又曰:

> 洒扫应对,便是形而上者。

此因明道既说阴阳是形而下，遂不得不说洒扫应对亦是形而上，以见形上形下之本不该有分别也。然明道如此说之，其实已违离了《易·系辞》之本意。《易·系辞》原文，只说网罟耒耜等属器者为形而下，在成器以前便是形而上。上下义即是前后义。所谓形者指器言。今明道谓气亦属形而下，于是逼得说洒扫应对便是形而上，此可谓是明道一家之说，却不能说《易·系辞》作者本意便如明道意，更不能谓先秦儒家已作此分别，已有此意见。亦全如明道意也。

明道似没有把天人太过分裂成两截，而伊川说话便更不同。伊川说：

> 离了阴阳更无道，所以阴阳者是道也。

此处所以二字极吃重，但却是伊川增字诂经。《易·系辞》只说一阴一阳之谓道，伊川却说成所以一阴一阳者始是道。言下之意，一阴一阳只是形而下，形而下者便不是道。朱子的理气二分说，显从伊川来。因伊川说所以一阴一阳者，其实即是说理也。象山与朱子辨太极无极，所争亦在这一层。故象山曰：

> 直以阴阳为形器，而不得为道，此尤不敢闻命。易之为道，一阴一阳而已。

今若认一阴一阳便是道，则太极之上不须再安上无极。若必求所以一阴一阳者始是道，则此一形而上者必是无极也。照伊川

说法,所以阴阳者始是道,其实即是说理,而他又说性即理,于是
便逼得他说:

> 性中那有孝弟来。

因孝弟亦属人生行事,属形而下,必问所以孝弟者始是形而上。
换言之,孝弟只可谓是人之心情,非性理。《论语》说:孝弟也
者,其为仁之本欤?自郑玄以五常言性,程朱以理言性,则岂不
转成了仁为孝弟之本。因有仁之性,故始有孝弟乎。惟既谓仁
始是天理,属形而上。则孟子曰仁人心也,又当作何解。昔人
云:宁道圣人误,讳言服郑非。后人尊奉程朱,势将讳言程朱之
非。实则孔孟程朱,不妨各有各的说法,各有各的长处,必先分
别而观,始能汇通而求,乃始可以语于中国儒家传统之大义。又
岂贵乎黄茅白苇,一望皆是,必谓程朱所说,一一即是孔孟先秦
人之原义乎?

至于《中庸》,则明明说:

> 诗云:鸢飞戾天,鱼跃于渊,言其上下察也。君子之道,
> 造端乎夫妇。及其至也,察乎天地。子曰:道不远人,人之
> 为道而远人,不可以为道。

试问鸢飞鱼跃,岂不属形而下。若必谓所以飞所以跃者始是道,
则鸢飞鱼跃皆非道。夫妇岂不属形而下,若必求所以夫妇者始
是道,则家室夫妇也将变成不是道。这岂不成为人之为道而远

人？今且不论跃飞与夫妇，即论人与鸢鱼，亦是全属气，全属形而下，只因理附气而见，如此则天地造物，不论人与鸢鱼，却全成了工具。而且不仅人与鸢鱼皆属形而下，即天亦是形而下。故朱子注《论语》获罪于天，即曰天即理也。天即理，性即理，则天命之谓性，岂不成为理命之谓理？此无怪象山对明道无非辞，而对伊川便要深致其不满，对朱子则直斥其支离。然此处终是象山自己意见，真得明道之意者，当仍属伊川与晦翁。今若分别孔孟《易》《庸》程朱，各自分别观之，则《易》《庸》并不以立说异于孔孟而失却其本身自有之价值。程朱岂亦以立说异于《易》《庸》，而遽失其本身自有之价值乎？盖《易》《庸》程朱，亦各成一套理论，各有其自己之精卓不磨处。朱子尤是盖世大儒，岂有如我上之所讥，理命之谓理，此等不通之意念乎？其病正在混同牵引，不分别而观，则成两害，不能两全矣。

（六）

至于作用是性之说，此亦未可厚非。不论性善性恶，所谓性，何尝不是一种作用？因其有作用，故能分善恶。禅宗正从作用见性等意见，始能透过佛学，重新回到中国思想之传统。明白言之，作用是性，即已摆脱了佛家形上形下两破分看之旧观点。此所谓无明即真如，烦恼即菩提，换言之，也如后来陆王之所谓心即理。当知儒家传统，最主要者，在其是一种人文精神，而人文精神则断不能向形而上栽根。然则作用是性，正可谓是先秦古谊。禅宗作用见性之说，最多亦只能说其并包了万物而言性，因此漫失了孟子人禽之辨之主要义，但禅宗却尚未别生出天人间之障壁来。至于程朱主张性即理，则依然并包万物，依然涵融于人禽之辨，而理气两分，则骤视之，若转添了一重天人障壁。其实则是更进一层融通了天人障壁。此待吾人平心分别观之，只能说其各有立场，且莫专据程朱鄙斥禅宗，然后乃能更深一层真见到程朱之更胜于禅宗也。

惟《中庸》一书，特为佛徒所喜爱，佛家之所由由释返儒，《中庸》思想亦有其大贡献。若由此一观点论，《易传》《中庸》与《庄子》三书，在中国思想史上之地位，确有当特别重视者。《中庸》正是承认天地有此实体，天覆地载，是即天地之性。天地是实体，覆载是妙用。此如手持足行，手足是实体，持行是妙用。天之覆，地之载，手之持，足之行，此即天地手足之本性也。若无天地手足，何从有天地手足之性。故承认了其作用，便连带牵涉到其本体。华严宗专言事理，理即其体，事则其用也。体用合一，故事理合一，形上形下亦成合一，更无障壁。台禅华严三家，纵未曾明白承认此实体，然亦不得不谓其已有此倾向。程朱正由此倾向转来。拙著《宋明理学概述》一书，曾在此点上，特有指陈。

孟子曰：形色，天性也。惟圣人然后可以践形。在孟子意中，又何尝有如后代宋儒形上形下之别？《吕氏春秋》亦云：石可破也，而不可夺坚。丹可磨也，而不可夺赤。坚与赤，性之有也。性也者，所受于天也。此即以坚与赤为性，亦犹孟子形色天性之旨，又何尝谓坚赤属形而下，必求所以坚所以赤之理，乃始为形而上，乃得谓之性乎？从《吕览》之说，可知先秦各家辩论坚白,本亦由当时一种普遍的对于物性之观察与讨论之风气而来。石丹即是体,坚赤即其性。孟子曰:白羽之白犹白雪之白,白雪之白犹白玉之白欤? 此一质问,亦是其辨人之性与犬牛之性之不同之一贯意见。孟子专只在物与物之间辨性,因此归重到人禽之辨上来,何尝如康成与朱子,混人与物而一之,转分天与人而二之乎。

惟《中庸》虽混同人性物性,接受了当时庄子惠施意见,而仍然归重到人性上,则仍不失儒家传统。《中庸》本义,正吃重在发挥天人合一,此一义亦道家所重视。今若谓天地手足石丹全属形而下,形而下者不啻一物,必待别寻其所以覆载持行坚赤者,而名之曰理,认为宇宙当先有一形而上之理存在,乃始有覆载持行坚赤之种种用,而此等用,又必归属之于气,即形而下者,而屏之使不得归属于理与性之形而上。然则此形而上之体,岂不转成一虚空无作用之体,而天地手足石丹,宇宙间一切实体,虽各有其妙用,却都是形而下,而理与性则只是附于此形下之气中,不该与气混一而视。一切意义价值则在理不在气。如此分别说之,颇有其困难说不通处。然即就此粗浅处说,程朱言性即理,终较禅宗作用是性之说为更深入,更圆通。经后人再四深求,终感程朱之更胜于陆王与禅宗也。明儒罗整庵论学极尊朱子,惟对朱子理气之辨,喻之为死人骑活马。整庵谓朱子所谓之理,成一死理,不足以为万物之原。正因朱子把作用与理性划分开,作用在气,不在理,而理只附气以见,如此则气如野马,理成死人。死人骑活马,变成了机械的,而终不可得见其神化妙用之所在。至清儒颜习斋,力斥程朱,谓程朱之说,将使人憎其所本有。此本有即指气言。又谓如程朱之说，必无此目然后可以全目之性。换言之，即是须脱去了形而下，乃始完成其形而上，必全撇弃了人欲，乃始完成得天理。故此后戴东原乃有《孟子字义疏证》之作，极意反驳程朱理欲之辨。若溯厥渊源，则此等仍还是象山意见耳。今若问程朱何以必须把性与作用严格分开，把形上形下、天理人欲截然划分，此则在程朱思想体系中自有其立场与苦心。此因禅宗作用见性，更不安放进一理字，究非先秦儒家传统，程朱在此点上，不得不加以一分别。故论程朱思想之全体系，精密圆宏，实不如上引之指摘，而别自有其深到之贡献。故求明了中国儒家思想之演进史，研究程朱，终为重要一课题也。

（七）

程朱言性即理，象山则言心即理。象山说：千虚不博一实，吾平生学问无他，只是一实。此谓心性之辨，即是虚实之辨。说心便实，人人自知有此心，说性便虚，不免要掉入渺茫中。若如程朱说性即理，理又在气之先，属于形而上，则教人何从去认识此先天无极之妙理？无怪程朱格物穷理之说教人无从下手，故象山讥朱子为支离。又曰：

> 女耳自聪，目自明，事父自能孝，事兄自能弟，本无欠阙，不必他求，在自立而已。

此谓聪是耳之性，明是目之性，有了耳目，自能聪明，天地间有体自有用，却不要撇开耳目实体去另求一个所以能聪明之理。人禀赋得此心，事父自能孝，事兄自能弟，孝弟亦是此心自有之本性，却不要教人撇开此心去另求一所以孝弟之理。如此说来，仍是作用是性之旧说。朱子讥象山为禅，殆即在此等处。此两人各有立场，同是儒家，我们若撇开门户传统之成见，则此等处正值得分辨与讨论。

阳明把象山意见说得更透彻。阳明说，你心自然能知。此知即是心之用，则亦可说是心之性。故阳明说良知即是性。而所知正是知了那天理。如见父自然知孝，见兄自然知弟是也。故阳明又说良知即天理。象山说心即理，而阳明必改说良知即天理，此处亦有曲折，亦有巧妙，并亦正见阳明思想在其进展途程中之艰苦处。因若单说心，别人必会说心是血肉，是气，是形而下。形而下者易为人所轻视，于是必会再来索一个形而上。若单说知，知仍属气，仍是作用。气与作用，也易失却受人重视之地位，于是又必会再来求知一个理。所以朱子要教人格物穷理。而心则只是一虚灵明觉之作用。须此理落入人心，才始是程朱之所谓性。故程朱只肯说性即理，不肯说心即理。正因心属气，属形而下，有作用，故不能认其是理。阳明说良知即心体，良知是一个自然能知，其所知之内容便即是天理，如此则形上形下，本体作用，都像是融化合一了。此是阳明之苦心。阳明从朱子之格物致知穷理，过关斩将，仍回到象山之所谓心即理，此中亦有许多曲折。故阳明虽亦时时说存天理去人欲，而只从人心上出发，论其学术大趋向，必然是象山一派，与程朱有别。其实即就《中庸》言，必分诚而明，明而诚，岂不仍分天人而为二。必曰博学深思明辨笃行，岂不仍分知行而为二乎？

（八）

因于阳明良知学之提倡，而明儒乃有即流行即本体之说。如是则鸢飞鱼跃，即见道体，岂不若转于《中庸》为近。但从此不免再入歧途，便成为晚明王学之狂禅。可知学术思想，歧中有歧，朱子所谓扶得醉人东来西又倒也。禅宗陆王，都喜单提直指，又何尝无流弊？故今特郑重申述，陆王自陆王，程朱自程朱，不仅陆王程朱之间有异同，即陆之与王，朱之与程，亦复各有异同。即二程兄弟两人间，亦仍有异同。汉儒与宋儒异，东汉与西汉异，《易》《庸》与《语》《孟》异。必先分别而观，各还其本真，然后再求会通，此亦朱子格物致知穷理之遗训。今求发挥儒学，端当从此入门下手。若必谓中国儒家思想当一尊程朱为正统，此自见仁见智，各尊所闻，无何不可。惟程朱思想亦由积久展演得来。程朱有程朱之特创。若必谓《易》《庸》《语》《孟》，早已与程朱思想无异致，一字一句，皆当守程朱旧解，一若先秦儒与宋儒间更无异见存在，此则断非情实。古籍具在，覆按可证。此一层，实为鄙见所不惮反复申述之要点也。

本文之所欲申辨者，将暂以此为限。若论《中庸》原书本义，自谓新义本文，已复语繁不杀，不待画蛇添足。若谓其借用《庄子》义说《中庸》，则《中庸》本书，据鄙见窥测，本是汇通庄书而立说。若谓其违背了郑朱旧注,则纵谓郑朱旧注不须违,岂不可别从另一端绪更加以新的阐申乎? 其他异同,循此推衍,可不一一细辨。而本文牵涉已广,特亦粗申鄙意,以待明智大贤之再有以教进之。

　　　　　　　　此稿草于一九五六年,载是年一月

　　　　　　　　《民主评论》七卷一期。

心与性情与好恶

（一）

有人最近写一篇文章,批驳我《四书释义》中有关《论语》仁字义解的一节。我三年前,在台北惊声堂,头部特然受了重伤,曾去台中养病,在养病期中,编写了一部《四书释义》。《论》《孟》两编,全用的旧作。只《学》《庸》两篇乃新成。我写《论语要略》,远在民国十二年。《论语释义》即是用的《论语要略》。有人说我解仁字用的阳明说,其实是本于戴东原而更大胆地推进了一步。此因我在早年,喜欢读阳明《传习录》。犹忆十七岁那年,曾看过戴氏《孟子字义疏证》,但那时实看不懂,一点也没有留下影响。到二十三四岁,看焦循《孟子正义》,才又看到焦氏所引东原《疏证》诸条。一时对戴焦极欣赏,而更喜欢读理堂之《论语通释》。因此《论语要略》阐释孔子思想,一面是根据阳明,同时亦引用了理堂《通释》中好多条。但我对东原,则并不太欣赏,也从不曾因东原之攻击而轻忽了宋儒。我在旧著《中国近三百年学术史》里，曾对东原思想有详细之分析与评核。

但我自谓真懂得朱子，则已在五十岁那年，病中细读《朱子语类》而得见晦翁之大与精。但我反而因对晦翁之更了解，而转更了解到东原。这些意见，曾拉杂写在近著《中国思想史》，《宋明理学概述》，及《中国思想通俗讲话》诸书中。但此诸书，也多是随笔抒写，我虽对以往思想史上的各家各派，有意兼采互融，但我并不想把自己意见刻意要来与前人意见组织成一完整的系统。我只希望能平心看前人成说，好让自己仍会有进步。若急切要把自己思想完成一系统，这会阻碍我自己思想之再进步。我此几年内，又有几篇杂文，专讨论人生问题的，汇成《人生十论》一小册，这书里有些处，可算是我近年来自己思想之直率抒写，但也不能说有什么组织与系统。此刻想把我自己思想关于此一方面者，再作一简略的陈述，仍是随心触发，随笔抒写，并非说这是我自己思想的体系。我且姑定此文题目为心与性情与好恶，专从这一题旨来申述。

（二）

我不敢故意自谦，说我自己无所见，但也不敢说我之所见定必是。我积年来，总主张人类一切理论，其关涉人文社会者，其最后本源出发点在心。而我所指述之人心，则并不专限于理智一方面。我毋宁采取近代西方旧心理学之三分说，把情感意志与理智同认为是人心中重要之部分。尽管有人主张，人心发展之最高阶层在理智，但人心之最先基础，则必建立在情感上。情感之重要性决不能抹杀。若人心无真情感,情感无真价值,则理智与意志,均将无从运使,也将不见理智所发现与意志所到达之一切真价值所在。若把中国人所说知仁勇三德来配上西方旧心理学上之三分法,则知属理智,勇属意志,而仁则显然宜多偏属于情感。若把仁之德来兼包知与勇,则人心中也只有情感更宜来兼包理智与意志。这是我个人对人心一个简略的看法。直从《论语要略》起,那时便已如此般看。

但无论古今中外的思想家,似乎都对人心抱有或多或少或轻或重的一种不放心态度。尤其对于情感,似乎更多不放心,而有些则竟抱有重大的不放心。中国思想很早便注重人心,因此中国思想史里,也很早便提出性字的命题来。人心好像比较易于了解,而且似乎可以不用解释,但究竟什么是人性,要解释这一问题便难,这是中国思想史上亘古亘今一个屡次引生出严重讨论的大问题。我对此人性问题,则完全赞成孟子看法,认为人心之所同然者即是性。但所谓人心之所同然,不仅要在同时千万亿兆人之心上求。更宜于上下古今,千万亿兆年人之心上求。因此,我喜欢说历史心与文化心。但此项历史心与文化心,并不能全超越了现前之个体心,而说为别有一个所谓历史心与文化心之存在。其实只是从历史心与文化心来认取现前个体心之有其相互同然处。因此,我们决不能抹杀了现前的个体心,来另求此历史心与文化心,来另求此人心之同然。人心同然,即在现前个体心里见。因于现前个体心之层累演进而始见有历史心与文化心,亦因历史心与文化心之深厚演进而始有此刻现前之个体心。因此,我不喜欢先心觅性,而总主张即心见性。

若我们真看重人类现前的个体心,则自见现前个体心中,情感的成分,其比重会胜过理智与意志。其实此是亘古亘今而皆然的。而所谓情感,则主要便是人心之好恶。但好恶不仅人类有之,即禽兽亦有之。如此则我们若太重视了情感与好恶,岂不将下侪人道于禽兽,与一切生物吗?问题便在这上面引生。

关于性情的说法,我大体赞成王荆公。荆公说:喜怒哀乐未发于外而存于心,性也。喜怒哀乐发于外而见于行,情也。性者情之本,情者性之用,性情一也。若夫善恶,则犹中与不中也。照此说法,舍情便无以觅性,性也只是人心之喜怒哀乐。换言之,也只是人心之好恶。我们不该一面看重人性,而一面又看不起人情。

但若说人性实际只是情,只是好恶,岂不又是把人性下侪兽性吗?因此程朱一派定要说性即理,此即见他们对人心情感有不放心处。但情是易见易说的,理便不然。一说到理,便易陷入理窟,非普通常人所易解。因此,中国思想史上的大问题,又从性字转移到理字上。

(三)

一个思想问题,若说得太简易,太切近,自然易于滋生流弊,有危险。但若说得太艰深,太支离,也同样易于滋生流弊,有危险的。让我姑举仁字为例而说之。孟子曾说:仁,人心也。孔子说仁者爱人,孟子也如此说,这岂不说得十分简易明白?但朱子释仁,却说仁者,心之德,爱之理。较孟子自然是说得远为精细了。孟子只说仁是人心，朱子定要说人心之德始是仁。孟子只说仁是爱，朱子定要说爱之理始是仁。在朱子，自有他一番苦心，但问题便由此而引生。今说仁是心之德，试问此德是先在抑是后成的。这一问题却大了，而且是太深入了，未必人人易解。据我看法，孔孟言德，大体指其是后成的，即庄子也还如此主张，但老子则说成德是先天具有的。此一分辨，我在另一文中曾细细分说过，此处不再详说。似乎程朱一派言德字，颇多采老子义，即是主张德是先有的。因此他们要说德性之知与闻见之知之分别。闻见才是后起的。

这一层且姑止于此，再说到仁者爱之理那一句。仁者爱人，爱字人人易懂，但说爱之理，便引生出问题了。究竟是有了爱才始有爱之理的呢？抑是先有了理，而在理之中乃有此爱之一理的呢？我们该于爱之中求理呢？抑该于理之中觅爱呢？此一问题极关重要。朱子喜欢分说理与气，谓理附于气而见，则爱之理必然得附于爱之情而见，朱子必然也如此承认了。若人心没有爱，试问此爱之理于何存在，又于何显见呢？朱子对此问题，追根究底，必然要说理先气，如是则爱之理必将先于爱而有，故程朱一派喜说理一分殊。所谓理一分殊者，在程朱意见，并不是说从分殊之理上来会通建立出合一之理，而是说先有了此理一，此理一中有仁有义，有种种理，即是其分殊。但如此说来，则人心中之爱，岂不是不原于心，而原于理了吗？此理则便是程朱一派所谓之天理，天理是先于心而存在的，所以要说心之德。而人欲则是后起的。此便是程朱一派要分辨天地之性与气质之性之所由。因此，仁是先在的，爱是后起的。后起者合于此先在者，乃得谓之是天理。后起者背于此先在者，则必谓之是人欲。人欲是气一边的事。也是情一边的事，不是性一边的事。但问题这样一转，便转得复杂了。若谓理属先起，则理乃先人心而有，不过人心在先天已获得了此理，因此说它是心之德。如此说来，也可谓人性中本没有爱，而只有爱之理。

明道不明明说过吗？他说：圣人之喜，以物之当喜。圣人之怒，以物之当怒。是圣人之喜怒，不系于心而系于物。所谓系于物，其实即是系于理。所以伊川晦翁要接着提倡格物穷理。如此说之，圣人不以心来喜怒，而是以理来喜怒。换言之，圣人不以心来好恶，而以理来好恶。即是圣人不以心来爱，而以理来爱。换言之，即是圣人之心与天理合一，而众人之心则不然。众人由心而爱，再于爱求合理，此事易。若先由心求理，再于理上来发出爱，此事难。而程朱似乎确然要指导人来走此难的路。所以伊川要说：人性中那有孝弟来。伊川只认人心中有仁，不认人性中有孝弟，因孝弟乃后起之事，而仁则是先在之理。再换言之，孝弟是心，而仁乃是心之德。又可说，孝弟是情，而仁则是性。所以晦翁定要说，仁者，心之德，爱之理。人心禀赋了此德，此爱之理，即禀受了此性。其实际发露在家庭父母兄长身上，始成为孝弟，故伊川谓孝弟非人性中所有。但同样如上所举，要人孝弟，其事易。要人先格物穷理而后来孝弟，其事难。阳明之学，要人从孝弟中来格物穷理，不主从格物穷理来孝弟。此似乎是主张心即理与主张性即理间之大分辨。其实亦并不然。程朱只教人即从此孝弟上来更穷其更深更高之理，即教人从心上来识性，并不教人即此而止，便谓圣人也只如此便了。

（四）

此一问题又转了，又从理字转回到性的问题上来。戴东原说：宋儒言理，如有物焉，得于天而具于心。又说：理当要其后，非原其先。我因深深明白了程朱说法的一番苦心，才回头来，觉得东原纠弹程朱之亦自有其理据。东原说法，只是主张理不是先有一物存在，而是后起的。换言之，即是性不是先有一物存在，而是后成的。其实这一番分辨，并非东原特创，王船山论性，便已如此说。船山论性，主张从人性之日生日长处言，故说：古之善言性者，取之有生之后，阅历万变之知能。颜习斋亦说：若谓气恶则理亦恶，若谓理善则气亦善。又谓程朱惟见性善不真，反以气质为有恶。习斋之意，主从气质中见理，即犹船山之意，主从心上见性。我旧著《中国近三百年学术史》，便把船山习斋这一套理论特地详引，彼辈是要来纠程朱一派在此方面之偏见，而实误解了程朱。理可以逐步发现，却非逐步完成。性亦然。举世人类千万年后天相远之习，无改于其千万年前先天相同之性。必欲把心气来包并性理，终有未是。东原思想则不过是王颜之同调。我又仔细分疏船山习斋思想，皆有与阳明相通之痕迹。其实此处仍有我上面所提出的历史心与文化心之存在。而陆王以下，皆于此忽视了。

我提出历史心与文化心，在我完成了《近三百年学术史》之后。我认为程朱论性，便从历史心与文化心之积累大趋中见。程朱论理，亦从历史心与文化心之积累开悟中得。历史文化积累得更大更久,便是人而天。而历史文化远从邃古洪荒开始,则只是天而人。惟人类当前的个体心,仍与历史心文化心大体相通,故一切理性方面之认识,不该忽视现前之个体心。但陆王一面,则不免太重视了人类当前的个体心,而忽略了人类所积累而有之历史心与文化心。

我旧著有《朱子心学略》一篇,此是五十岁以后所成,自谓对朱子乃及二程立说之所以必如此之精微与苦心处,曾阐发了一些。我那篇文章的结论说:若就人文演进的浅程言,必先由人类欲望及其行动引生出知识,并不是先有知识了始生欲望与行动。此方面实是陆王理论较胜。但及人文演进已深,已经历了一段相当悠久的时期,人类种种经验和发明,积累已多,人心本属相同,为何不承接这一份悠久相传的遗产,而偏要深闭固拒,独自一人从头做起。所以陆王在理论上固是简捷,但引用到工夫上来,却反而似径而实迂。这一边,程朱在工夫上,却似迂反径。但在理论上,又必要装点出一个理先气后,则使人觉得是支离了。所以就人文源头说知行本体,则陆王之言为是,但就人类已走上文化社会后之日常实际说修习轨辙,则朱子之论为允。此处则仍是尊德性与道问学各是偏了的一番老话。我想,若我们增用人文积累的历史与文化的眼光与说法来阐释程朱,庶乎可弥缝朱陆两派之分歧。而关于这一层,则王船山与焦理堂都曾说到过。但嫌说得并不透彻。而且专从气质上说,未免要说成宇宙唯物,而使人太重视了功利。程朱必理气分说,正为是要纠此病。

我的《论语要略》,有几处只从好恶之心来释仁字,固可谓是本原于阳明。因若抹杀了人心之好恶来言仁，那仁字就会变成仅是一个理。我们一见那理字，总会想象它是一个空洞的，又是静止的，决定的，先在的，而且或许会是冷酷的，不近人情的。因此，若我们抹杀人心现实好恶而径来说天理，说仁，其流变所极，会变成东原所言之以意见杀人。当知任何人类历史演进，其大本大原，不能先抹杀了各个人心中之好恶。若把各个人心中之好恶一笔抹杀了，或是太看轻了，如此来言理，必然会引生出大病。如此来言仁义道德，会变成全是些假仁假义与假道德。也可说，我是身历世变，而才始回头欣赏到戴东原。但也更深了解到程朱。

由此又转到天理与人欲的问题上。我对此问题，大体赞成胡五峰所谓，天理人欲，同体而异用，同行而异情。此处吃紧在天理人欲有异亦有同，有同亦有异，并不是截然对立的。既是天理人欲同体，又是同行，则如何抹去了好恶来言性言仁，言仁之理呢？五峰又说：好恶性也，小人好恶以己，君子好恶以道，察乎此，则天理人欲可知。朱子辨之云：好恶固性之所有，然直谓之性则不可。此处两人因于下语轻重而引出了大分歧。陆王在此点上，比较似近五峰。象山说：天理人欲之分，论极有病。若天是理，人是欲，则是天人不同矣。此其原盖出老氏。又说，解书者都指人心为人欲，道心为天理，此说非是。心一也，人安有二心。阳明《传习录》不断提起天理人欲语，但又说好恶尽了是非。并亦屡提好恶语。正因好恶并不是人欲，而实为天理之本原。只好恶不中节，好恶昧了良知，才始是人欲。阳明言良知，必言知行合一。知善知恶是良知，好善恶恶也即是良知。必信得此层，才信得阳明知行合一是本体之说。但仅就人类眼前的个体心言，则实也叫人有不放心处。再换言之，若从原始人类言，此等心皆可谓之是天理。但若从人类文化已衍进之后之社会言，则此等心有时实也不得不谓之是人欲。因此，陆王主心即理，而程朱主性即理，其间不得不放进人类历史文化之衍进一层来作衡评。程朱一派，像是说好恶之心非天理，好恶之心之天则乃始是天理。此语亦何尝错。只此好恶之天则，是否早已存在，已先人文历史而有了的呢？是否此项天则，纵经人文历史之长久演进，而总是一成不变的呢？若我们认为此天则，并非由先天的决定而存在，并非往后永远一成而不变，而仍有待于人文历史之逐步演进中来逐步发现，与逐步接近。则此项逐步发现与逐步接近之基本条件，正在人心之好恶上。我们决不该轻轻抹杀了大群人心同然之好恶，而仅凭一二人之高深智慧来悬空摸索此天则。

若我们太轻视了人心好恶，而过重视了此好恶之天则，则如信仰近代西方共产主义者，在他们亦自信为把握到此项天则了。而遂把他们那一套天则来傲视一切人心之好恶。试问究竟阶级斗争，是否即是人心好恶之天则呢？可见全撇开人欲来专讲天理，至少也同样有危险。而且就人文历史演进之实迹观之，则人类显然从与禽兽相近之好恶中而渐渐发现了人类本身的许多天理与天则，而又逐步向其接近。这虽然是一条迂远或像是有危险的路，但究竟是人类文化历史演进的一条摆在眼前的大路呀！从此一点讲来，使我更觉得朱子的理气论更为有深致。天地大自然，既非唯气的，也非唯理的。理必挂搭在气上。它只能主宰气,但不能自有作用。这实在是立论细密,要人作不断的更深入的体认才是。

(五)

在此,又有人提出修己与治人的分别来。但修己也得先从认识开始。我们究竟教人如何来认识仁,认识天理呢?若说仁是人心,仁是人心中之爱,这话人人懂得,人人可以反身而求。但说仁是人心中之好恶,这与说人心中之爱,又有何分别呢?说爱字,似乎阴藏一些,说好恶字,似乎显露一些,其实中间并无大分别。而且《论语》也显然说仁者能好人,能恶人,《论语》便已把好恶与仁合说了。民之秉彝,好是懿德,何尝不可从好恶上直达天德呢。若谓好恶靠不住,爱也靠不住,有偏爱,有私爱,有溺爱,有无差等之爱,这些爱都靠不住。正因为爱也靠不住,因此必说仁是爱之理,这说得圆密了。但究竟该从爱求理呢?还是该从理得爱呢?若说理是客观的,爱是主观的,天理应在客观一边,这话也不错。但天下也从无绝对的纯客观。观的本身出发点则早已是主观的了。即如自然科学,也不能有绝对的纯客观。一切自然科学所发现之种种真理,其实全本于人的立场而创建,而阐述。因此近代西方思想家,也有不主用客观字,而改用主客互观字。若真能主客互观,这便是《论语》孔子之所谓忠恕了。我的《论语要略》,用好恶来解仁,其实即是孟子以爱释仁之旧义。孟子说,墨氏兼爱,是无父也,无父可谓是不仁之极,但仁终是从爱心而生出。也可说仁终是从好恶之心而生出。但如何由我心之好恶来识仁，来达于仁，这里自然有许多曲折。我的《论语要略》，多引用焦理堂《通释》，以忠恕一章紧接仁，其意即在指点人从人人所有之人欲上，教人识得仁，识得仁之理。所用公刘好货太王好色章，也是引用的理堂语。象山也说：吾与人言，多就血脉上感移他，故人之听之也易。如孟子与齐君言，只就与民同处转移他，其余自正。所以宋明思想终于从程朱中逼出了陆王来，但陆王也终于替代不了程朱，而终于要回到程朱去。此中曲折，实难一言而尽。

若径说仁是天理，或说仁是爱之理，这理又何从教人认识？明道说：我学虽有所受，天理二字，却是自家体贴出来。明道是一位绝顶聪明人，他能体贴出天理，别人未必尽能像明道般来体贴。因此伊川晦翁承续明道，教人如何下手去格物穷理。但照伊川晦翁指点，格物穷理，似乎更不是件容易事，于是遂有阳明指点出良知，说良知即天理。又说：只是非便尽了良知，只好恶便尽了是非。是非岂不是尽人有之吗？好恶岂不是尽人能之吗？良知之学之平易亲切处正在此。由于阳明之说，像是人人能体贴天理了。阳明只在说天理即在人人之心中，因此人人能自己来体贴天理。而人人心中之好恶，则是其更主要的一项。好恶也不就是人欲。象山也说，在人情事势物理上做些工夫，即是主在人情事势物理上来体贴天理。可见好恶之情，是不该排拒在理之外面的。但既说人情事势物理，又可见只就好恶之心也嫌不够了。

阳明的良知之学，在阳明身后，即其及门弟子间，也已引起了许多的歧见与争论。我向来读《明儒学案》，因先接受梨洲意见，比较总尊向江右，尤其是罗念庵。但在民国二十六年，避难居南岳，始获读《念庵全集》，拿来与《龙溪集》细心对读，我才感到念庵存心在挽救阳明学后起之流弊，而到底非阳明学之真骨髓，真嫡血。龙溪说法，尽可生流弊，但阳明学之真精神，似乎龙溪是经过耳提面命，日常亲炙的，我们还该得细参。

阳明自己说：某于此良知之说，从百死千难中得来，不得已与人一口说尽，只恐学者得之，容易把作一种光景玩弄，不落实用功，负此知耳。阳明此一番话，后人反对现成良知之流弊者，多喜引用。其实阳明并不是说他之良知乃自百死千难中得来，只说他之良知之说乃从百死千难中得来。所谓良知之说，即是良知即天理之说，即是只是非便尽了良知，只好恶便尽了是非之说。可见阳明立说尽简易，得来工夫却并不简易。阳明乃从百死千难中得此说，阳明教人，也该如在百死千难中落实用功。但阳明到底不肯怕人不懂用功而把他自己这一番从百死千难中得来的简易亲切的说法舍弃了。但遵从阳明学说的，究也不该忽略他百死千难的这番话。既知得了他那百死千难的这番话，则朱子之说，也自不见其只成为支离。

有人又举出我《论语要略》中释克己复礼一语，证明我用意与阳明有不同。关于此一条解释，在我也曾苦费斟酌。旧著《近三百年学术史》东原一章，曾引陈《东塾读书记》关涉此一条者，来纠驳东原。大致清儒多不赞成用克去己私来解克己，但我当时已想用克去己私义。较为《论语要略》时意见不同。因我写《学术史》时，于程朱所涉渐深，因此深不喜东原，但后来对程朱所涉更深，反更了解到东原立说之深处，此层已在前文交代过。但我当时采清儒说法，不用克去己私义来解《论语》本章克己复礼，也未必即与阳明违背。阳明《传习录》曾屡有克去己私语，但照阳明宗旨，克去己私，也还仍凭他自己那一点良知，是他自家的那一个准则。所谓尔意念着处，它是便知是，非便知非，更瞒它一些不得。尔只不要欺它，实实落落依着它做去，善便存，恶便去。可见阳明意，还是依着自己良知来克去自己之私，则《论语要略》释克己字，照任己由己讲，把任己作修身讲，也不见真与阳明本意违背。惟此亦可见即在一字一语之解释上，已可意见分歧。在个人自身，亦难前后不生歧见，正足证明天理之难定，而更应增加我们讨论此等问题时之虚心与谦意。所以陆王尽提倡易简，但终于有不易简处，也从此可见了。

（六）

即如我上举，浙中王门与江右王门，同属阳明弟子，便自有异见。而且浙中王门，如绪山龙溪两人，亲炙于阳明者最久，天泉桥夜话，两人同受阳明最后之末命，但两人间也同样有异见。至少是各人才性不同，聪明有限，学问途径，又是歧中有歧，因此究是谁获得了最后真理，这一最大最究竟的问题，古今中外，将永远得不到解决。正为此故，陆王说法比较简易亲切，使人人得有一份作他自己批判自己抉择之把柄，可来参加此参究真理讨论真理与实践真理之人类大工作。明道说，只有天理二字，是他自己体贴出来。其实天理都该由各人自己去体贴。所谓存天理，去人欲，也该是各人各自存他自己体贴的天理，来去各人自己所认为的人欲。不该在他外面,由另一人来决定这是天理要他存,这是人欲要他去。宗教与教育,仍主要在各人自信自悟。所谓存天理去人欲,仍在各人之自发。若认真要让各人自信自悟自发,来自存天理,自去人欲,则先必在理论上承认各人自有一个知善知恶之良知。所以阳明说良知即天理这一句话,实比明道天理二字由他自己体贴出来一语,在理论上更广大,更亲切。因天理不仅我一人能体贴,人人各自能体贴。若要教人体贴天理,便不该否认人自有体贴天理之良知。今若否认别人智慧,认为他不够分辨善恶与是非,但他至少能自有好恶。人类乃由其好恶而转出是非与善恶之价值批判的。这才所谓夫妇之愚可以与知。一切科学定理,必须向自然界求证验,一切人文定理,也得向社会大众实际人生求证验。于何证,于何验,最后必得证验之于人心之好恶。我们无法说人心所好非真理,而人心所恶才始是真理呀!但人心好恶既如此重要,何又被人轻视。正因好恶人有,人人能。而人心好恶之所以得为一切人文真理之最后评判标准者,也正因此一评判,乃属人人有份,人人得参加。故依照阳明学说,人人尽得凭其自己良知即自己好恶来寻求天理,认识天理,与肯定天理而实践之,此之谓思想人权。我们不应否认别人之思想权,即不应否认别人之认识权,而一般人对人文真理之思想与认识,则必先从好恶起。

但这一说法,显然可以有流弊,有危险。此处又当提出修己与治人之辨。章太炎《检论》即曾以此来评核戴东原,我旧著《中国近三百年学术史》亦曾详引之。但究极而论,修己治人亦该会通合一才到家。《中庸》所谓即以其人之道还治其人之身。

执柯以伐柯,其则不远。人之为道而远人,不足以为道。否则治人者以彼所认为的修己之道来强人,即以彼所认为天理者要人存,彼所认为人欲者要人去,生民之祸,可以由此起,可以由此终古而不得息。因此所谓良知,所谓好恶,所谓思想人权,乃当把修己治人一以贯之。存天理是存自己认为的天理,去人欲是去自己认为的人欲。而天理人欲则全发源在各人之心之所好恶上。我总说人文社会中之一切真理,必该本原于人心之好恶,此一点,我始终在信守着。

惟如此讲,必然有人觉得其有危险,有流弊。我之愈后愈懂尊程朱者在此,我之深不喜于东原之肆意排击程朱者亦在此。我之写此文,只直率吐露出我今天知解之所到达,只想依据前贤而尚仍有许多异同难合。正在此等处,可以益增大家各自之虚心与谦意,来激发人参究真理之各自的信心。如是才始于学术讨论上可有真长进。今再综合的说,程朱正为透悟了历史心与文化心之深义,而始提出他们性即理之主张,此说虽若迂远而平实。陆王虽简易切近,而提出他们心即理的主张,但究不免于历史心与文化心有忽略。但纵说历史心与文化心亦终不该抹杀了人类现前的个体心,这是我对此问题之最后见解。

此稿草于一九五五年,载是年六月
《民主评论》六卷十二期。

《大学》格物新释

汉儒所辑《小戴礼记》中《大学》一篇,其原文究出何人之手,此事已难确论。然以不到两千字之短文,三纲领,八条目,规模之开拓,工夫之层累,大小兼举,先后明备,实不失为古代儒家理论中一篇重要文字。无怪程朱以来一千年,群然尊奉以为宝典。独惜其八条目中最后一条,即为学者下手工夫之最先一步,所谓致知在格物者,其格物一义,在《大学》本篇之内,若未有详细说明,遂引起此千年间学者之种种争辩。本篇重提旧公案,虽若仅为古书字句作训诂诠解,然实为两千年儒家思想解决一重要疑题,读者幸勿以为陈古董之拱玩而忽之。

明代人曾谓《大学》格物两字释义,共有七十二家之多,此不过极言此一语义解之纷繁。若论其最关重要者,在当时,则仍只朱子与阳明两派而已。朱子《大学章句》为格物补传,谓"大学原文传之第五章盖释格物致知之义,而今亡矣,闲尝窃取程子之意以补之"。其文曰:

所谓致知在格物者,言欲致吾之知,在即物而穷其理也。盖人心之灵莫不有知,而天下之物莫不有理。惟于理有未穷,故其知有不尽也。是以《大学》始教,必使学者即凡天下之物,莫不因其已知之理而益穷之,以求至乎其极。至于用力之久,而一旦豁然贯通焉,则众物之表里精粗无不到,而吾心之全体大用无不明矣。此谓物格,此谓知之至也。

此即所谓朱子《大学格物补传》。《补传》陈义虽高,乃引起后人种种之争议。窃谓其间有两大别。一则《大学》原文是否有缺而有待于为之补传。二则朱子《补传》是否有当于《大学》之本意。而后一事尤为重要。果使朱子《补传》于《大学》本意无失,则前一事宜无重大争论之价值。疑《补传》者,谓其陈义,乃若使人不可几及。即如近代西方,科学昌明,专攻之业细若牛毛,亦尚不能即凡天下之物而格。虽新理新知,日有发明,亦尚不能莫不穷至乎其极,更何论乎一旦之豁然而贯通。《大学》本文,格物乃人人必先经历之第一步工夫,其下乃有致知诚意正心修身齐家治国平天下各目。则此人人所当经历之第一步,自应简易平常,为尽人所能。若朱子云云,将使人穷老尽气,终不得门以入。盖朱子格物理想,仅可悬为全人类求知之共业,其事非仓促数百年乃至数千年之期之所能完成。若使每一人以此为诚正修齐治平之初步工夫,似实未当。

窃谓朱子当时虽悬举此一番穷格物理之大理论,惟朱子《大学章句》明明注曰:"物,事也。"如事父母是一事,事父母当孝,乃属已知之理,岂不当随时随地因而益穷之。使我诚能尽吾之孝,此即所谓至乎其极矣。至于齐家治国平天下,皆属事之范围,皆当因其已知之理随时随地而格,以求各至乎其极。一旦豁然贯通者,乃此三纲领八条目莫不在吾心而一以贯之。朱子乃为每一人每一事言,终生当下此工夫,非谓第一步是此工夫,此下乃有诚正修齐治平种种工夫也。至于自然物理,自亦包举在内。朱子之气魄与精力,亦已同时穷格,惟自有先后缓急轻重大小之别。而朱子以后之学者,更无如朱子之气魄与精力,朱学乃渐渐流变而为书本文字之义解与训诂。大匠诲人必以规矩,不为拙工改废绳墨,羿亦不为拙射变其彀率。不得以《补传》陈义之高病朱子。

王阳明继起,确然有志圣贤之学,亦依《补传》即凡天下之物而格,曾格庭前竹子而病,遂疑圣人非可学。此后屡经转变,乃疑朱子格物说未可信。始主张古本《大学》,其论《大学》工夫次第,以诚意致良知为主。如恶恶臭,如好好色。知行合一,即知即行。今日知到这里,今日行到这里。体用兼贯,内外双修。诚意致知,当下便是。意谓如此简易明白,用为人人一种必先经历的初步工夫,较之朱子格物说,宜为切近。今且勿论朱王两家是非,且首先辨一事。朱子因闻某一道人言,竹子夜长速,日长慢,因于某佛院穷夜格此事,此所谓莫不因其已知之理而益穷之也。阳明格庭前竹子,不知究欲格何事。未能细读《补传》,漫然不知如何格法,则宜其七日而病矣。抑阳明对《大学》格物二字,亦并不能明白作解释。朱子《补传》,心知物理,两面分说,阳明则打成一片说之。谓:

> 格者格此也。致者致此也。

又曰：

> 格物者,格其心之物,格其意之物,格其知之物。正心
> 者,正其物之心。诚意者,诚其物之意。致知者,致其物之
> 知。岂有内外彼此之分。

此只可谓阳明自发议论,与《大学》原义无涉。今且问《大学》本
书是否已提到心物问题。其所举八条目,所重宜在辨别人事之
先后本末,则格物为最后一项,实即是最先一步,亦必仍属人事
范围。朱子谓即凡天下之物而格,语气自牵涉及自然界万物。
《大学》原文亦似无忽然转变论点,轶出人事界,谓欲善尽种种
人事,必先穷究自然物理。此应另成一番理论,决非《大学》原
文宗旨所在。朱子《补传》是否有当于《大学》原文之本意,似当
从此处着眼。而阳明谓心物内外无分,格者格此,致者致此,则
致知格物岂不早成一件事,又何必分为两条目。就思想进展历
程言,必先认心在内,物在外,然后进一步乃始有心物无分内外
之说法。今《大学》本文,既不作心物问题之讨论,则阳明之论
心物内外异同,岂不更较朱子为迂回。惟其论诚意工夫,确然简
易明白。故王门后学,大率尊承其师所提诚意致良知宗旨,而于
《大学》格物义训,则不得不再创新解。

继阳明而起,对《大学》格物别创新解而为当时所推崇者,
有泰州王心斋。其言曰：

> 格物即物有本末之物，身与天下国家一物也。格知身
> 之为本而家国天下之为末，行有不得者，皆反求诸己，反己
> 是格物的工夫。故欲齐治平在于安身。

此在当时谓之淮南格物说。明末刘蕺山极称之，谓后儒格物之
说，当以淮南为正。第少一注脚，格知诚意之为本，而正修治平
之为末，则备矣。今按心斋格物说，摆脱朱子阳明心知物理之
辨，而专就人事上说之，宜若与《大学》本意为近。然于《大学》
格物二字之义训，则仍未透彻。朱子谓格物乃穷至事物之理，既
言人事，自亦不当忽略物理。即孝子之夏清冬温，岂不仍兼自然
物理在内。故知朱子之说，宜与《大学》本文原义无大违碍。今
心斋乃谓格物是格物之本末，则至少仍在朱子注物事也一训诂
之范围以内。惟《大学》本文早言欲明明德于天下者必先治其
国，治国必先齐家，齐家必先修身，修身必先正心，正心必先诚
意，诚意必先致知。屡言必先云云，是已将物之本末先后明白确
定，更不待读者之再格。故知心斋训格物为物有本末之物，其说
似亦未可信守。

　　窃谓《大学》一篇，既辑入《小戴礼》，格物物字，虽在《大学》
本文中未有详说，宜可于《小戴礼》其他篇中寻求旁证。今试举
《乐记》篇言之。《乐记》有曰：

> 人心之动，物使之然也。

又曰：

　　人生而静,天之性也。感于物而动,性之欲也。物至知
知,然后好恶形焉。好恶无节于内,知诱于外,不能反躬,天
理灭矣。夫物之感人无穷,而人之好恶无节,则是物至而人
化物也。人化物也者,灭天理而穷人欲者也。于是有悖逆
诈伪之心,有淫泆作乱之事。

《乐记》此两条,明明提出了心与物,及物与知之问题。物至知
知四字,尤与《大学》物格知至四字可以互相发明。人心之知,
即是知此外来之物。阳明谓见父自然知孝,父即是一物,下语粗
疏。古人决不如是想。应云事父当知孝,事父是一事,不可云父
即是一物。孝是一理,即一知。而此知则当穷理后而知。孟子
亦曰:耳目之官不思而蔽于物,物交物,则引之而已矣。心之官
则思,思即得之,不思则不得也。是在《戴记》以前,孟子已提出
了物与心物与知之问题。人类之接于外物,或以心,或以耳目之
官。耳目之官不能思,则亦仅是一物。故以耳目之官接物,则只
是物交物,不难被其引之而去。心之官能思,朱子注此章有云:

　　凡事物之来,心得其职,则得其理而物不能蔽。失其
职,则不得其理而物来蔽之。

窃谓《大学》《乐记》与《孟子》此章,其实皆一义。道家则主扞格
外物之来,故于修齐治平皆非所重,而惟求一任其自然。儒家则
不拒外物之来,只重在我心之能思而得其理,此即朱子《大学补
传》之所谓格物穷理也。惟朱子于事理外又补上物理,此乃是

思想之递后而益进。朱子《格物补传》或可谓已更进于《大学》本文之原义，然此不足以病《补传》。

《大学》既辑入《小戴记》，为言礼之书，而礼家言物字，又有其特有之义。于是后儒解《大学》格物，亦有据其特有义解之者。明清之际，如瞿汝稷万充宗皆是，见黄宗羲《南雷集·答万充宗论格物书》。物乃射者所立之位。《仪礼·乡射礼》记物长如笴，注，物谓射时所立处也。又《小戴记·投壶》注，间相去如射物，疏：物谓射者所立之处。长三尺，阔一尺二寸。古人乡射大射仪，射有三耦，耦凡二人。上耦则止于上耦之物，中耦则止于中耦之物，下耦则止于下耦之物。古人常以射事喻德行。格物者，即止于其所应立之处，格即止也，物即其应止之所。窃谓此解《大学》格物，实即《大学》止至善之义，今试再作阐申。

《大学》三纲领曰："大学之道，在明明德，在亲民，在止于至善。"何谓至善，《大学》又明言之，曰："为人君止于仁，为人臣止于敬，为人子止于孝，为人父止于慈，与国人交止于信"，此仁敬孝慈信，皆人之明德，即君臣父子人群间之至善也。在我能明其明德，则在外自然有亲民之效。故《大学》三纲领，实只一事，即止于至善是也，故《大学》首重止，曰：

> 《诗》云，邦畿千里，惟民所止。《诗》云，缗蛮黄鸟，止于丘隅。子曰，于止知其所止，可以人而不如鸟乎。

若训格为止，物为所止处，此即《论语》所谓"君子思不出其位"。格于物，即不出其位也。《诗》曰，"天生烝民，有物有则"，《易》

曰，"君子以言有物而行有则"。此皆物与则并言同义，犹言法则准则。以今语说之，犹云榜样或标准。在外言之为标准，在己言之则为其地位或立场。天生烝民，莫不与以一个恰好至当之标准，亦即莫不与以一个恰好至当之地位。果能立定于其地位而完成其恰好至当之标准，即可证其地位亦实是一恰好至当之地位。故人性之明德，人事之至善，即《大学》格物物字义。

古者射以观德，射以择士，故每以射事喻德行。《中庸》云："射有似乎君子，失诸正鹄，反求诸身。"《中庸》亦辑入《小戴记》。此云正鹄，乃所射之目的。射贵乎中的，中的即射事之至善也。若以人事言之，为人子者即应止于人子之地位，孝则譬之如射。若人子虽欲孝，而不得爱于父，则如射不中的，失诸正鹄，在外未见亲民之效，即在我未可谓已明其明德，而其事亦未可谓已止于至善。子欲孝而父不爱，为子者仍只有孝，别无他道。故曰，行有不得，则反求诸己。若曰父既不慈，子亦可以不孝，则父慈子孝正如抱布贸丝，成为一种商货贸易。故射不中的，只有站在原地位好好再射，终不能埋怨自己地位站差了。故万氏所释《大学》格物义，实即《大学》止至善工夫。

阳明曰，见父自然知孝，此固是人之明德。然如曙光乍现，非大明中天。孝亦尽有层次节目，亦尽有曲折艰难。如大舜遇瞽瞍，正犹射者不能一发即中，于是只有不怨天，不尤人，下学而上达。若非站定立场，止而不迁，则如何肯不怨不尤，又如何肯下学。如射者埋怨自己站的地位差了，射偏右则改站左，射偏左则改站右，如何能明得射法？

故《大学》原文又言之，曰："知止而后有定，定而后能静，静而后能安,安而后能虑,虑而后能得。"能虑能得,斯知致矣。凡人行事,必先立定脚根,站稳立场,然后能细想办法。《论语》曰:"笃信好学,守死善道",非笃信即不能好学,非守死即不能善道。又曰:"不知命无以为君子",止至善即知命之学也。

见父自然知孝,此人天性所禀赋,即所谓明德也。然人子行孝,未必即得父母之欢心,此人事之遭遇也。世皆以人事遭遇为命,而不知禀赋之为命。不知遭遇之命可改,而禀赋之命则不可改。人莫不有孝心,而终归于不孝者,在彼以为是遭遇之不良。以《大学》之道论之,则是知之未致,意之不诚也。孟子曰,"待文王而后起者,庶民也。豪杰之士,则无文王犹兴。"庶民能应不能感,为从不为主。必待臣之敬而后为仁君,必待君之仁而后为敬臣。必待有慈父而后为孝子,亦必待有孝子而后为慈父。然则谁先为此主动而感世者。乱世人心,亦未尝无其禀彝,亦未尝丧其明德,亦未尝不知人之当敬当仁当孝当慈。所谓乱世,则只是一相待相持之局而已。君有待于臣之敬而后应以仁,臣有待于君之仁而后应以敬。父有待于子之孝而后施以慈,子有待于父之慈而后报以孝。相待即不相亲。亲民之效不睹,则明德之明无期。物有本末,事有终始,知所先后,则近道矣。何者当先?曰,先在我。何者为本?曰,本在我。修身是也。君修其身而仁,则臣自敬。臣修其身而敬,则君自仁。子修其身而孝,则父自慈。父修其身而慈,则子自孝。莫为之先,则亦莫为之后。莫为之感,则亦莫为之应。相待而不相下。必相待而始为之者,只是其意之不诚。故曰"自天子以至于庶人,壹是皆以修身为本"。既诚意修身,其间虽尽有层次节目,尽有曲折艰难,自然长知识,增经验,不达目的不止。故曰,"君子遵道而行,半途而废,吾弗能也。"又曰,"君子无所不用其极"。《易》曰,"天行健,君子以自强不息。"此之谓至诚。若为君者诚心仁而臣不敬,为子者诚心孝而父不慈,则如之何?曰致知。人既立意要做,自当想办法。知有不致,行有不得,则终无以见其意之诚。必待其有定静安虑得而后始实证其意之诚焉。《中庸》自诚明谓之性,自明诚谓之教,诚则明矣,明则诚矣。《大学》重人事,故曰知致而后意诚也。

何以又曰正心?岂有欲明明德于天下,欲治其国,欲齐其家,欲修其身,而其心尚邪而不正之理。《周礼》宰夫,"岁终合群吏正岁会",注"正犹定也"。《大学》正心,即知止而后有定之定。身有所忿懥,则不得其正。有所恐惧,则不得其正。有所好乐,则不得其正。有所忧患,则不得其正。忿懥恐惧好乐忧患,皆足以摇惑人心使之转退。故曰:"心不在焉,则视而不见,听而不闻,食而不知其味。"故欲修其身者,必先定心不摇惑,不退转。欲定心不摇惑,不退转,则在先诚其意。

今就《大学》本义,反观上述诸家之说,心斋以反己为格物工夫,其实亦是止至善工夫也。惟既言反求诸己,又曰安身,则属歧义。有杀身以求仁,宁闻安身以求仁乎?心斋正当王学多受诋毁,故曰先求安身,此非《大学》之意。阳明言诚意,然依《大学》之序,必先致知乃能诚意。阳明则言致良知。然孟子言,所不学而知者,其良知也。良知特知中之一端,岂有修齐治平之理,千绪万端,皆可不学而知乎?孔子曰:上智下愚不移。下愚抑或有良知,然不可谓其于修齐治平一切皆知。苟求知于修齐治平之理，其事则必待于学。朱子言穷格物理，始是致知工夫，亦即学也。阳明仅言诚意，仅言致良知，不言致知，则何事而复有孔子之学不厌而教不倦？抑且孟子言所不学而知者是良知，则良知人所固有，亦不待于致。抑且孟子言尽心而知性，尽性而知天。尽心亦必有工夫。朱子言格物穷理，是即尽心工夫也。不格物，不穷理，斯此心即不尽。岂可徒恃良知而不务尽心？说者谓阳明以孟子说《大学》，不知阳明之说孟子，亦未为当。孟子何尝以良知二字说尽一切？亦何尝以心即理三字说尽一切乎？阳明致良知之教，虽力主切近易简，而其门人后学，如聂双江之归寂，刘蕺山之慎独，终是有山林枯槁气象。而王心斋之安身，则更属偏狭。伯夷叔齐，孔子许以为古之仁人，而饿死首阳之山，岂饿死亦即心斋之所谓安身乎！

就于上论，乃知万充宗之释格物，实当于《大学》言止至善之一纲领。而《大学》言格物，则为致知工夫，固不得谓止至善即是致知工夫也。抑且遍考《小戴礼》及其他言礼之书，以及儒墨道先秦百家之典籍，物字义训非一。以物为射者所立之位一义，独为冷僻少见。《大学》作者，何以独引用此一义，前不见所承，后不见所续，更无一明白交代，而突然引用此一冷僻字，岂有如此以为修辞之法者，故知其决不然也。

较万充宗稍前，顾亭林《日知录》有《论致知》一条，其言曰：

致知者，知止也。为人君止于仁，为人臣止于敬，为人子止于孝，为人父止于慈，与国人交止于信，是之谓止。知止然后谓之知至。君臣父子国人之交，以至于礼仪三百，威仪三千,是之谓物。

《诗》曰,天生烝民,有物有则。孟子曰:舜明于庶物,察于人伦。昔者武王之访,箕子之陈,曾子子游之问,孔子之答,皆是物也。故曰万物皆备于我矣。

惟君子为能体天下之物。故《易》曰:君子以言有物而行有恒。《记》曰:仁人不过乎物,孝子不过乎物。

此亦明以《大学》止至善释格物,大意与万充宗相似。然引用古书物字义训,则较万氏更为明通。物者,法则义,标准义。然知了此种种法则标准,仍须别有所知以到达之。孟子曰:万物皆备于我,乃言此种种法则标准,如《大学》所言仁敬孝慈信诸德目,实皆禀赋于天而本于性,然亦须尽心工夫,乃始能知性知天。然则朱子《补传》所举物字义训,较之顾氏,实更为明通普遍。其言格物穷理,即是致知尽心工夫。故曰吾心之全体大用无不明,此即犹孟子之言尽心。能尽心乃始知万物之皆备于我。非先知万物之皆备于我,然后乃能致知也。可知朱子释《大学》格物,实更胜乎顾氏。

然顾氏论学极尊朱子,何以于此格物一训必独标新解。在顾氏亦有说,曰:

> 以格物为多识于鸟兽草木之名则末矣。知者无不知也,当务之为急。

是顾氏亦疑朱子《补传》所谓即天下之物而格,将如阳明之格庭前竹子，故特标异解，以防其弊。然朱子《补传》已明言之，曰：即凡天下之物，莫不因其已知之理而益穷之。又曰：物，事也。则孔孟之所传，固为修齐治平之理乎，抑鸟兽草木之名乎？《大学》亦明言之，曰：为人君止于仁，为人臣止于敬，为人子止于孝，为人父止于慈，此皆已知之理，而犹待于后人之益穷之，何尝是欲穷乎鸟兽草木之名乎？抑且《大学》本文又言之，曰：缗蛮黄鸟，止于丘隅。子曰：于止知其所止，可以人而不如鸟乎？是《大学》亦未尝不格及于鸟兽之理。岂可于格物物字，必抹去鸟兽草木自然之理于不谈不论之列乎？故朱子言格物穷理，既包有人文事为之理，亦兼有自然万物之理。至其本末先后，当务之急，稍治孔孟书者皆知之。惟至于近世，西方自然科学日益发展，于是读朱子《补传》，乃易联想及于自然物理，而朱子若已先发其意于五六百年之前。此亦见朱子论学，其精神气魄之卓越。至于人文事理与自然物理之本末先后，孰为当务之急，此固有待于今日之进而益穷之。然朱子《补传》，则实未有先物理后人事之稍微痕迹之嫌疑，此固细读朱子《补传》本文而可知也。或疑若如所释，则朱子本传何必曰即凡天下之物，而不曰即凡天下之事，以免人之误会乎。不知《大学》本文固曰格物，朱子《补传》不能易之曰格事。其曰穷至事物之理，是既以事释物，而于物字本义依然顾到，则不可谓朱子立言之有不明矣。

　　或疑《大学》明言：物有本末，事有终始，知所先后，则近道矣。又曰：此谓知本，此谓知之至也。则《大学》格物致知，明是格此物有本末之物，致此知所先后之知，何有缺文待补。然知止与知之至不同。知止可谓即知本，乃是起步处，知之至始是歇脚

处。故《大学》原文于知止下尚有定静安虑得各步骤。抑且虑
而得，亦非即已得了知之至处。《论语》有子曰：孝弟也者，其为
仁之本与，此可谓知本矣。然为仁之事，岂除孝弟外即无理可
穷？孝弟之事，亦岂除家庭父兄外便无理可穷乎？《大学》引孔
子曰：听讼，吾犹人也，必也使无讼乎？朱子注：观于此言，可以
知本末之先后矣。然无讼为本，如何使民无讼，其事岂无理可
穷？即听讼之末，亦岂便无理可穷？故朱子于《大学》原文此谓
知本此谓知之至也两语间特加注曰：知之至也句之上别有阙文，
此特其结语耳。此其发明知本与知至之不同，可谓深切而著明
矣。然则纵谓《大学》无阙文，亦必有阙义。朱子《格物补传》，
至少补出了《大学》之阙义。读《大学》，不得不读朱子《补传》，
其义抑甚显。

或又疑：程子明言，《大学》为初学入德之门，岂朱子格物穷
理之说，亦初学入德之门乎？然程氏又明言之，曰：于今可见古
人为学次第者，独赖此篇之存。则程氏意，亦指其三纲领八条目
乃为学次第，有其本末先后，仅指知止言，不指知之至言。朱子
《补传》，仍于程氏意无背也。惟象山似于为学之本末先后与朱
子持异见。故曰：

> 学有本末，颜子闻夫子三转语，其纲既明，然后请问其
> 目。夫子对以非礼勿视勿听勿言勿动。颜子于此，洞然无
> 疑，故曰：回虽不敏，请事此语矣。本末之序盖如此。今世
> 论学者，本末先后，一时颠倒错乱。曾不知详细处未可遽责
> 于人。如非礼勿视听言动，颜子已知道，夫子乃语之以此。

今先以此责人，正是躐等。视听言动勿非礼，不可于这上面看颜子。须重请视此语，直是承当得过。

象山意，大处承当是本，细处致详是末。大纲是本，小节是末。其曰今世论学者，本末先后一时颠倒错乱，正指朱子。若以《格物补传》言，其心豁然贯通，始是纲，是本。即物而穷其理，乃是目，是末。而朱子颠倒其序，故象山讥朱子以支离也。朱子又以读书为格物中一事，象山则曰：尧舜以前曾读何书来。若我不识一字，亦将堂堂地做一人。盖象山认我心悟道始是纲、是本。读书求知，只是目，是末。先在大处承当，乃后在小处下手。再言之，仁是纲，是本，孝弟是目，是末。故象山又谓读《论语》即疑有子之言支离也。

若以《中庸》言之，象山意，自以尊德性为纲，为本，道问学为目，为末。故曰：既不知尊德性，焉有所谓道问学。然朱子于《玉山讲义》篇则曰：

圣贤教人，始终本末，循循有序。精粗巨细，无有或遗。故才尊德性，便有个道问学一段事。虽当各自加功，然亦不是判然两事。故君子之学，既能尊德性以全其大，便须道问学以尽其小。要当有以交相滋益，互相发明，则自然该贯通达，而于道体之全无欠阙矣。

《大学》三纲领之外复有八条目，于诚正修齐治平各条目之中，仍当道问学，仍当格物穷理以致知。三纲领八条目不是判然两事，则朱子《格物补传》，纵不是补了《大学》之阙文，而实补了《大学》之阙义，岂不于此而见乎？

阳明承象山而起，其言致良知，乃曰见父自然知孝，见兄自然知弟，亦不见道问学工夫。诚如阳明之言，则孔子之七十而从心所欲不逾矩，岂不仍是此见父自然知孝见兄自然知弟之良知而已乎？纵谓陆王论学得其大纲之本，然朱子格物穷理，亦为之补出了细节之末。固不得谓有纲即不须有目，有本即不须有末也。后世凡疑朱子《补传》，其实亦率仍陆王义疑之，非有太多歧说也。

此稿草于一九四一年，载是年九月
《思想与时代》第二期。

儒礼杂议之一——非斗

古者法令未具，民风武勇，睚眦之忿，至于相杀，仇报随之，私斗盖多。请证之于《尚书》。

《书·微子》言纣无道，"凡有辜罪，乃罔恒获。小民方兴，相为敌仇。"是谓上失其刑，而后民相仇也。然夷考其实，有不尽然。请证之于《周礼》。

《周礼·地官司徒·调人》："掌司万民之难而谐和之。凡过而杀伤人者以民成之，鸟兽亦如之。凡和难，父之仇辟诸海外，兄弟之仇辟诸千里之外，从父兄弟之仇不同国。君之仇视父，师长之仇视兄弟，主友之仇视从父兄弟。弗辟则与之瑞节而以执之。凡杀人有反杀者，使邦国交仇之。凡杀人而义者不同国，令勿仇，仇之则死。凡有斗怒者成之，不可成者则书之，先动者诛之。"其致谨于和难解仇之情可知矣。然谓和难则使辟，弗辟乃执之，则乌所谓辜罪恒获者？且杀伤鸟兽而成难，斗怒不可成而辄动，则敌仇之兴，亦不必由于辜罪之罔获也。《秋官·朝士》："凡报仇仇者，书于士，杀之无罪。"则报仇相杀，又明为法令之所许也。可知小民之相为敌仇，不尽由于暴上之失其刑。虽治君有不免，自为古社会恒见之常情矣。请再证之以《曲礼》、《檀弓》。

《曲礼》曰："父之仇，勿与共戴天。兄弟之仇，不反兵。交游之仇，不同国。"则在上者虽有和难解仇之法，在下者亦自有寻难报仇之礼也。又曰："父母在，不许友以死。"则许友以死，自为古礼，其事至汉犹有之，所谓"借交报仇"是也。

《檀弓》曰："死而不吊者三，畏，厌，溺。"《白虎通》："畏者，兵死也。"郑云："人或时以非罪攻己，不能有以说之，死之者。"卢云："畏者，兵刃所杀也。"今按此三解，盖均有所受，而言之未析。畏者，谓私斗也。故或曰"斗很忘命曰畏"，非徒闵不畏死之谓也。虽以孔子之圣，而畏于匡。盖横逆之来，侵暴之及，在古社会为常事，有君子所不料者，故可畏也。然孔子固未尝指斥私斗，则以斗之为古礼也。请证之于《论语》！

子曰："见义不为，无勇也。"《周礼》疏云："义，宜也。父母兄弟师长三者尝辱焉，子弟及弟子则得杀之，是得其宜。古者质，故三者被辱，即得杀之也。"此孔子不斥私斗之证也。

孔子曰："君子有三戒：少之时，血气未定，戒之在色；及其壮也，血气方刚，戒之在斗；及其老也，血气既衰，戒之在得。"以斗与好色贪得并言，列为三戒，知古社会之好斗矣。而孔子亦未言斗之非。其谓戒者，殆亦加慎焉已耳。不义而富且贵，逾墙而搂处子，所戒也，非戒夫妇与富贵也。其戒斗，亦如是矣。此又孔子不斥私斗之证也。又曰："一朝之忿，忘其身，以及其亲，非惑欤？"此亦戒斗之意。为惧及其亲，未尝言斗之非礼与不法也。或问："以德报怨，子曰：'何以报德？以直报怨，以德报德。'"《汉书·地理志》称太原上党人矜夸功名；"报仇过直，号为难治。父兄被诛，子弟怨愤，至告讦刺史二千石，或报杀其亲属。"则知报怨犹报仇也。报仇即相斗杀也。孔子亦言报，特不过直耳。

子畏于匡，颜渊后，子曰："吾以汝为死矣。"曰："子在，回何敢死！"初阳虎尝暴匡人，匡人见孔子，以谓阳虎而报之。为孔子徒者，宜亦报匡人。此即所谓见义勇为也。故孔子疑颜渊之死。曰：何敢死者，颜子事孔子如父，父母在，礼不以身死斗也。此以见古人之报，不必亲戚朋友杀身之仇，虽小侵辱亦有之。曾子曰："犯而不校，昔者吾友尝从事于斯矣。"校，报也。或曰：吾友指颜子也。曾点使曾参，过期不至，人皆见曾点，曰："无乃畏耶？"点曰："我存，夫何敢畏？"若二子者，其殆知孔子之戒，致谨于孔子之所谓惑者也。

《中庸》：子路问强，子曰："宽柔以教，不报无道，南方之强也。君子居之。衽金革，死而不厌，北方之强也。而强者居之。"而强者，即指若子路之强者类也。君子者，孔子自道也。孔子弟子，子路最称好勇，《史记》："子路陵暴孔子，孔子设礼诱之"，倘所谓宽柔以教者。然其事信否不可知。而余于《中庸》则有疑。此殆后之儒者，杂取南方庄老之言以为之。故曰"宽柔不报"，至于孔子与其徒，在当时固皆言报。请别证之于《墨子》！

子夏之徒，问于子墨子曰："君子有斗乎？"子墨子曰："君子无斗。"子夏之徒曰："狗狶犹有斗，恶有士而无斗矣？"子墨子曰："伤矣哉！言则称于汤文，行则譬于狗狶，伤矣哉！"盖墨子以兼爱教,故主非攻无斗。子夏之徒,儒者尚礼,故有斗。曷以见尚礼有斗?请再证之于《檀弓》!

子夏问于孔子曰:"居父母之仇,如之何?"夫子曰:"寝苦枕干,不仕,弗与共天下也。遇诸市朝,不反兵而斗。"曰:"请问居昆弟之仇如之何?"曰:"仕弗与共国。衔君命而使,虽遇之,不斗。"曰:"请问居从父昆弟之仇如之何?"曰:"不为魁,主人能,则执兵而陪其后。"此殆子夏之徒所记。此子夏之徒尚礼故有斗之证一也。此衍孔子以直报怨之绪论者也。请又证之以《孟子》!

《孟子》谓:"北宫黝似子夏,不肤挠,不目逃,思以一毫挫于人,若挞之于市朝。不受于褐宽博,亦不受于万乘之君。视刺万乘之君,若刺褐夫。无严诸侯,恶声至,必反之。"此又子夏之徒主有斗之一证也。且不仅于子夏之徒也,曾子谓子襄曰:"吾尝闻大勇于夫子矣。自反而不缩,虽褐宽博,吾不惴焉。自反而缩,虽千万人,吾往矣。"往谓往斗也。此孔子之徒主有斗之又一证也。此衍孔子见义不为则无勇之绪论者也。请继证之于儒行!

曰:"儒有居处齐难,其坐起恭敬,言必先信,行必中正,道途不争险易之利,冬夏不争阴阳之和,爱其死以有待也,养其身以有为也,其备豫有如此者。"此衍孔子戒之在斗,一朝之忿忘其身及其亲为惑之绪论者也。又曰:"爵位相先,患难相死,称其任举。"则任侠之类,即许友以其身也。此又孔子之徒主有斗之一证也。陈澧《东塾读书记》谓:"儒行'其过失可微辨而不可面数也',此语实未安。"又:"鸷虫攫搏,不程勇者。引重鼎,不程其力。"郑注云:"搏猛引重,不量勇力堪之与否",谓"注说未安"。今按：陈氏之疑，皆缘未晓古人真相。即如《孟子》"北宫黝之养勇，不肤挠，不目逃，思以一毫挫于人，若挞之于市朝，恶声至，必反之"，此即不可面数也。"孟施舍之养勇，曰视不胜，犹胜也，量敌而后进，虑而后会，是畏三军者也。岂能为必胜哉？能无惧而已。"此即不程其力也。古之儒者原自有此，不得以后儒疑之也。

《乡饮酒义》亦有之，曰："君子尊让则不争，絜敬则不慢，不慢不争，则远于斗辨，……免于人祸矣。"《孟子》亦言之曰："横逆之来，君子必自反，……于禽兽又何校？……故君子无一朝之患。"此皆慎戒斗争之说也。然孔子畏于匡，子思困于宋（见《孔丛子》），孟子有戒心于薛。赵岐云："时有恶人欲害孟子。"此皆儒者大师，犹不能免。斗争之风之盛行于古代，为何如耶？然儒者终言养勇，言不辱，言复仇，而未尝明斥斗争，则以斗为古礼，儒者循礼，故不知非也。

明斥斗争者始于墨。墨者非礼，故亦非斗。《孟子》曰："墨子兼爱，是无父也。"试以上述之义言之，今有刺刃于墨之父者，墨者非斗，其何以应？此非兼爱则无父耶？然而墨徒之非斗亦有说。请再证之于《庄子》！

曰："接万物以别宥为始。语心之容，命之曰心之行。以聏合欢，以调海内，见侮不辱。救民之斗，禁攻寝兵，救世之战。以此周行天下，上说下教，虽天下不取，强聒不舍，是尹文宋钘之为也。"尹文宋钘则墨徒也。盖至其时，上苦于战，下苦于斗，民之死非命者众矣。此墨宋之徒所以大声疾呼而谋救之也。民之困于斗者有证乎？曰有，请证之于《吕览》！

楚之边邑曰卑梁，（梁伯子云："卑梁是吴边邑，《史记·十二诸侯年表》及《楚世家》《子胥传》皆同。楚边邑乃钟离也。此与《吴世家》所载皆误。）其处女与吴之边邑处女桑于境上，戏而伤卑梁之处女，卑梁人操其伤子以让吴人，吴人应之不恭。怒，杀而去之。吴人往报之，尽屠其家。吴楚由是大格。"（《察微》篇）是以两女子之相戏，而寻至于两国用兵也。斗之作始也微，而将毕之巨有如此。然犹谓是异国也。请再证之于《荀》《韩》！

《荀子》曰："以少顷之怒，丧终身之躯，室家立残，亲戚不免于刑戮，然且为之。"（《荣辱》篇）是当时之斗也。韩子曰："弃灰于街必掩人，掩人必怒，怒则斗，必三族相残。"（《内储说上》）此亦当时之斗也。则墨者之所以非斗可知矣。故有斗之与无斗，亦当时儒墨一公案也。请仍证之于韩子！

曰："漆雕之议，不色挠，不目逃，（此子夏之勇也。）行曲则违于臧获，行直则怒于诸侯，（此曾子之勇也。）世主以为廉而礼之。"韩非言儒分为八，漆雕居首，漆雕可为儒之代表矣。此儒之主有斗也。"宋荣子（即宋钘）之议，设不斗争，取不随仇，不羞囹圄（古人不徒对平民有报，对官吏法令亦有之）。见侮不辱，世主以谓宽而礼之。"（《显学》）荀子常以墨翟宋钘并言，宋氏之说可以代表墨家。此墨之无斗也。儒墨各持一说，而当世无定是也。又曰："儒以文乱法，侠以武犯禁。"侠即儒之一派。文谓议礼，武是尚勇。而人主兼礼之，此所以乱也。"今兄弟被侵，必攻者廉也。知友被辱，随仇者贞也。（言此者儒之文，行此者侠之武。）廉贞之行成，而君上之法犯矣。人主尊贞廉之行，而忘犯禁之罪，故民程于勇而吏不能胜。"然则初以法之所不及而有斗,既乃法渐密而斗益炽,乃以斗而侵法也。原斗之所以益炽,在下有儒家之礼,而以斗为勇。在上有人主之尊,而以斗为荣。此斗之所以终不可已也。儒者主斗,具如上说,而人主之尊斗亦有证。证在于《吕览》:

尹文见齐王曰:"今有士于庙朝中,深见侮而不斗,王将以为臣乎?"王曰:"否,大夫见侮而不斗,则是辱也。辱则寡人不以为臣矣。"(《正名》)是当时固以不斗为辱也。然宋子以见侮为不辱,而荀子又讥之,曰:"斗之与不斗,亡于辱之与不辱,乃在于恶之与不恶。"(《正论》)而荀子卒亦无以解人之恶斗。其言斗之非,亦不过计其智愚利害安危荣辱之间,是五十步之笑百步也。荀子亦儒者之徒,则其笑宋氏宜也。

商君之治秦,曰:"王者之政,使民怯于私斗,而勇于寇战。"故上首级而刑弃灰。李斯言之如此。以韩非言观之,刑弃灰,殆以防斗也。秦人积世行之。韩非极论之,又见赏于秦皇,故秦兵强,并六国。至秦乱,蒯通说范阳令曰:"秦法重,足下为范阳令,杀人父,孤人子,断人足,黥人首,而慈父孝子,莫敢剺刃公之腹中者,畏秦法耳。今天下乱,秦法不施,慈父孝子,且剺刃公之腹中以成名。"由此观之,私斗报杀之风,殆衰于秦法也。

刘邦入秦,约法三章。曰:"杀人者死,伤人及盗抵罪。"异乎《周官》解仇和难之说矣。刘季非能晓此,殆本秦法,摘取其三耳。然自是乃以私斗报杀为非法。虽游侠之风又盛于汉初,而终不敌朝廷之法令。时扞文网,稍稍而绝。后世风教既异,法令日备,不晓古人情事,斤斤于礼法之高下优劣,不知此不可以无证议也。且如墨之兼爱,儒之讲礼,均不足以息斗,而息社会好斗之风者，则商韩之法令也。今且以社会之有斗为礼之美乎？抑且以无斗为法之陋乎？不深考所以，而妄附于耳闻口传之末，将以判古人之是非，宁有当哉？余又怪墨家非攻，人知之，顾其主无斗，亦当时移风易俗一大事，而知者绝鲜。特高拱深坐，以盛谈孔之约礼，孟之养气，渺不知古人之真相，是真罗者视薮泽，鷦鹏翔寥廓也。故集次其事，备议古之士之借观焉。

［附］书后

余既著《非斗》，备引先秦古籍，因略指汉以来可以参证者，睹记所及，未能详也。

《淮南·诠言训》："今有美酒嘉肴以相飨，卑礼婉辞以接之。欲以合欢。争盈爵之间，反生斗。斗而相伤，三族结怨，反其所憎，此酒之败也。"此可与《乡饮酒义》君子尊让远斗之说相发。知古者斗风之炽，率起于细微而成大祸。

《史记》栾布为人略卖，为奴于燕，为其主家报仇。此可以补借交报仇之未尽。其他如项梁项伯杀人避仇，张良季布季心兄弟为任侠，及《游侠传》所载朱家郭解之俦，避仇报仇之事，多不胜举，知私斗之犹盛于汉初也。

惠栋《周礼古义》："《调人》云：'凡有斗怒者成之。'郑司农云：'成之谓和之也。和之犹今二千石以令解仇怨，后复相报，移徙之，此其类也。'《王褒集·僮约》注云：'汉官不禁报怨'（引见《御览》），故二千石以令解之。令者，汉令有和难之条。郑云：'后复相报，移徙之'者，案后汉桓谭疏曰：'今人相杀伤，虽已伏法，而私结怨仇，子孙相报，后忿深前，至于灭户殄业，而俗称豪健。故虽怯弱，犹勉而行之。此为听人自理，而无复法禁者也。今宜申明旧令，若已伏官诛，而私相伤杀者，虽一身逃亡，皆徙家族于边。其相伤者，加常二等。不得雇山赎罪。如此则仇怨自解。'谭所云旧令，即先郑所云移徙之法也。"据此，知私斗之风，至东汉犹未全绝，并可以见当时法令之一斑。《后汉·郅恽传》："恽友人董子张者，父先为乡人所害，及子张病，将终，恽往候之，子张垂殁，视恽歔欷，不能言。恽曰：'吾知子不悲天命而痛仇不复也。子在，吾忧而不手。子亡，吾手而不忧也。'子张但目击而已。恽即起，将客遮仇人，取其头，以示子张。子张见而气绝。恽因诣县以状自首，曰：'为友报仇，吏之私也。奉法不阿，君之义也。亏君以生，非臣节也。'趋出就狱。令跣而追恽不及，遂至狱，令拔刀自向以要恽曰：'子不从我出，敢死以明心。'恽得此乃出。"又《朱晖传》称："晖好节概，为临淮太守，其诸报怨以义犯，率皆为求其理，多得生济。"今按以义犯者，即《论语》"见义不为无勇"之义，指报怨言也。此见当时虽有禁斗之法，而儒者尚有义斗之意。《风俗通》载："太原周党伯况少为卿佐发党过于人中辱之。党学春秋长安，闻报仇之义，辍讲下，辞归报仇，到与卿佐相闻，期斗日。卿佐多从正往。使卿佐先拔刀，然后相击，佐欲直，令正击之，党被创困乏。佐服其义勇，便舆养之，数日苏兴，乃知非其家，即径归。"（《后汉书》亦载此事，较略。）据此，益见报仇私斗，为儒者之义。克期而斗，胜者为直，乃与西人决斗相似。多从正往者，意古人决斗，亦有公证，而卿佐乃多以正往。令之击党，是卿佐之诈也。或正是卿佐僚属，例得助斗,未能遽定。

《后汉·郭太传》:"陈留左原为郡学生,犯法见斥,后更怀忿,结客欲报诸生。其日林宗在学。原愧而去。"又:"扶风宋果熹与人报仇,为郡县所疾。林宗训之义方,惧以祸败,果感悔。"观于此,知其时报仇之事尚盛,而斗狠之风已稍衰也。

至唐时,张审素为巂州都督,人告其赃污,制遣殿中侍御杨汪万顷按之,汪奏斩审素。其二子瑝、琇流岭表,逃归,伺便复仇,手杀万顷于都城。议者多言二子父死非罪,稚年孝烈,能复父仇,宜加矜宥。张九龄亦欲活之。裴耀卿李林甫以为如此,坏国法,玄宗亦以谓然。乃下敕曰:"国家设法,期于止杀。各伸为子之志,谁非徇孝之人?展转相仇,何有限极?咎繇作士,法在必行。曾参杀人,亦不可恕。宜付河南府杖杀!"今按:自是虽父仇尚不许私报,更何论夫其他?盖其时俗化益美,斗暴益少,政治益进,法制益密,而古礼渐不见知于世矣。其咎繇曾参二语,实当时伸法折礼之挚论也。

其后韩退之柳子厚于此问题均有论列。柳氏作《驳复仇议》,引天后时同州人徐元庆父爽为县尉所杀,元庆杀尉自首,陈子昂建议诛之而旌其闾。驳曰:"礼刑均以防乱,而其用则异,旌与诛不可得并。元庆不忘仇为孝,不爱死为义,不当以为戮。"同时韩氏《复仇状》,以德宗时(元年九月)富平县人梁悦为父杀仇人秦梁,投县请罪,引朝廷敕文:"复仇据礼经则义不同天,征法令则杀人者死,礼法皆王教之端,有此异同,必资论辨",而自申己意,则曰:"复仇之名虽同,而其事各异。或百姓相仇,如《周官》所称,则可议于今。或为官所诛,如《公羊》所称，则不可行于今。杀之与赦，不可一例"。韩柳皆儒者，而韩氏之论视柳为密。至宋王安石作《复仇解》始曰："复仇之义，见于《春秋传》，见于《礼记》，特为乱世之为子弟者言之。《周官》之说曰：'凡复仇者书于士，杀者无罪。'疑非周公之法。凡所以有复仇者，以天下之乱，而士之不能听。有士矣，不能听其杀人之罪以施行，而使为人之子弟者仇之。然则何取于士而禄之？"盖以儒者而伸法抑礼，始于王氏，至是而论始一归于法。大抵张瑝兄弟与徐元庆梁悦之事，于唐已为偶见，无论借交报仇之类矣。法律之用既显，斗勇之风亦衰。礼法之冲突，至是始决，而礼卒屈于法也。王氏谓复仇为乱世法，于理则是，于事未切，复仇自古礼耳。盖先秦以上，法制初兴，而屈于礼。两汉之际，礼法抗行。至其后，法定而礼黜。其演变之大略如是。后世论儒墨法三家之高下是非，可谓已臻于定论，而惟此一端殆少注意。至如今世，必认儒者为懦为柔，观此一端，亦可以废然知返矣。

此稿草于一九二九年，载《苏中校刊》十一期。

释　侠

　　《韩非·五蠹》谓："儒以文乱法，而侠以武犯禁，而人主兼礼之，此所以乱也。"《淮南·说山训》亦曰："喜武非侠，喜文非儒。"此当时儒侠兼举之证。而自庄子以来迄于韩非之显学，又多并称儒墨，近人遂疑侠即墨徒，而目儒墨为文士武士之分者。窃案其说，殊不可据。韩子《五蠹》，一曰学者，二曰言谈者，三曰带剑者，四曰串御者，五曰工商者。学者即兼包儒墨，带剑者则以武犯禁之侠也。然则侠乃战国中晚期新起一流品。若专言学术，则儒墨对举。若并称儒侠，则儒即兼墨，不得目侠为墨，即凭韩非书可证。又考《五蠹》有云："离法者罪，而诸先生以文学取。犯禁者诛，而群侠以私剑养。"又云："富国以农，距敌恃卒，而贵文学之士。废敬上畏法之民，而养游侠私剑之属。"又曰："明主之国，无书简之文，以法为教。无先王之语，以吏为师。无私剑之捍，以斩首为勇。"此以私剑游侠与文学之士对举。凡称《诗》《书》，道先王，治文学，此儒墨所皆然。故知以文乱法，儒已兼墨，以武犯禁，侠非墨徒。儒墨与游侠流品各别，不得相混淆也。

抑观于《太史公书》，其言游侠，又微与韩非差池。《史记·游侠传》："古布衣之侠，靡得而闻已。近世延陵孟尝春申平原信陵之徒，皆因王者亲属，藉于有土卿相之富厚，招天下贤者，显名诸侯。不可谓不贤者矣。此如顺风而呼，声非加疾，其势激也。至如闾巷之侠，修行砥名，声施于天下，莫不称贤，是为难耳。然儒墨皆排摈不载，自秦以前，匹夫之侠，湮灭不见，余恨之。"是史公明谓先秦游侠，儒墨皆排摈不载矣。乌得轻谓侠之即墨乎？惟史公与韩非异者，史公特指孟尝春申平原信陵为侠。至其所养，则转不获侠称。故曰："匹夫之侠，湮灭不见。"则侠乃养私剑者，而以私剑见养者非侠。故孟尝春申平原信陵之谓卿相之侠，朱家郭解之流谓闾巷布衣之侠，知凡侠皆有所养，而所养者则非侠。此义，又可征之于《淮南》之《氾论训》。其言曰："北楚有任侠者，其子孙数谏而止之，不听也。县有贼，大搜其庐，事果发觉，夜惊而走。追道及之，其所施德者皆为之战，得免而遂返。语其子曰：'汝数止吾为侠，今有难，果赖而免身。'"此任侠为有所藏养之证也。至其所施德为之战者，则转不得侠称。

今再考之他说。荀悦曰："立气齐，作威福，结私交以立强于世者，谓之游侠。"如淳曰："相与信为任，同是非为侠。所谓权行州里，力折公侯者也。"此亦主养人言，不指见养言。故知以武犯禁，不仅指一剑之私。则韩非书之所指，殆亦以养带剑者而言耳。此犹其言儒墨，意在孔子墨翟，不指游夏禽滑厘之徒矣。至于任侠之所养，在当时则均目为客，或称宾客，门客，食客。而客之中有刺客。而盛养此辈门客食客刺客者则侠也。燕太子丹，乃所谓卿相之侠，而荆轲则刺客也。《汉书·季布传》颜师古注："侠之言挟也，以权力挟辅人也。"此亦不谓见挟辅者为侠。挟辅人者有权力，见挟辅者不得谓有权力也。今分析太史公所述游侠行谊，大致有数别。一曰设取予然诺。一曰振人不赡，趋人之急。一曰以躯借交报仇。一曰藏命作奸。故曰："言必信，行必果，已诺必诚，不爱其躯，赴士之厄困，既已存亡死生矣，而不矜其能，羞伐其德。"凡其所谓修行砥名者率如此。岂有专指私剑之被养，刺客之勇，武士之一德，而以谓之侠乎。

古人又率言任侠。《史记·季布传》集解引孟康曰："信交道曰任。"如淳则曰："相与信为任。"《说文》："任，保也。"《周礼》："五家相比，使之相保。"夫五家相保，所以便于讨亡命而诘奸。今任侠之保，则特为信然诺以藏匿亡命而作奸。然则将亡命者为任侠乎？抑藏匿亡命者为任侠乎？此不烦辨而知矣。韩非之《六反》又言之，曰："行剑攻杀，暴傲之民也，而世尊之曰廉勇之士。活贼匿奸，当死之民也，而世尊之曰任誉之士。"卢文弨曰："誉疑是侠。"则韩非言任侠，本与廉勇有殊，其说亦无以大异于马迁。惟既以养私剑者为侠，浸假而亦遂以见养者称侠。既以藏匿亡命者为侠，浸假而亦遂以见藏匿者称侠。此亦偶可有之。故韩非既云然，而史公亦曰："孟尝君之于薛，收纳任侠奸人六万家。"此六万家，当不专指养人匿人，亦必多见养见匿之家矣。又《淮南·人间训》："虞氏，梁之大富人也。家充盈殷富，金钱无量，财货无赀。升高楼，临大路，设乐陈酒，积博其上，游侠相随而行楼下，飞鸢适堕其腐鼠而中游侠，游侠相与言曰：虞氏富乐之日久矣，常有轻易人之志，乃辱我以腐鼠。如此不报，无以立务于天下。请与公偻力一志，悉率徒属而必以灭其家。"此所谓之游侠与徒属，即犹史公之称任侠与奸人也。史公文，称收纳任侠奸人六万家，盖任侠为其首，而奸人为之属。犹如《淮南》之言游侠与徒属，亦游侠为之主，徒属为之附也。

　　古侠字之义训既明，则请问儒为文士墨为武士之说又如何？曰：此亦非可一端论。自许叔重《说文》以柔训儒，后人不察，遂乃以儒家为尚柔，因目儒者为文士，而墨子之徒见谓可以赴汤蹈火，因遂疑儒墨有文武之别，此亦臆测悬想，未能深穷夫古者儒墨之真相也。请再以韩非《显学》篇证之！韩非曰："漆雕之议，不色挠，不目逃，行曲则违于臧获，行直则怒于诸侯，世主以为廉而礼之。宋荣子之议，设不斗争，取不随仇，不羞囹圄，见侮不辱，世主以为宽而礼之。夫是漆雕之廉，将非宋荣之恕也。是宋荣之宽，将非漆雕之暴也。今宽严恕暴俱在二子，世主兼而礼之。"韩非此节，与上文孔墨侈俭孝戾并举。盖漆雕儒流，宋荣墨徒，漆宋之不当兼礼，正犹儒墨之不能并是。然则漆雕之与宋，固又孰为刚而孰为柔，孰则文而孰则武乎？孔子弟子有台澹灭明者，史传称其"南游至江，从弟子三百人，设取予去就，名施乎诸侯"，此即类后世间巷之侠矣。《孟子》称："北宫黝之养勇也，不肤挠，不目逃，思以一毫挫于人，若挞之于市朝。不受于褐宽博，亦不受于万乘之君。视刺万乘之君，若刺褐夫。无严诸侯，恶声至，必反之。孟施舍之所也，曰视不胜犹胜也。量敌而后进，虑胜而后会，是畏三军者也。舍岂能为必胜哉，能无惧而已矣。"孟子曰："孟施舍似曾子，北宫黝似子夏。夫二子之勇，未知其孰贤，然而孟施舍守约也。"又曰："昔者曾子谓子襄曰：

子好勇乎？吾尝闻大勇于夫子矣。自反而不缩，虽褐宽博，吾不
惴焉。自反而缩，虽千万人，吾往矣。孟施舍之守气，又不如曾
子之守约也。"是知养气养勇，乃孔门为教之一端。韩非之称漆
雕，特举儒中之一支而言。儒之中固有漆雕氏之儒，而儒分为
八，不尽于漆雕之一支。然既儒有漆雕，则不当专目为文士可知
矣。而《儒行篇》所记，尤足为据。其言曰："儒有道途不争险易
之利，冬夏不争阴阳之和，爱其死以有待也，寿其身以有为也，其
备豫有如此者。又儒有劫之以众，沮之以兵，见死不更其守，其
特立有如此者。又儒有可亲而不可劫也，可近而不可迫也，可杀
而不可辱也。其居处不淫，其饮食不溽，其过失可微辨而不可面
数也，其刚毅有如此者。又儒有患难相死，其任举有如此者。"
据此诸端，又乌见儒之尚柔，而必尽为文士？而谓可与墨之专属
武士者作对列乎？孔子固己言之矣，曰"守死善道"，又曰："壮
士不忘丧其元"。养勇守气，亦孔门之流变有之。而后世渐失
其本，流而为私剑之属。夫私剑亦岂墨家之所专有乎？至如四
公子卿相侠者之所养，此又当时文学游士之降而益下者，然其中
亦未尝绝无所闻于儒墨诸家之流风余韵。故谓侠出于儒墨则
可，谓儒墨分文武，而以墨拟侠，则皆不得古社会流品之真相也。

　　侠之兴起，盖值古者封建社会崩溃，孔子墨翟，弟子来自四
方，麇集私人之门下，其所议论施设，岂在上者之所能制驭领导
乎。此即韩非之所谓以文乱法也。其风愈下愈甚，自魏文齐威
国君养贤，进而变为公子养贤，则贵族阶级失其控制，平民阶级
崛起，即如孟尝春申平原信陵四君之所为。若认此等所为谓之
侠，则孔子墨翟适成为侠之首耳。贵族阶级愈崩溃，平民社会愈

崛起，于是而有布衣闾巷之侠。惟百家兴起皆尚文，必各有一番学术思想，而成为一集团。此集团必是一私集团，故称之曰家。而儒家最先起，故韩非以儒为以文乱法之代表。至于侠，亦成一集团，而初不以学术思想为号召，故侠不得与百家为伍，然可见平民社会势力之日兴矣。故太史公取以与货殖商贾并列，此皆当时社会中一流品，而与儒墨百家之为流要不同。欲研究古代学术思想，必注意儒墨百家之流。欲研究古代社会情况，则必注意游侠货殖之流。百家起在前，游侠货殖起在后。又岂可谓墨者之徒之流而为侠乎！

　　　　此稿草于一九四二年，载是年二月成都
　　　　《学思杂志》一卷三期。

驳胡适之说儒

余旧撰《国学概论》,已著墨家得名乃由刑徒劳役取义,而于儒字尚无确诂。及著《先秦诸子系年》,乃知许叔重《说文》儒为术士之称,术指术艺,术士即娴习六艺之士,而六艺即礼乐射御书数。因知儒墨皆当时社会生活职业一流品,此乃自来论先秦学派者所未道。越数载,胡适之先生有《说儒篇》,(刊于《胡适论学近著》第一集)亦以生活职业释儒字,而持论与余说大异。因撰此文,藉以请胡先生及读者之教正。

(一) 驳最初儒皆殷人皆殷遗民之说

孔子殷人,不能即证儒者之皆殷遗民。孔子弟子分布,鲁为多,卫次之,齐又次之,而籍宋者特少。胡文引傅孟真说,鲁为殷遗民之国。然孔门鲁籍弟子,固有确知其非殷遗民者。姑举颜氏说之。《左传·襄公十九年》:"齐侯娶于鲁曰颜懿姬,其姪鬷声姬。"注曰:"颜鬷皆姬母姓"(当曰母氏),则颜氏为姬姓鲁族审矣。《姓谱》:"颜姓本自鲁伯禽支子有食采颜邑者,因以为族。"此当有本。《仲尼弟子传》,颜氏居其八,颜路颜回颜幸颜高颜祖颜之仆颜韩颜何皆鲁人。颜之推云:"仲尼母族。"《孔庙韩敕修礼器碑》:"颜氏圣舅,家居鲁,亲里在尼山,汉为昌平亭。"此孔门弟子颜氏为鲁人,决非殷民之确证也。(《春秋》又有邾颜,与鲁颜别。《公羊传》所称邾娄颜是也。然邾亦非殷后。)其他孔子弟子稍著者,其籍贯皆已考详于《系年》。岂得因鲁地有殷遗民,遂轻谓鲁儒皆殷遗哉?

(二) 驳儒是柔懦之人为亡国遗民忍辱负重的柔道观说

《说文》:"儒,柔也。术士之称。"此当断为两句。柔者儒字通训,术士则儒之别解。胡文不辨许书句读,遂疑儒术尚柔,傎矣。即谓儒道尚柔,亦未必与亡国遗民相涉。胡文举正考父佐戴武宣而鼎铭云云,考宋戴公元当周宣王二十九年,上距殷灭已三百二十五年。《正考父鼎铭》,特其私人之处世格言云然耳,岂得谓是"殷民族一个伟大领袖之教训"?又岂得据以谓"柔逊乃殷人亡国状态下之遗风"?考之古说,殷尚鬼,周尚文。尚鬼者,尊信宗教,富于理论想像而长艺术。尚文者,擅政治与军事之组织而重现实。此为殷周两部族特性相异之传说。征之载籍,确可依信。春秋以下之宋人,大率偏骛理论,不顾事实,有一往无前之概,盖犹不失古先遗风。宋襄公谓:"寡人虽亡国之余,不重伤,不禽二毛,不鼓不成列。"此谓之狂骛于想像而不顾事实可也,谓是亡国遗风之柔逊则不可。华元之杀楚使者申舟,曰:"过我而不假道,鄙我也。鄙我,亡也。杀其使者必伐我,伐我亦亡。亡一也。"乃杀之。此谓之偏守理论而轻视事实可也,谓是亡国遗风之柔逊,又不可。楚既围宋,华元夜入楚师,登子反之床,曰:"敝邑易子而食,析骸以爨,虽然,城下之盟,有以国毙,不能从也。"楚卒为退师三十里而与之平。此岂所谓亡国遗风之柔逊者耶? 其他如宋向戌之弭兵,宋王偃之仁义,又如宋人之揠苗而助长,与白日而攫金于市,皆其骛想像忽事实之证也。孔子为殷遗,而居鲁邦,为东周文献渊薮,其所崇重向往者,曰文王周公,盖孔子乃缩合中国往古传统殷周两族一偏理想一重实际之两端,而创为儒道之中庸。据《论语》与《周易》,儒家论人事皆尚刚,不尚柔。质之东周殷族风尚,既无柔懦之征,求之儒家经典明训,亦无主柔之说。胡文所举,全无实际,臆测之辞,不攻自破矣。

(三)驳儒为殷遗民穿戴殷代古衣冠习行殷代古礼说

儒家所言礼,皆周礼也。孔子曰:"夏礼吾能言之,杞不足征也。殷礼吾能言之,宋不足征也。文献不足故也,足则吾能征之矣。"此孔子自言夏殷之礼因文献不足而不能征。又曰:"周监于二代,郁郁乎文哉,吾从周。"是孔子又言周礼承夏殷之后,集文化大成,而为孔子所愿从矣。故曰:"文王既没,文不在兹乎?"是孔门言礼直承周代,绝无疑义。孔子何以能言周礼,则以西周礼书犹存于鲁故也。卫祝鲍有言:"伯禽封鲁,其分器备物典册",此西周礼书在鲁之所由也。故晋韩宣子聘鲁,见《易象》与《春秋》,而曰:"周礼尽在鲁矣。"齐仲孙湫之省鲁,亦曰:"鲁秉周礼,未可动。"哀公三年,桓僖二宫灾,命周人出御书,宰人出礼书。(以上皆见《左传》)此皆周之典籍鲁有其副之证。故孔子曰:"吾观周道,幽厉伤之,吾舍鲁何适矣(《礼运》)。"又其对哀公曰:"文武之道,布在方册。"(《哀公问》)而《庄子》亦言之,曰:"其在于诗书礼乐者,邹鲁之士,搢绅先生多能明之。"(《天下篇》)此鲁存周礼,为儒道所本之明据确证也。小《戴记·明堂位》:"凡四代之服器官,鲁兼用之,是故鲁,王礼也,天下传之久矣。礼乐刑法政俗,未尝相变也。天下以为有道之国,是故天下资礼乐焉。"此儒业独盛于鲁之所由也。又《左传》哀公十七年:公会齐侯盟于蒙,孟武伯相。齐侯稽首,公拜。齐人怒,武伯曰:"非天子,寡君无所稽首。"二十一年:公及齐侯、邾子盟于顾,齐人责稽首,因歌之曰:"鲁人之皋,数年不觉,使我高蹈。唯其儒书,以为二国忧。"孟武伯问孝于孔子,其父懿子,实先为孔子弟子。此称儒书,即周室相传古礼书也。若为殷礼,鲁之公卿,岂敢据亡国之礼,不稽首而拜,以逆大国之怒乎?再亲征之于孔子,曰:"麻冕,礼也,今也纯,俭,吾从众。拜下,礼也,今拜乎上,泰也,虽违众,吾从下。"《白虎通·绋冕篇》:"麻冕者何,周宗庙之冠也。"拜乎上者,刘宝楠《论语正义》据凌廷堪《礼经释例》,谓当时如燕礼,士相见礼,公食大夫礼,聘礼,凡应于堂下拜者,皆不循臣礼之正而拜乎堂上,故孔子非之。据此,则孔子所躬行之礼,其为殷礼乎,抑周礼乎,又不烦言而解矣。

再论儒服。《儒行篇》,鲁哀公问于孔子曰:"夫子之服,其儒服与?"孔子对曰："丘少居鲁，衣逢掖之衣。长居宋，冠章甫之冠。丘闻之也，君子之学也博，其服也乡，丘不知儒服。"注："逢犹大也。大掖之衣，大袂禅衣也。"《庄子·盗跖篇》："撊衣浅带"，《释文》：撊本又作缝。《列子·黄帝篇》："女，逢衣徒也。"《释文》向秀注曰："儒服宽长而大。"《荀子·非十二子篇》："其冠进，其衣逢。"又《儒效篇》："缝衣浅带，解果其冠。"杨注并曰："逢，大也。"《淮南·齐俗》："裙衣博袍。"高注："裙，褒也。"褒亦大也。又《氾论》："褒衣博带。"此在礼家谓之侈袂之衣。《周礼·司服》郑注："士之衣袂皆二尺二寸而属幅，其袪尺二寸。大夫以上侈之。侈之者，盖半而益一焉。半而益一，则其袂三尺三寸，袪尺八寸。"盖士之袂以布一幅为之，大夫以上之袂加半幅布。儒者缝衣即士服，视当时大夫之服而稍敛其制，乌有所谓穿殷代之古衣？儒术既盛行于鲁，及于战国，而春秋封建衣冠之制渐坏，《儒行》作者遂以缝衣为鲁之乡服焉。然要之古无以缝衣为殷制者。《论语》公西华之言曰："宗庙之事，如会同，端章甫，愿为小相焉。"郑注："衣玄端，冠章甫。"玄端即正幅之袂，即缝衣也。章甫则为礼冠。此证当时礼冠有用章甫者。若当时未有此制，孔子与子华，乃舍周之委貌而服殷冠，是畔民也。又乌见所谓亡国遗民忍辱负重之柔逊？盖当时本以章甫为贵族之冠，故孔子既冠章甫，而鲁人诵之曰："衮衣章甫，爰得我所。"然则孔子之冠章甫，以其为士故，非以其为殷遗民故，又昭灼甚明矣。《郊特牲》《士冠记》并云："委貌，周道也。章甫，殷道也。毋追，夏后氏之道也。"据《白虎通》，此三冠制稍有大小之差。然章甫固为殷冠与否，尚无的证。《庄子》："宋人资章甫适诸越",或自战国以来,章甫盛行于宋邑,故《儒行》作者遂有居宋而冠章甫之曲说,而《礼经》作者乃又以章甫为殷冠。纵使其说而信,则周用六代礼乐,孔门之冠章甫,要以其为礼冠,为士服,不得如《儒行》作者谓是乡服,更不当如胡文所举,谓之是殷代古衣冠也。若必谓缝衣章甫,乃殷遗亡国之古服,则《荀子》又云:"章甫绚履,绅而搢笏"(《法行篇》),岂绚履搢绅亦殷遗旧制乎?且《墨子》之书犹有明证。公孟子戴章甫,搢笏,儒服而以见。子墨子曰:"行不在服。且子法周而未法夏,子之古非古。"(《公孟篇》)是墨子明以儒服章甫搢笏为法周,又乌见其为殷代亡国遗民之衣冠?

胡文谓儒礼为殷礼者,特举三年之丧以为说。胡文既谓儒衣冠乃殷民族之乡服,又以三年之丧为殷民族之丧礼。《论语》子张问:"书云,高宗谅阴,三年不言,何谓也?"孔子曰:"何必高宗,古之人皆然。君薨,百官总已以听于冢宰三年。"高宗谅阴,见于《尚书·说命》之佚文,又见于《无逸》,又见于《楚语》与《吕览》,此非儒家一家之言也。然仅据此文,谓殷高宗曾行三年之丧则可,谓三年之丧即为殷礼,则又不可。考之《孟子》,舜相尧二十八载,尧崩,三年之丧毕,舜避尧之子于南河之南。舜荐禹于天,十有七载,舜崩,三年之丧毕,禹避舜之子于阳城。禹荐益于天,七年禹崩,三年之丧毕,益避禹之子于箕山之阴。(《万章篇》)称三年之丧者,以此为最古。窃疑当尧舜之际,中国尚为部族酋长选举共主之时代,此如乌桓鲜卑契丹蒙古皆有之,而中国定制较为精惬,厥有三端。一者:选举共主,必先预推其为候选人,以资其政事上之历练,如尧之使舜相,舜之使禹相,禹之使益相，是也。二者：当前一共主崩，其候选人则试政三年，以验众意之向背，如尧崩，舜摄政三年，禹崩，益摄政三年，是也。三则于三年之后，必退居以待众意之抉择，如舜之避于南河之南，禹之避于阳城，益之避于箕山之阴，是也。及王位世袭之制既兴，前王崩薨，后王嗣位，而旧礼尚存，蜕变难骤，乃有君死听于冢宰三年之制。即如太甲居桐，三年而复归于亳，此亦君薨听于冢宰三年之古礼也。而礼说之歧，遂谓由伊尹之放。至于武丁谅阴，后世传为美谈，则君薨听于冢宰三年者，此制在殷世已不常行。而后之儒家乃以三年之丧说之，此虽有所本，而亦有所饰。今谓其原本殷礼，斯失之矣。且三年之丧，本贵族礼，庶民非所能遵。故宰我之问亦曰："君子三年不为礼，礼必坏。三年不为乐，乐必崩。"而孔子之对亦曰："君子之居丧"云云。礼不下庶人，所谓天下之通丧者，在当时固不赅庶人言。至孟子乃谓："天子达于庶人，三代共之。"此在战国，乃有此语。春秋以前，封建井田之制未坏，贵族平民之阶级尚存，平民岂得亦守三年之丧礼？至胡文引傅孟真说，谓三年之丧，在东国，在民间，有相当之通行性，（周东封与殷遗民）试问此语何据？胡文遂谓此礼行于绝大多数之民众，则稍治古史，知封建社会中绝大多数民众之生活情况者，皆知其不可能，更不烦于详辨矣。

（四）驳儒以相丧为本业及孔门师弟子皆为殷儒商祝之说

儒家崇仁，而本原之于孝。儒家尚孝，而推极之于丧祭。故儒家言礼特重丧祭。然胡文遂谓儒以相丧为本业，则又大谬不然。儒为术士之称，其所习曰礼乐射御书数，古称六艺。艺即术也。娴是艺者，小则为委吏，为乘田。大则宰一邑，道千乘，相宗庙会同。乌见有以相丧为本业之说？胡文所据在《墨子》之《非儒》，其说曰："富人有丧，乃大说喜曰，此衣食之端也。"然此特战国后人语耳。春秋之际，礼不下庶人，若君卿大夫之丧葬，固有为之宰为之相者，不烦于外求。尚不致俗儒闻丧而集其门，仰以为衣食之端也。春秋之时，尚未有士丧礼。小《戴礼·杂记》："恤由之丧，哀公使孺悲之孔子学士丧礼，士丧礼于是乎书。"是士丧礼乃孔门创制。其先特有国君卿大夫之丧礼，未必有士丧礼也。若《墨子》所谓富人有丧，皆大说喜，又曰："恃人之野以为尊"，人之有富而野者，此正战国以下，封建井田既废，社会兼并，乃始有之。相丧为食，下至项梁陈平之时犹然。然岂得以《墨子》书中语证孔子以前已如此？

至谓士丧礼根本是殷礼，故丧礼之祝人，当然以殷礼为主。又谓儒不但是殷士，其实又都是商祝。则更为荒诞不经。《檀弓》："孔子之丧，公西赤为志焉。饰棺墙，置翣设披，周也。设崇，殷也。绸练设旐，夏也。"又："子张之丧，公明仪为志焉。褚幕丹质，蚁结于四隅，殷士也。"胡文据以为说，谓按士丧礼既夕礼，饰柩设披，皆用商祝为之，可证公西赤与公明仪为志，乃执行士丧礼商祝之职务。夫《檀弓》明曰，孔子子张之丧云云，斯见孔子子张外之丧者并不然。不得据此推论儒家丧礼，谓必尽如孔子子张之丧也。此其一。《家语》，孔子之丧，公西华掌殡葬焉，是为志，此犹《史记》吴中有丧，项梁为之主办之义。孔子之丧，其弟子为之盛礼，备三代之饰，而公西华主其事。至于饰棺设披,则由商祝为之,岂可即以证公西华之为商祝乎？即近时社会丧礼,亦有主办者,亦有吊祭者,非其家之至戚,即其家之大宾。至于棺敛衣衾,则匠人为之。祈祷拜忏,则僧道为之。相丧者虽曰执绋躬挽,未闻亲以相丧者而执饰棺设披之事也。子张之丧,公明仪为之主办,乃追效殷礼以饰子张之终。非可谓子张与公明仪皆殷士,又以公明仪为商祝也。此其二。且《士丧》《既夕》二篇,有明言商祝(凡十次)夏祝(凡五次)者。有泛称祝(凡二十二次)者。旧注:"泛称祝者皆周祝。"胡文独谓泛称祝者皆指商祝,此已强说。旧注曰:"商祝,祝习商礼者。夏祝,祝习夏礼者。夏祝商祝,总是周人。"是祝皆周人,惟其习夏礼习商礼,乃谓之夏祝商祝,旧注辨析甚明。今胡文乃以商祝为商人,然则今世延僧人以佛事葬亲,岂此辈皆出印度五天竺乎？此其三。颛孙师其先陈人,其后为鲁人,自古载籍,未有目之为殷人者。胡文独曰子张是殷士,故送葬完全沿用殷礼。夫既谓儒家皆殷儒,则其丧皆当用殷礼。《檀弓》之记者,又何以特笔书之曰子张之丧云云耶？且子张亲受业于孔子,胡文又谓孔子教义已超过保守的殷儒遗风,早已明白宣示从周的态度,则何以其弟子又不用其师教而明背之乎？夫儒家之礼,岂止丧礼？孔子之曰从周,岂专指送死一事？胡文牵缀无理,此其四。若谓《仪礼》称祝皆商祝,《仪礼》根本皆殷礼,然则岂《仪礼》成书在孔子之前乎,抑出孔子之后乎？且儒家既以《仪礼》为经典,又何说孔子之从周？周礼又在何处？此其五。我闻古之称鲁国儒生矣,未闻有殷儒之称也。我闻儒者之相丧矣,未闻儒者之为祝也。胡文乃谓孔子和那辈大弟子,都是殷儒商祝,又称之曰职业的相礼人，真不知其说之何从也。

（五）驳老子是一个老儒是一个殷商老儒之说

胡文谓老子居周，成周本殷商旧地，遗民所居。夫孔子居鲁，不害孔子之为商遗，则老子虽居周，无害老子之为苦县陈人也。岂得以成周本殷商旧地，遂谓凡居成周者皆商人。此亦犹如因鲁分商民，遂谓凡鲁人皆殷族耳。至谓老子为史官知礼，又岂得谓春秋时凡知礼者皆殷人乎？以老子为殷商老儒，显属无据。且老子既为周室之史官，又何必再业相丧助葬以自活？胡文不啻谓凡言礼皆丧礼，凡丧礼皆为殷礼，而相丧助葬者皆为衣食谋生，其说之无稽，稍具常识，皆可辨之。粗列五事，聊发其绪。其他游辞曲说，本之而引申者，可不烦再及也。

此稿草于抗战期间，初刊于成都《学思杂志》一卷一期。
一九五四年香港大学《东方文化》一卷一期转载。

读《周官》

《周官》体国经野,犹可说为封建时代之所有。至云设官分职,则明与封建贵族世袭有别,非晚周以下不能有此想也。

"太宰之职,治官府,纪万民;教官府,扰万民;统百官,谐万民;正百官,均万民;刑百官,纠万民;任百官,生万民。"皆以百官、万民对举。国之治在官,官之职在民,此非初创封建制度时之政治意识甚显。

"太宰,以八柄诏王驭群臣。一曰爵以驭贵、二曰禄以驭富。"春秋时代贵富不别,爵禄不分,战国以后,乃始有官禄之给。

"太宰,以八统诏王驭万民。一曰亲亲、二曰敬故、三曰进贤、四曰使能、五曰保庸、六曰尊贵、七曰达吏、八曰礼宾。"进贤者,民之贤能,皆有以进使于上,则贵族封建之制已坠废。尊贵,指尊天下之贵者,则游士纵横之势已盛,非贵族世袭之贵也。达吏,指察举勤劳明练之下吏如赵奢之类,皆战国时事。

"九职有闲民。"此必井田授地之制已坏,故有闲民也。

"九赋,有关市之赋,有山泽之赋,有币余之赋。"则山泽禁地已解放,民间自由商业已渐兴,货币之使用亦日盛,非春秋以下不能有此。

"九两系邦国之民:三曰师,以贤得民,四曰儒,以道得民。"春秋时尚无师,有之,惟瞽师耳。师道始见于《论语》。春秋时亦尚不见有儒称。有之,亦始见于《论语》孔门之问答。社会之有师儒,皆属后起。乃封建将次崩溃之兆。"九曰薮,以富得民。"此陈恒在齐之所为,而以成其篡业者。以前尚无其例。

"太宰,祀五帝,又有祀大神祇。"郑注:大神祇谓天地。以其在享先王之前,郑说殆是也。尊五帝于天地,此断断始于战国晚季,阴阳家言已盛兴之后。

"太宰分职,一曰治、二曰教、三曰礼、四曰政、五曰刑、六曰事。"治在教前、教在礼前、礼在政前。政者政役之政,郑注:"政谓赋"是也。春秋时代君卿大夫执政,惟知礼与赋耳,固少有于政之外别言治与教者。治在前而礼在后,教在前而政在后,则已战国之晚世矣。

"宫正,会其什伍而教之道艺。"郑司农云:道谓先王所以教道民者,艺谓礼乐射御书数。按:太宰九两,四曰儒,以道得民。郑注:儒有六艺以教民者。是道艺分言则别,互言则通。《庄子·天下篇》:"道术将为天下裂。"道术,即道艺也。《地官·卿大夫》:"考其德行,察其道艺。"证道之即艺。此皆儒道两家已兴后语。

"《地官》封人。"郑注:聚土曰封。谓壝埒埴及小封疆也。"大司徒,制其畿疆而沟封之。"郑注:沟,穿地为阻固也。封,起土界也。"大司马,制畿封国。"郑注:封谓立封于疆为界。此等划疆分界,穿沟筑封,原始封建时代有之。及原始封建已破坏,战国时代列强兼并后又有之。然在原始封建时，非有大司徒及地官封人诸职，盖皆出战国晚年人所想像也。

又"制其畿方千里而封树之。"郑注：树木沟上，所以表助阻固也。又"凡造都鄙，制其地域而封沟之。""遂人：邻、里、酂、鄙、具、遂，皆有地域沟树。"此皆战国后人之想像。当西周原始封建时，何尝有畿方千里之封树，又何尝有邻里酂鄙之封树乎？

"大司徒，十二教：十一曰以贤制爵，十二曰以庸制禄。"此均封建贵族已次崩溃时之所有。如春秋时，孔子乃以贤制爵，冉有乃以庸制禄也。

"大司徒，联师儒。"郑注：师儒，乡里教以道艺者。此亦师儒分言则别，互言则通也。孟子爱言师，荀卿爱言儒，乡里皆有师儒，非春秋时代所有。

又"颁职事十有二，十曰学艺。"郑注：学艺谓学道艺。春秋时代贵族当学礼，不闻学道艺。

"大司徒，以五礼防万民之伪，而教之中。以六乐防万民之情，而教之和。"今按：古者礼不下庶人，刑不上大夫，此以礼乐教万民，非晚周之世不克有此想。中和二字见于《中庸》。乃秦时书。

又"大宗伯，以天产作阴德，以中礼防之，以地产作阳德，以和乐防之。"以天地阴阳礼乐中和对言，证《周官》之书与《易系》《中庸》相先后。

又"大司乐，以乐德教国子：中、和、祗、庸、孝、友。"《中庸》始言中和。孔孟仅言孝弟，不言孝友。祗庸连言，更不见于他书。

"大司徒,大荒大札,令邦国移民。"此梁惠王告孟子所云也。春秋时少言移民。

"封人,掌诏王之社壝,为畿封而树之。"郑注:畿上有封,若今时界矣。"凡封国,设其社稷之壝,封其四疆,造都邑之封域者亦如之。"余尝谓周初封建,乃西周姬姓之武装移民,战国时已无此想法矣。故凭《周官》乃不见古人封建之实相。

"保氏,掌谏王恶,而养国子以道,乃教之六艺。"此亦道艺通言之证。春秋以前人常言礼,不知言道与艺。

"大司乐,凡有道者有德者,使教焉。"郑注:道多才艺者。德能躬行者。今按:春秋以前人少言道艺德行,《周官》则以德行道艺对文者例多不胜举。皆战国以下人始有此等想法说法。

"大宗伯,大封之礼,合众也。"郑注:正封疆沟树之固。今按:封疆沟树以合众,乃孟子所谓民不改聚以后之说法想法也,周初封建岂如此。封疆沟树,乃以外御夷,非以内合众。

"司尊彝,郁齐献酌,醴齐缩酌,盎齐涚酌,凡酒脩酌。"郑注:《礼运》曰:玄酒在室,醴盏在户,粢醍在堂,澄酒在下,以五齐次之,则盏酒盎齐也。《郊特牲》曰:缩酌用茅,明酌也。盏酒涚于清,汁献涚于盏酒,犹明清与盏酒于旧泽之酒也。此言转相泲成也。献读为摩莎之莎,齐语声之误也。煮郁和秬鬯,以盏酒摩莎泲之,出其香汁也。醴齐尤浊,和以明酌,泲之以茅,缩去滓也。盎齐差清和,以清酒泲之而已。其余三齐,泛从醴,醍沈从盎,凡酒谓三酒也。脩读如涤濯之涤。涤酌以水,和而泲之,今齐人命浩酒曰涤。明酌,酌取事酒之上也。泽读曰醳,明酌清酒盏酒,泲之皆以旧醳之酒。凡此四者,祼用郁齐,朝用醴齐,馈用盏齐，诸臣自酢用凡酒，惟大事于太庙，备五齐三酒。今按：郑注引《礼运》《郊特牲》，皆见小戴《礼记》，皆战国以下后起之篇。远之如《诗三百》，近之如《春秋左氏传》，皆无可证。见此条语之晚出。后儒释此条者，自孔颖达疏以下迄于清儒，惟见有牴牾，不见有定说，以经无见文，未知是否。岂自周公制礼，历代相沿，而致此冥漠乎？

"大司乐，凡六乐者，一变而致羽物及川泽之示，再变而致裸物及山林之示，三变而致鳞物及丘陵之示，四变而致毛物及坟衍之示，五变而致介物及土示，六变而致象物及天神。"今按：《易·系辞传》，在天成象，与此象物之象字同，于羽赢鳞毛介五物之外而有象物，此何物乎？显属晚周人语。郑注：象物，有象在天，所谓四灵。《礼运》曰：麟凤龟龙，谓之四灵。象物果谓四灵否，今不可定。然麟凤龟龙为四灵，亦晚周人语。

"外史，掌三皇五帝之书。"今按：孔孟皆言尧舜。司马迁曰：学者多称五帝，尚矣。然《尚书》独载尧以来。《大戴礼》有五帝德帝系姓。《易·系传》始言伏羲神农在黄帝前。此言三皇五帝，必晚周人语。

"《夏官》司勋：王功曰勋，国功曰功，民功曰庸，事功曰劳，治功曰力，战功曰多。"今按：就春秋时代言，只知有王功国功耳。汉初高祖约，非有功不得侯，亦仅指军功，即战国时一甲首而隶五家之首功也。郑注：庸，法施于民若后稷。劳，以劳定国若禹。力，制法成治若咎繇。今按：封建时代之贵族，以世袭承位，何待有功？而民功曰庸，事功曰劳，战国以前人，殆无此观念。治功一观念，更属进步。郑注以禹稷咎繇释之，本于《尧典》。《尧典》亦战国晚出书也。

"职方，九州正南曰荆州，其山镇曰衡山，其泽薮曰云梦，其川江汉，其浸颍湛。"郑注：颍出阳城，宜属豫州，在此非也。湛未闻。杜子春云：湛或为淮。今按：九州分域之说，亦起战国。《周官》荆州无洞庭湘水，知其书出战国，非汉人所伪。

郑玄曰：职方州界，扬、荆、豫、兖、雍、冀与《禹贡》略同，青州则徐州地也，幽并则青冀之北也，无徐梁。今按：湘蜀在战国时，皆不列中国之版图。秦司马错灭蜀，其时蜀为西南夷。屈原沉湘，非洞庭之湘水。可知《周官》之书，既不在春秋以前，但亦非秦汉后人所伪。

"职方氏掌四夷、八蛮、七闽、九貉、五戎、六狄之人民与其财用。"今按：《秋官·司寇》有闽隶，《国语》"闽芈蛮矣"。《周官》之书有闽无粤，知非秦汉以下书，必出晚周也。

"《秋官》司寇有象胥。"郑注：通夷狄之言者曰象，此类之本名。东方曰寄，南方曰象，西方曰狄鞮，北方曰译，今总名曰象者，周之德先致南方也，今按：东西北三方与中国通在先，独南方较最后，故四方之通译者独总象名，此亦《周官》书晚出之证。

余旧有《周官著作年代考》，成于民十九二十冬春之间。越四十年，偶翻《周官》，又得劄记近百条。续缀此篇。其他例证，姑不详列。

此稿未发表

《墨辩》探源

余为此篇,乃在去岁之春。时旅居闽南,属稿未半,以事遄返,遂懒续成,弃之故纸堆中,行一年矣。最近读章氏名墨訾应论、考各篇,蹊径新辟,盖又与梁胡诸人之说不同,不觉见猎而心喜。又感于太炎"非一人所能尽解"之言,因亦重出旧稿,略加缮订,冀以请教于诸君子之前,并以与当世治墨学者共研之。余孤陋浅学,断不敢望时贤项背。凡兹所论,或足以当千虑之一得,补异论所未备。至于求新好胜,非余心也。十三年四月九日。

起论 《墨经》之作者年代缘起及主旨

《墨经》成于谁何人之手,此问题自难悬断,然决非出于墨子之时。盖墨子创兼爱之说而根据于"天志"。其后屡经异己者驳诘,"天志"之论不足以折敌,其徒乃别求根据而成今之《墨经》上下篇。其说较之"天志",闳大精微,而益近于哲理。以学说进化大例观之，墨子之论素朴，殆不能为此说也。宋䂫与孟子同时，而较前辈，其论兼爱非攻，根本于人之情欲。盖从心理立论，已与墨子不同，然犹不逮《辩经》之深博。《辩经》当出宋䂫之后，大抵在惠施公孙龙之世。惠公孙诚为《墨经》作者与否，今亦不可详考。然其立论，要为同本同源，则皎然无可疑。惠公孙行事，散见先秦各书，均主偃兵寝攻，宜为墨学之徒。余既各为专篇推阐其立说行事，又散见于余论庄生书中。今不复详，而专论《墨经》之大义。

今之治《墨经》者，字字而求之，句句而详之，其不可得而解者若已鲜。而余则有甚疑者：夫墨者何为而发此闳眇之辩？其所辩之对象究为何事？此余所深疑，而今之治《墨经》者所不道也。以余考之，《墨经》上下篇所恳恳笃笃辩不自休者，盖有一中心问题焉，曰"兼爱"是矣。为《墨经》者，盖力主兼爱之可能而当然，而当时尚有一辈反对诘难之徒，彼等所难者何辞，今不幸无可考见。（孟子与夷之一番议论尚是初步之辩难。）然细察《墨经》所论，与惠公孙之言，犹可推寻其一二之遗迹。彼一诘驳，此一答辩，而答辩之辞，为求博喻众晓，故多能近取譬之语。盖当时养士之风甚盛，食客游士，往来诸侯贵显之门，笔札之用未溥，而口舌之利为先。每逢一二大师，相聚辩难，大率乃在王者卿相之第。听众广集，真心讲论者不多，而素治学问者尤鲜。墨者之徒，以绳墨自矫，以劳苦自竭，已为当时靡衣肉食者所不喜。而来相诘驳者，多半当出儒家，其人大率治礼乐，务文采，有贵族雍容之风，守传统习俗之见，易受听众之同意。而墨者情急求胜，则不免出于一切新奇之论，怪诞之谭。初仅取以喻显正义,而听者乐其窈眇,略其根柢,即以其说更相往复。引延愈远,遂忘本初。后人不深晓,因亦不知其所讨论,皆自辩难"兼爱"之理来也。今所传《墨经》,盖出当时墨家巨子,汇集本宗辩难话柄,传之其徒,俾资捍侮御敌之用。余所谓《墨经》大义者,即在推阐此意,而《经》中各条,即当时辩难之例证也。

今当略仿西人哲学分类,摘举《经》中各条,别归三途。以申吾说。

(一)兼爱学说在本体论上之根据:

(甲)《墨经》中论"时""空"。

(乙)《墨经》中论"名""数"。

(二)兼爱学说在认识论上之根据:

(丙)《墨经》中论"知识"。

(三)兼爱学说在人生论上之根据:

(丁)《墨经》中论"行为"。

其他琐义,别详《墨经碎诂》中,今不并具。

上篇 兼爱学说在本体论上之根据

甲、《墨经》中论时空

墨家兼爱,初本于"天志",其后乃转为"万物一体论"。万物苟属一体,则兼爱自成挚理。墨家欲为"万物一体论"之组织。不得不将天地诸异并归一同,是为《墨经》中努力辩论之一事。其首乃在"时""空"观念之创新。

《经上》同：异而俱于之一也。

《经上》久：弥异时也。

《说》久：合古今旦莫。

《经上》宇：弥异所也。

《说》宇：蒙东西南北。

久指时间，宇指空间。一切天地诸异，统于"久""宇"两观念中消纳。古今旦莫虽异，而俱于一久。东西南北虽异，而俱于一宇。然则天地间凡诸现象，只有二别，曰"宇"曰"久"。而宇久虽异，复俱于一。其说在《经下》。

《经下》宇：进无近，说在敷。

《说》宇：区不可遍举，宇也。进行者先敷近，后敷远。行者先近而后远。

此条言在宇之观念中无远近。远近特在行者之主观，非宇之本真也。

《经下》行修以久，说在先后。

《说》行：行者必先近而后远。远近修也，先后久也，民行修必以久也。

此条云宇之远近即是久之先后。行必先近后远，已于上条说及。然非空间本有远近。远近之观念，起自行动者之主观。今谓吾行自近及远,其间不可以无许久之时,此亦起于行动者之主观,故曰"民行修必以久"也。故《墨经》所论时空,又以消纳于行动的主观之下。如古人日标之影,沙漏之水,今人时计之针,皆是以行修计时久者。故宇久两观念,实为同一行动之两方面的观察也。本于上述,综合而得下语:

《经下》无久与宇,坚白,说在因。(因疑当作盈)
《说》无坚得白,必相盈也。

此条乃前两条之总义。言本体无久宇之别,如石之坚白,止是因宜立名。抚石得坚,白在坚内。视石得白,坚在白内。一石之内,坚白相盈。如一现象——动作或物体——之内,宇久总是连带而存在也。

本上所论;天地间诸异,毕竟同体,故曰"异而俱于之一",即惠施所谓"毕同""大一"。当知惠公孙辈持坚白之论,本意在明万物之一体,而伸其兼爱之说。而听其论者本无诚意研讨其兼爱之是非,而空以坚白之论,吊诡可喜,相为哗辩。庄子悲之,故曰:"非所明而明之,以坚白之昧终"也。(坚白之论详后)

然而墨家之所努力,犹不尽此。上之所引,在将天地诸异归纳于毕同之下。而墨家又将天地间诸同分析而跻于毕异之境,是为墨家"时""空"论努力之第二步。今先从"宇"字讲入。

《经上》库:易也。
《说》库:区穴若斯,貌常。

释名:"库:舍也,物所在之舍也。"墨家谓库乃刻刻变易者。虽区穴未变,外貌犹常,而实非故物。庄子所谓"藏舟于壑,藏山于泽,夜半有力者负之而趋,昧者不知"也。庄子与惠施友善,故其书中言论,常可相推阐焉。

> 《经下》宇:或徙,说在长宇久。
>
> 《说》长宇徙而有处,宇。宇,南北在旦又在莫。宇徙久。

旦之南北,至莫已非,故曰域徙。墨家以时空两观念相连合,便见空间息息变化,名是实异。墨家乃提出长宇一新名辞。宇若不徙,而长宇则必徙。故又云:

> 《经下》或:过名也。说在实。
>
> 《说》或:知是之非也,又知是之不在此也,然而谓此南北,过而以已为然。始也谓此南方,故今也谓此南方。

此条乃提出名实之辨。依实而讲,现在之南方,已非过去之南方。一切空间名称,都是借已往之名,移称现在之实,故曰:"过而以已为然。"或是地域之域。以过去已往者为名,故曰过名。再举一例证之:

> 《经下》景不徙,说在改为住。
>
> 《说》景:光至景亡。若在,尽古息。

此条即"飞鸟之影未尝动也"之意。影名不变,而影实已非。以证宇名虽同,而其实毕异也。今及其论久者:

> 《经上》止:以久也。
>
> 《说》止,无久之不止,当牛非马,若矢过楹。有久之不止,当马非马,若人过梁。

止与不止,虽是空间之事实,亦从时间而判定,故云"止以久"。今设某一动作,苟为时不久,则常人便谓不止。如矢过楹,历时甚暂,见者均信矢过不止。又设某一动作,需稍久之时间者,则常识不知其为动作,而认其有留止。如人过桥梁,常人见者以谓此人明明从桥此端而至彼端,其由此至彼,确已在桥留止多时也。推而言其更久者,如人之一世,自孩提以至老死,百年之间,常人孰不认其有留止? 而谓逝者如斯,交臂非我,夫谁信之? 墨家说宇虽久而不止,闻者宜其不信。如云牛非马,人尽首肯。云马非马,则百喻而不解矣。但墨家绝对的不止论,言其反面,即为绝对的停止论。如前举影既改变,则前影非后影。而此前后诸影,各皆终古止息,更无变动也。故《经》云"止以久",而《经说》则谓"有久不止",相反相成,非矛盾也。墨家此等处甚多,不得以异说相訾应论。又

> 《经下》均之不绝,说在所均。
>
> 《说》均:发均悬轻,重而发绝,不均也。均,其绝也莫绝。

此条亦言时间。均是"钧"之借字,为称衡之义,不作均等解。轻发悬重物,其发必断。说者则谓轻固不可以悬重。实则方其断时,已非引时。苟无引时,何致有断时?即其断果,可证引事。故曰:"均不绝,绝不均。"常人认为同时者,今乃细为分辨。公孙龙谓"发引千钧",是其义。当其引时,并非即是断时,故曰均不绝。当其断时,已非引时,故曰绝不均。

墨家将"宇""久"两观念,细细分析,最后所剩,只有当下之现在,或现在之当下一境。非宇非久,即宇即久。此惠施所谓"毕异"之"小一"也。当知"大一""小一","毕同""毕异",非自相矛盾,犹如庄生所云:"万物莫大于秋毫而泰山为小,莫寿于殇子而彭祖为夭"者,是在善观,不能拘著也。

墨家本此时间的新观念之下,复有引申数义,兹当附论者。

《经上》始:当时也。
《说》时或有久,或无久。始当无久。

始是在昔当初之义。常人云及始字,便若自始迄今,中间定有一段时间。墨家则云始者止在当下,始即是始,并无久。《经》中别有多条发明此意:

《经下》在诸其所然者于未然者,说在于是推之。
《说》在尧善治,自今在诸古也。自古在之今,则尧不能治也。

在训为察。自今察古，觉尧之善治。自古察今，则尧不能治。尧之道乌足以治战国之乱局？其实尧之道只以治在尧之当时，并未以之治在后之战国。战国时人谓尧之能治，乃以当时人眼光观察于尧也。如今人欲以孔子学说治现世，不知彼自以现世目光看孔子，孔子在春秋时，岂已预见现世变局，而谓其当时之说，乃求以治现世乎？故墨家说始，只在先前，不在当今。所谓始者，已属过去，故云"无久"。又如：

> 《经下》尧之义也，生于今而处于古，而异时。说在所义二。
>
> 《说》尧臒，或以名视人，或以实视人。举彼尧(旧作友富商三字，依梁校改。)也，是以名视人也。指是臒也，是以实视人也。尧之义也，是声生(旧作也字，依梁校改。)于今，所义之实处于古。(《说》中两臒字旧一作霍，一作臒，依张氏《闲诂笺》改。)

此条又提名实之辨。尧治天下而癯瘦，是尧之义之实，此事实乃处于古。(处即住，息，止，不动之意。)而尧之义声，乃现世之新生，与往昔事实判然两事。所以现世之古代，非即古代之古代。粗心人言之，乃认为同一古代耳。犹如前刻鸟影，非后刻之鸟影，而常人犹认其为一影也。

上之两条，均可证明始止于当时之理。综以为言，即现在之过去仍为现在，而非真过去。今再引其论现在之将来者：

> 《经上》且：且言然也。

《说》且：自前曰且，自后曰已，方然亦且。

且是将来之意。但前之以谓将来者，后又谓之已往。可见将来亦是"现在化"之将来，并非现在外之将来也。故曰："方然亦且"。方然便是现在，所谓将来，实亦是现在也。今不曰现在而曰方然，方然则亦现在亦将来也。又

《经下》且然不可止而不害用工，说在宜。
《说》且犹是也。且然必然，且已必已，且用工而后已者，必用工而后已。

此云且犹是也，犹说将来即是现在。真将来不可必，而现在之将来则可必。故云且然即是必然，且已即是必已。《尔雅·释诂》：已，此也。《小取》篇亦云："且入井，非入井也。止且入井，止入井也。且出门，非出门也。止且出门，止出门也。"一人方将入井自尽，固非彼已入井，然我即今止之，便是止其入井，不云止其且入井。此即且然必然之义，即是将来为一现在之将来之义。所以虽云将来，实系现在，不妨因宜而用力。若实属将来，则现在无可用力也。

上之两条，综以言之，即现在之将来仍属现在。合诸更上三条，再为综说，则一切去来今三世分别，实只是当下一个现在。将去来今三世并作一刹那，故谓之"小一"。一刹那中含去来今三世，故谓之"大一"。《墨经》中之宇宙观，即组织完成于此一往一复之综合与分析之中。

然上论兼爱学说,其根据乃在万物一体,故必并诸异为一同。今复析一同为诸异,则与万物一体之论将有妨碍,而于兼爱之说似无裨补,而谓《墨经》胥出于拥护兼爱之说者又何据?曰:不然。从异求同,其有助于兼爱之说者易见。从同辨异,其有助于兼爱之说者难晓。墨家非将凡世识之所谓同者,悉辨别以见其异,则凡世识之所谓异者,亦将不得混合以见其同。故墨家"毕同""大一"之说,实筑其基础于"毕异""小一"之上。即此"小一"之"毕异",而见其为"毕同"之"大一"耳。故墨家之分异诸同,乃所以合同诸异也。至其关系于兼爱之理论,亦有明白显见于经文者。如:

> 《经下》可无也,有之而不可去,说在尝然。
> 《说》可:已然则尝然,不可无也。久,有穷无穷。(依梁校改)

久有穷而无穷,即以"小一"为"大一"也。久有穷者,如前引处,住,止,息,不动,诸论,皆发明久有穷之义也。惟久止息不动,尝然而不可去,故得为无穷。质言之,前一刹那非后一刹那,是久有穷也。每一刹那各含去来今三世,万古止息不更移动,是久无穷也。墨家为久之有穷而无穷,故既曰"且然不可止,不害用工",又曰"无穷不害兼"。故墨家言"毕同""毕异",见兼爱之当然。墨家言"有穷""无穷",见兼爱之可能也。

> 《经下》无穷不害兼,说在盈否知。

《说》无：南者有穷则可尽，无穷则不可尽。有穷无穷未可知，则可尽不可尽未可知。人之盈否未可知，而必人之可尽不可尽，亦未可知，而必人之可尽爱也悖。人若不盈无穷，则人有穷也；尽有穷，无难。盈无穷，则无穷尽也；尽有穷无难。

说中南字，卢云："当读如难"。（王充《论衡·案书》篇："仲舒之言雩祭可以应天，土龙可以致雨，颇南晓也。"是其证。）首无字，牒经标题。南者以下至而必人之可尽爱也悖，乃述难者之言。孙校云："当作而必人之不可尽爱者也悖"，添一不字，谓为墨者自辩之辞，梁校从之，非也。盈，充盈义。人若不盈无穷以下始为墨者答辩之语。《经说》中兼详对面诘难之辞者颇有其例。大抵此条诘难之辞，分为两层。谓所指人有穷则可尽，无穷则不可尽，为一层。既所指人不充盈则不可尽，为两层。而墨家对于宇宙的根本观念，则即以有穷为无穷。自消极的破坏方面言之，发引千钧，绝时已非引时。一刹那后之人，已与一刹那前之人不同。自积极的建设方面言之，则一尺之棰，日斫其半，而棰体不动。所剩虽微，犹为一棰之全体。（此当于次章详论。）故墨家兼爱，虽千万年后之人类，固非吾今日爱之能力所及，而我之为爱，正可以说爱及人类之全体。何者？人类全体不以灭去过去未来之人类而加损，即当下已为人类之全体。犹如一尺之棰，不必加上斫去之一半，始得为棰之全体，即当下而棰之全体凝然不动如故也。故人类之盈无穷与不盈无穷可以不问，而人类之可以兼爱，则其理卓乎不可复摇也。本条答辩之辞，仅虚为往复。至于持论根柢，当于全经中会取。

乙、《墨经》中论名数

墨家宇宙论,兹以便宜分为两部:一论"时""空",一论"名""数"。惠施历物,都从"时""空"发议;而公孙龙坚白之辨,白马之论,则自"名""数"见旨。其根柢皆在拥护兼爱。《墨经》中论"时""空"者,略具上引。今当条理其"名""数"之部。

《墨经》中谈名数,最重"兼""体"之别。

《经上》体:分于兼也。

《说》若二之一,尺之端也。

兼是全体,体是部分。尺端一二之辨,亦复如是。墨家提倡兼爱,论其事实,终不能尽人而爱,(一)则在我之力有不及,如过分疏远者。(二)则在彼之德有不可,如盗贼乱人。此皆不当爱或不可爱。反对者以此诘难,谓墨家有兼爱之名而不践其实。墨家之解,则在申明虽不能人人而爱,而已无损于兼爱之理。本此努力,遂有两义:

(一)体分于兼,即已非兼。　　(二)兼去其体,仍自为兼。

《经下》:一,偏弃之。

《说》一:一与一亡,不与一在。偏去。(依梁校改。)

一即是体,二则是兼。梁云:"必有二,然后一乃可见,是一与二在也。无二之一,则等于零。故曰一与一亡,不与一在。言仅有一则并一之名不能成立也。"可证体从兼中分出,便不为兼。自此推演,即生下论:

一、白马非马, 二、狗非犬。

> 《经下》狗,犬也。而杀狗非杀犬也,可。说在重。
>
> 《说》狗:狗,犬也。而杀狗谓之杀犬不可,若两脘。

此条重字,亦有来历。

> 《经上》同:重,体,合,类。
>
> 《说》同:二名一实,重同也。

犬未成豪曰狗,则狗可以有犬名。然狗虽可有犬之名,而实则只是一狗。如白马虽可有马之名。而实则只是一白马。故曰:"二名一实谓之重。"此辩骤视若无意义,而墨家言之不倦,正为可以解释其兼爱理论之故。盖凡此之论,均是从一意相承而来。此一意者,即所谓"杀盗非杀人"是也。墨家讲兼爱,但不能不杀盗,反对者即持此为难,云:"君等说兼爱人类,则盗亦人类一分子,亦在君等爱下耶?"墨家之答曰:

> 盗,人也。多盗,非多人也。无盗,非无人也。奚以明之?恶多盗,非恶多人也。欲无盗,非欲无人也。世相与共是之。若若是,则虽盗人人也,爱盗非爱人也,不爱盗非不

爱人也，杀盗非杀人也，无难矣。（《小取》）

此所谓杀盗非杀人，即《经下》之谓杀狗非杀犬也。此云盗人人也，亦可改为盗人非人，如云白马非马。盖盗即是人类中偏去之一。一并非二，故偏去其一，与二无妨。

《经下》偏去，莫加少。说在故。

《说》偏：俱一无变。

此谓偏去者，是"一"是"体"，与"兼""二"无关。故去不加少，不生变也。杀去一盗，于人类全体不生变化，不致减少，依然是一人类全体，亦无碍于吾之兼爱。墨家萦回迂曲，指狗说马，其意只在拥护兼爱之说。今姑舍其议论之是非勿问，而推阐其所以如此持论之故，岂不彰彰甚显哉？顾墨家所谓偏去莫加少者，终若于常识相违反，不得不别有证明。

《经下》非半不斫，则不动，说在端。

《说》非：斫半，进前取也。前则中无为半，犹端也。前后取则端中也。斫必半，无与非半，不可斫也。

此条即证明偏去莫加少之义。半即是偏，不必定为全体中之一半，只是全体中一部分耳。犹云一，只是二中之一部分，不必定认一为二之半。斫木者必斫去其部分，非斫去其全体。所云斫者，既非全都，即犹无都。亦非不都，即非半之都。故云："无与

非半,不可斱也。"所云斱既是部分,则其全体必仍遗留。故云:
"不动。"譬如尺棰,斱去其九寸,犹存一寸,仍为棰体,因其斱去
者非全体而系部分之故。墨家此论,与其"大一""小一"之说,
正相通贯。苟有其体,必可分斱。斱既非全,必有遗留。至于遗
留之量,为多为少,自常识视之为不同,自墨者言之为无异。何
者?"大一""小一""异而俱于之一"也。云"说在端"者,《经》
中别有论端一条:曰

　　《经上》端,体之无,序而最前者也。

　　《说》端:是无同也。

端者,略如几何学中所谓点。体乃体分于兼之体,与几何学中之
体不同。《经下》云:"体分于兼,说若二之一,尺之端。"(引见前)
故端是尺之体。(尺略如几何学中之线。)何谓"体之无"? 端虽尺之
一体,而实等于无也。今设斱去尺之一端,而尺仍有两端如故。
今设前后两端俱为斱去,而此尺之仍有前后两端犹如故。(按,此
即上引一条所云不动。)则端之于尺,不几等于无乎? 以其去而不加
少也。故曰:"体之无",又曰:"是无同"。是无同者,同于无也。
序而最先者,端在尺之两首,以序言之,居最先也。然则集众无
之部分可以成一有之全体乎?

　　《经上》厚:有所大也。

　　《说》厚:惟无所大。

惠施亦云："无厚不可积也，其大千里。"墨家若未尝言积无所大以成有所大，仅谓自此方面观之为有所大者，自彼方面观之则为无所大耳。今总括上述，则体分于兼，即异于兼，其与兼之关系等于零。兼必有体，方其体去，兼亦仍自为兼而无变。故兼爱人类，则盗亦在兼爱之中，而兼爱者可以杀盗。

墨家此论，犹有其补足之附义。

《经上》损：偏去也。

《说》损：偏也者，兼之体也。其体或去或存，谓其存者损。

墨家虽言偏去莫加少，亦复谓其存者损。顾墨家之意，以谓损者，非惟无害，抑又有益。

《经下》无欲恶之为益损也。说在宜。

《说》若识麋与鱼之数，惟所利，无欲恶。伤生损寿，说以少连。（孙校连疑当作适。）是谁爱也？尝多粟，或者欲不有，能伤也。若酒之于人也。且恕人利人，爱也。则唯恕弗治也。

此条《经说》多未详，然大意可得而言。无欲恶之为益，即是以损而为益。人能损其欲恶至于无欲恶，岂不于人转有益。如麋鱼酒粟，可以养生，然亦以少而适可为佳；多进反以伤生损寿。智者损人酒肉，正是爱人利人之意，其意亦若为兼爱者杀盗而发。又

《经下》损而不害,说在余。

《说》损:饱者去余,适足不害。能害饱,若伤糜之无脾也。且有损而后益。

此条《经说》,亦难尽解。然谓损而不害,则甚明显。能害饱三字,犹云能害者饱,饱则有害也。综上三条会其大意,则墨家谓兼中去体,可以谓之有减损,而不得谓之是缺少。惟其无所缺少,故仍为一完整之全体,而减损则对于全体为无害,且时亦有益。《经说》虽举养生饮食为例,然其立论本意所在,则决不尽于养生饮食。故余谓其为墨家兼爱者杀盗人之补足义也。

今更综观本章所引,则墨家所谓"万物一体论"者,实建筑其基础于"名""数"的理论之上。彼所谓"大一""小一",亦惟可于"名""数"的观念中求之。而其论此最透彻者,则如:

《经下》数:物一体也。说在俱一,惟是。(数字旧本作欧。张以欧物连读,孙云疑当为数物之误,而不得其解。今按数字当断句,其说详下。)

《说》俱:俱一,若牛马四足。惟是,当牛马。数牛数马则牛马二,数牛马则牛马一。若数指,指五而五一。

此条乃言物可分数,而实只一体也。如数牛马之足,则牛马各四足。倘数牛数马,则牛马各一。倘合数牛马,则牛马为二。四足已包在一马之内,犹如五指已包在一手之内。《庄子·齐物论》云,"天地一指也,万物一马也。"天地可以分析,如一手之五指。万物可以合并,如百体之一马。(《庄子》又云:立百体而谓之马。)此不过因是乘宜,暂为名数,而天地则一体也。然精而察之,墨家所谓万物一体者,正亦由名数之分合证成之耳。故墨家之万物一体论,可以称之为"唯名的万物一体论"或"名数的万物一体论"。道家所持,则为"唯气的万物一体论"或"阴阳的万物一体论"。此则庄周与惠施之所异。其说别详。(以上成于十二年春间,以下新续。)

中篇　兼爱学说在认识论上之根据

丙、《墨经》中论知识

墨家初言兼爱,本于"天志"。既不足以折服人心,乃转而为"名数的万物一体论",略如上述。然而辩难之来,犹未已也。今试问:墨家何从而得此万物一体之知识? 亦何以知人类之尽可爱? 今《墨经》中解答此项问题者,略当于近世哲学中之认识论。试更约述如次:

> 《经上》见:体,尽。
> 《说》见:特者体也。二者尽也。

此言见有二种:(一)体见,(二)尽见。特者犹云一也。"尽者莫不然也"。《经上》盖一为部分之见,而一为全体之见也。人类本自有见全体之可能。然而按之人类知识之实际,则若有不然。有所见,必有所不见。有所闻,必有所不闻。宁有所谓尽见哉? 墨家之言曰:

《经下》不可偏去而二，说在见与俱，一与二，广与修。

《说》见不见离。一二不相盈，广修，坚白。

物有可以偏去其一者，有不可偏去而二者，此墨家"名""实"之辨也。如有一石，击而碎之则为二，是若可以偏去。然一石既碎，仍俱是石，即上引所谓"俱一无变"也。如一石之坚白，此为不可偏去而二。今我见石，所见者白，所不见者坚，坚之于白，不可偏去。又如见一物之修与广，亦不可偏去。而人之目则见白不见坚，此谓之见不见离。而谓一二不相盈者：

《经下》于一有知焉，有不知焉。说在存。

《说》于石一也。坚白二也，而在石。故有知焉，有不知焉可。

此条一二义解与前举正似。石者一也，坚白二也，二为全体，一为部分，此是《经》中贯通大例。然则坚白是全体，而石是部分也。故公孙龙子云："物白焉不定其所白，物坚焉不定其所坚；不定者兼，恶乎其石也？"（《坚白论》）又曰："且指者，天下之所兼。"（《指物论》）此皆以坚白为兼——即全体，以石为体——即部分之证。（说详余著《公孙龙之学说》）余又谓是名实之辨者，石是其名，坚白其实。坚通万物之坚以为坚，白通万物之白以为白。试捣一石，成为齑粉，其间粒粒坚白，亦复各无少缺。至于石之名号，则因宜乘便而立。故公孙龙谓坚白石可二而不可三，明只有坚白二实，石是虚名，不成三也。此即一二不相盈之义。谓坚之与白相盈则可,谓石与坚白相盈则不可。然而人之见石,见其白不见其坚,则见固不可以尽欤? 曰:否,不然。人见石之白而不知其坚者,特以初见不习之故。其后时与石遇,目视而得其白,手拊而得其坚,习之既久,则以目视者,不徒见白,亦且知坚。则为尽见矣。

《经下》知而不以五路,说在久。

《说》知者,若疟病之于疟也。知以目见,而目以火见,而火不见。惟以五路知。久不当以目见,若以火见。

此条乃言尽见由经验而得之理。久者即经验也。人之病疟者,非有前日经验,何知今日之为疟? 又如人初遇火,目睹见光,手炙知热,是知以五路也。(五路犹云五官)其后既有经验,久则见火即知其热,无须手触而后知。故初见见其光,久见见其热。热非吾目可见。目见其光而又见其热者,徒以见光而知其为火。又知火之为物热。然则彼物热者,非以吾目为见,乃以彼火之名为见。故曰:"知以目见而目以火见。"然火之为名云何能见? 正以吾往日五路之经验见耳。故今见光而知热者,非目能见,亦非火名能见,乃吾从昔手触之见。故曰:"而火不见,惟以五路知。"五路何以能不触物而知? 是在经验。有经验则闻其名而知矣。故曰:"久不当以目见,若以火见。"吾人闻火之名而想见其光与热者,此见若含于火名之内,而实非在火名之内,乃在吾人五官之经验,积之既久,乃可以不当于五官而亦有见耳。此墨家说明尽见之来历也。

《经下》火热,说在顿。

《说》火:谓火热也,非以火之热我,有若视白。

此与前条一意。见火而知其热,不必由火之热我也。如视白而知其坚,亦不必由石之触我也。其说在顿。顿者积也。犹前条之久,皆吾人之经验也。

《经下》闻所不知,若所知,则两知之。说在告。

《说》闻:在外者所知也。在室者(此六字系梁校补)所不知也。或曰:"在室者之色,若是其色",是所不知若所知也。……夫名,以所明正所不知,不以所不知疑所明。若以尺度所不知长。外,亲知也。室中,说知也。

此条墨家在知识论中明白提出名字之地位。名者,人类经验之共同标帜也。人之知识,决不能尽恃一己之经验,而贵乎借助于他人之经验,则有赖于名。人类自有名,而所知与所不知可以两知。如闻石之名而知坚白之实也。故《经上》之说云:"告,以之名举彼实也。"

《经下》知其所不知,说在以名取。

《说》知:杂所知与所不知而问之,则必曰:"是所知也,是所不知也。"取去俱能之,是两知之也。

此条亦言有名则可以知其所不知。夫人类知识,其起源本由于经验，而名则自有知识而起。然逮其有名，乃可以知其不曾经验之知，夫而后知识乃不为经验所限。故知识起于经验，而不限于经验。

《经上》知：闻，说，亲，名实合，为。

《说》知：传受之闻也。方不㢓，说也。身观焉，亲也。所以谓，名也。所谓，实也。名实耦，合也。志行，为也。

此条墨家论知识最详密。知识不能尽靠亲知，即当身之经验，而又有俟夫传受。传受者，他人之经验，而我接受之也。又不止于此，而有待于推说。推说者，本此而推诸彼，而空间时间不足以为我之隔阂也。而传闻推说，其事均有赖于名。名实合乃为知，否则如瞽者之言钜白而黔黑，而不能合于取舍之实，则传闻推说非知也。知不发源于经验者非真知，知而不归宿于行为者亦非真知。故以行为为知识之殿焉。今不能一一详论，而特论其知识不必限于身观之亲知之一事。夫人类无穷，何可一一亲知，而始见人类之可以兼爱？墨家于此乃提出推知之为重要而可信。

《经下》擢虑不疑，说在有无。

《说》疑，无谓也。臧也今死而春也。谓之人（旧作文文，均以形近而讹。）死也可。

此条即言推知（即说知）之足信也。《说文》："擢，引也。"即推论之

义。又按《说文》:"春:推也。"(此字自来未得其解)以臧之死,推而
虑之,径谓凡人有死可也。苟有人焉,疑及推虑之不足信,而必
待夫亲证,则岂不无谓之甚乎?《经》文"说在有无",有无二字,
乃承上条所论而来。

《经下》无不待有,说在所谓。
《说》无:若无马,则有之而后无。无天陷,则无之而无。

此亦论推知之要也。人类知识,若徒恃亲知,或前人之闻见,
(即传闻之知)则仅足以知有,而不足以知无。无者,有有而后无,
有未始有之无。譬如天陷,古来曾无见者,然人知有所谓天
陷,其事能否且勿问,然因有推知,而人类知识,遂可以及于耳
目见闻之外,天地未有之事也。故人类有确知其事而又不能
实指者。

《经下》所知而不能指,说在春也。逃臣狗犬遗者。(遗
本作贵,王校《非攻下》云:"弃隶书与贵相似,疑遗损㳩成枣,遂讹为贵。")
《说》所春也,其执固不可指也。逃臣不知其处,狗犬
不知其名,遗(旧本作遗,今以意改。)者巧弗能两也。

此条春字亦训推。逃臣定有居处,而不能指出其居处何在。畜
狗马者,锡之以名,(今人亦然)知其有名而不知其名是何。人类亲
知,只限于当身近处。至于异地异时,隔绝辽远,虽有巧者,不能
两知。则人类知识之有贵于推也明矣。推知者,即"以所明正

所不知,不以所不知疑所明"（引见前）是也。

　　《经下》不知其数而知其尽也,说在明者。
　　《说》不一一知其数,恶知爱民之尽之也? 或者遗乎其明也?（明旧作问,孙据说改经文明字,梁校依之,非也。当据经文改说为是。）尽爱人则尽爱其所明,（此明字旧亦作问）若不知其数而知爱之尽之也无难。

此条乃正言兼爱不必尽知人而爱之之理。如人见火即避,知其焦肤炙骨,不必尽火而试之者,明也。避火者,避吾之所明。爱人者,亦爱吾之所明。岂必尽人而知其可爱与否,乃始为兼爱之说耶? 畴昔之火炙人,吾知之所明也。今昔之火炙人与否,吾知之所不知也。今将以所明正所不知而避之乎? 抑将所不知疑所明,而姑近试之乎? 墨家之兼爱,则亦在夫以所明正所不知而已。《经上》说:"所以明也"。则明正自推知而来。

　　《经下》知狗而自谓不知犬,过也。说在重。
　　《说》知:知狗者重知犬则过,不重则不过。

二名一实为重,（《经上》）知狗而自谓不知犬者,是不能推也。人尽知己之可爱,己之父母妻子之可爱,而不知人尽己也,人亦尽为人之父母妻子,而谓不知人类之可以兼爱与否,是亦知狗不知犬之类也。其他《经》中论及知识问题者尚多,取显吾意,不复尽举。

下篇　兼爱学说在人生论上之根据

丁、《墨经》中论行为

最后当略述《经》中论及行为之部,而先观其论行为与知识之关系。

《经上》为:穷知而悬于欲也。

《说》欲𪎭其指,(孙校𪎭为薪字。)智不知其害,是智之罪也。若智之慎之也,无遗于其害也,而犹欲𪎭之,则离之。(孙校离即罹。)是犹食脯也。骚之利害,未可知也。欲而得(依孙校增。)骚,是不以所疑止所欲也。𪎭外之利害,未可知也,趋之而得力,(孙校力疑作刀。)则弗趋也,是以所疑止所欲也。观为穷知而悬于欲之理,𪎭脯(孙校当是薪脯之误。)而非恕也,𪎭指而非愚也,所为与所不为(依张校改如此。)相疑也,非谋也。

此条多疑字,未可尽解。然循察大意,则其为明白。墨家谓人类行为不系于其知而系于其欲。对于一事之利害,知之已尽,犹未足以决定其行为之趋向。凡决定其行为之趋向者则在于欲。其所举𪎭指食脯𪎭外三例,今不能确晓其为何事。然观上下文意,则其意可得略说者:(一)𪎭指本有害,其人已尽知之而犹欲𪎭,是行为不决于知识而决于欲望之证一。(二)食脯之利害犹未尽知,而其人竟欲食脯,是行为不决于知识而决于欲望之证二。(三)𪎭外之利害犹未尽知,而其人不肯趋至𪎭外,是行为不决于知识而决于欲望之证三。综观三例，（一）为明知其害而为之。（二）为不知其利害而为之。（三）为不知其利害而不为。而总之曰："食脯非由其智，齕指非由其愚"，行为与知识无关，而悬于欲望，此墨家论行为之大意也。墨家所以为此议者，盖缘时人与墨者诘难，多问何由知人类当兼爱云云，墨家既答其疑，_{（见前篇）}又谓人之爱人与否，不关其知识。苟诚欲兼爱人者，亦不在其必欲知兼爱人之利害是非也。

> 《经下》不知其所处，不害爱之。说在丧子者。
> 无《说》。

此条证明爱不必俟知之理。人果爱其子，何必知其已死之子或已亡之子究在何处。则人以兼爱之利害是非来相诘难者，墨家可以谓君自不欲兼爱，否则岂必尽知之而后兼爱之哉？

> 《经上》知：闻，说，亲，名实合，为。
> 《说》……志，行为也。

此条以行为归入知识之最后一步，而曰"志，行为也"，此即为穷知而悬于欲之义。墨家论行为既以"志""欲"为言，自不得不带有偏于动机论之倾向。此盖《墨经》本出惠公孙之际，其间已受儒家——孟子一派——学说之影响也。今欲发明墨家对于人生论之精义，则不可不首及其对于"仁""义"之辨。

《经上》仁：体爱也。

《说》仁：爱己者非为用己也。不若爱马者。

《经上》义：利也。

《说》义：志以天下为爱而能能利之，不必周。（周本作用，疑形近而误。）

仁义相比而论，自受儒家影响。惟辨仁义即辨爱利，而主爱无尽利有尽，亦为兼爱论辩护，而与其先常言兼相爱交相利者有别矣。仁者体爱，《经上》："体，分于兼也。"《兼爱》下篇云："别而非兼。"人非无爱，而皆为别爱，此墨家所深恶。何谓别爱？各爱其亲，不爱人之亲，是别爱也。体爱者，乃于人类中别出其亲以为爱，是亦别爱，非兼爱也。兼爱必尽人类而爱。《小取》篇云："获，人也。爱获，爱人也。臧，人也。爱臧，爱人也。"彼非别有爱于臧获。彼之爱臧获，即其兼爱之心之流露。爱其亲者，亦当本于兼爱以为爱，不当为体爱，即别于人之外以为爱也。《小取》篇又云："获之亲，人也。获事其亲，非事人也。其弟，美人也。爱弟，非爱美人也。"此则为体爱矣。故儒家要人推广爱亲爱弟之心以爱人，而墨家则谓此心即不爱人之心也。故一以己为本，推己以及人。一以人为本，由人以及己。其爱同，其所以爱者不同。其曰："爱己者，非为用己也，不若爱马者。"爱马之爱与爱己之爱何以异？曰：爱马者为其有用于马，其爱止于其马。爱己者，非为有用于己而爱。己为人类之一体，人自有兼爱人之心，因亦爱及于己也。是其爱虽在己，而爱之心不止于己。《大取》篇云："为天下厚禹，厚禹也。为天下厚爱禹，乃为禹之人爱也。厚禹之加于天下，而厚禹不加于天下。若恶盗之为加于天下，而恶盗不加于天下。"厚禹乃属功利之事，厚爱禹则属爱人类之心，故曰为禹之人而爱。此乃为兼爱也。故又曰："爱人不外己，己在所爱之中"，是兼爱者不害于为己。儒家言仁，终为体爱，非墨者所取。但爱而不及用，则为二者所同。是《墨经》此处释仁字只言爱己，已为对儒家远有让步矣。仁只言爱，而义则兼及于利。此为仁与义之别。但利亦视其力之所能及，故曰："不必周。"

> 巫马子谓子墨子曰："子兼爱天下，未云利也。我不爱天下，未云贼也。功皆未至，子何独自是而非我哉？"子墨子曰："今有燎者于此，一人奉水将灌之，一人掺火将益之，功皆未至，子何贵于二人？"巫马子曰："我是彼奉水者之意，而非夫掺火者之意。"子墨子曰："吾亦是吾意而非子之意也。"

此即墨家爱利之辨也。爱之事不必周，而爱之心必周。爱之功不必周，而爱之志必周。故《大取》篇云：

> 志功为辨。

当时之诘难于墨家之兼爱者，盖多不辨于志功也。故《小取》篇云：

> 爱人，待周爱人，而后为爱人。不爱人，不待周不爱人，

不周爱，因为不爱人矣。

此爱之心必周之说也。

> 《经上》孝，利亲也。
> 《说》孝：以亲为爱而能利，利亲不必得。

爱亲者必求利之，然亲不必得利。此条所云，即志功之辨也。又
《大取》篇曰：

> 籍臧也死而天下害，吾持养臧也万倍，吾爱臧也不加厚。

此又志功之辨之最透彻者也。我爱亲而吾之亲不必得其利。然
不害我之爱。此重在志，不在功。我之持养臧也万倍，然我之爱
之者不加厚。我之志固在天下，不在臧。

> 《经下》仁义之为外内也内，说在仵颜。（按此疑当作仁义
> 之为外内也仵，说在颜。下一内字由仵字误移在下而衍。）
> 《说》仁：仁，爱也。义，利也。爱利，此也。所爱利，彼
> 也。爱利不相为内外，所爱利亦不相为内外。其谓仁内也，
> 义外也，举爱与所利也，是狂举也。若左目出右目入。

此条辨仁内义外，亦即辨志功之意。诚爱之仁而求有以利之义
者在我，受我之爱与得我之利者在彼，故曰："爱利，此也。所爱

利,彼也。"《经》云:"说在颜者",即说若左目出右目入。爱利相为用,如两目之相为视,有相济,非相反也。《孟子》亦有仁内义外之辨,《墨经》出世,当较后于《孟子》。仁内义外,想是当时一种普通意见也。志功之辨,《孟子》亦有之。此皆《墨辩》思想受儒家影响之显见者。当时儒家议论,殆以爱之为志,而以利之为功。墨家乃以爱之利之皆是志。同时亦皆是功。志可尽,功不可尽。较于本初所论兼爱,议论入细矣。大凡一派学说,常与其反对一派交相影响,递为进变。细加爬剔,昭然可见。观于《墨辩》所论仁义诸条,即可以知其非出于墨子之当时也。

今为综述大意,则墨家认为周利人之事有不可必,而周爱人之心非不能有。故墨家之言兼爱,乃以周爱人之心,行周利人之事。而人之周受其利与否,则于墨家之兼爱理论无妨也。此为墨家建立其兼爱学说于行为论上之大概。然循此立论,已与儒家论仁孝无大别。儒家以孝弟为仁之本,而仁者亦未能博施于民而济众,虽尧舜其犹病之,则与《墨经》此处之辨,复亦何异。故后人终取儒家之仁,而不再主墨家之兼爱也。

本篇刊载于一九二四年四月《东方杂志》
第二十一卷第八期。

《墨辩》碎诂

余草《墨辩探源》,尚有剩义,续为《碎诂》一篇。惟此稿已遗失不全,今就其仅存者附刊于此。

(一)《经下》舂字解

《经下》之下(五一)

《经》攫虑不疑,说在有无。

《说》攫疑,无谓也。臧也今死,而舂也,得文文死也可。

按:《说文》:"攫,引也。"此与《小取》篇"援"字同义。(胡适说,见《哲学史大纲》第三章)即推论之意。又案《说文》:"舂,推也。"(胡氏谓舂是人名,误。)"得"当为"谓"字,草书形近而误。"文文"当为"之人"之讹。今改定其文如下:

攫，疑无谓也。臧也今死，而舂也，谓之人死也可。

此谓以臧之死推而虑之，虽谓凡人有死可也，使于此而疑之，则无谓也。

《经下》之上（四〇）

《经》所知而勿能指，说在舂也，逃臣狗犬贵者。

《说》所舂也，其执固不可指也。逃臣不知其处，狗犬不知其名，遗者巧弗能两也。

埶与势同。旧作“执”，依张皋文说改。知旧作“智”，依梁任公校释改。

按：《说文》：“舂，推也。”说在舂，即推论之意。事有虽属所知而弗能确指者，则可以推论知也。故《说》云：“所舂也，其势固不可指也。”梁释谓：“明明知之而无从指之，如知有逃臣而不能指其逃在何处，知有狗犬而不能指出其名。”皆是。惟释末句未憭。今按：经文“贵者”当作“辽者”。汪校《非攻下》云：“尞隶书与贵相似。”《说》中“遗者”亦“辽者”之误。巧弗能两之“两”，谓同时兼知也。《荀子·解蔽》：“心生而有知，知而有异。异也者，同时兼知之。兼知之，两也。”“两”字义与此同。本经下行亦有“取去俱能之，是两智之也”，均可证。此谓我惟知当今近处而已，推而至于辽远，则虽巧固不能兼而知也。“两”孙校作“罔”，谓即网罗之网，梁释从之，殊非是。

(二)《经下》胇字解

《经下》之下(五五)

《经》狗,犬也,而杀狗非杀犬也,可。说在重。
《说》狗,狗犬也,而杀狗谓之杀犬,不可,若两胇。

梁释:"狗不过犬之一种,故杀狗可谓之非杀犬。狗为犬之一种,故杀狗可谓之杀犬。两胇义未详。"今案:胇当作"魖",《庄子》:"魖二首"。《韩非子》曰:"虫有魖者,一身两口,争食相龁,遂相杀也。"《古今字诂》:"魖,古之虺字",引见《颜氏家训》卷三。(《管子·水地》,"蚊者,一头而两身,其形若蛇。"蚊恐即魖字而异说。)狗是犬而杀狗非杀犬,反正相灭,如"魖"之两首争食相杀也,故曰"若两魖"。

(三)《经下》荆沉解

《经下》之下(五七)

《经》荆之大,其沉浅也,说在具。
《说》沉,荆之贝也,则沉浅非荆浅也。

此条张梁皆云未详。孙校"沉"当为"沆",沆谓大泽也。《经》

"具"《说》"贝"并当为"有"。今案:"具"字不误。《说》中"贝"
字亦当作"具"。"荆"疑"刑"字之误。《周礼》注:"铏,羹器也。"
《诗·闷宫》毛包藏"羹",传"羹,大羹,铏羹也"。则铏自盛羹之
器。荆刑并铏借字。孙校"沉"作"沈"是也。"沈"为"羹"字借
音,非大泽义。以今字写之,当云:

> 铏之大,其沉浅也,说在具。

浅深论其所具,不论为具之器,故曰:"羹浅,非铏浅也。"

(四)《经上》库字解

《经上》之上(四八)

> 《经》库,易也。
> 《说》库,区穴若斯,貌常。

孙从卢校"库"为"庳",梁校释从之,其实非也。《释名》:"库,
舍也,物所在之舍也。"《说》云:"库,区穴若斯,貌常。"谓区穴未
变,外貌犹常,而实非故物矣,故曰"易"。《庄子》所谓"藏舟于
壑,藏山于泽,夜半有力者负之而走,昧者不知"也。此与《经
下》"宇或徙,说在久"一条意略相似。梁谓"《经下》宇或徙一条
与此条下动或徙一条文义皆同",亦非也。下条《经说》云:"动,
遍际徙,若户枢免瑟。"今案:"遍际徙"者,谓徙其区穴位置,故

曰"动"。如矢之过楹,人之过桥,是域徙之动也。如南北之在旦又在莫,若未变而实已变者,是域徙之宇也。两条似不可混。户枢,户之所以转动开闭之机。枢主其运转,故曰枢机。免,逃逸义。瑟,弦乐。皆有动义。惟免瑟连用必有误,未详。张纯一《间诂笺》此条,较为得之。

(五)《经下》粺字解

《经下》之下(七〇)

《经》唱和同患,说在功。

《说》唱无遇,无所周,若粺。和无遇,使也,不得已。唱而不和,是不学也。智少而不学,功必寡。和而不唱,是不教也。智多而不教,功适息。使人夺人衣,罪或轻或重。使人予人酒,功或厚或薄。

遇旧作"过",从孙校改。智少而不学,功必寡"功"字,智多而不教"多"字,从孙校增。功或厚或薄"功"字从梁校。梁云此条义未详,今案:此条义甚显白,惟粺字不可解,当作痹。《说文》:"痹,湿病也。"为麻痹风痹,《素问》所谓"时痛而皮不仁"者也。孙校作"粺"未是。唱无和,和无唱,皆无功,故曰"同患"。唱者不遇和,若人身痹,心不使身,是"不周"也。梁疑周当为"用",亦非。和者不遇唱,则所行逼于使令,不得已耳。使人夺衣,唱罪轻,夺者罪重。使人予酒,唱者德厚,予者薄。何者?夺衣之事成于和者，予酒之实出自使者也。故曰"说在功"。功，成事之所始也。

（六）《经上》合解

《经上》之下（八三）

《经》合，正宜必。

《说》合，兵立反中，志工正也，臧之为宜也。非彼必不有，必也。圣者用而弗必。必也者可勿疑，仗者两而勿偏。

合，旧作古，依梁校改。此条诸家均不得其解。今案：合有三义，（一）正（二）宜（三）必。《说文》："合，合口也。"两器相合，一仰一覆，区位相反，而各向其中，合也。"兵立反中"四字，正释此义。"兵立"当是"丘位"二字之讹，"位"字人旁移上误为"兵"也。古语"丘""区"音同而义通，谓区位相反而各向中也。"志工"二字当移"正也"之下，"正也"一语，即释上"丘位反中"之合也。"工"当从孙校作"功"。臧仆之为，志功以从事，宜也，所以求合其主也。"志功"即《孟子》"志功志食"之辨，亦即《大取》篇所谓"志功为辩"者也。合必有彼与此。徒此无彼，必不成合，故曰"必"也。通人知合之权不尽在我，而有在彼，故勿必于合也。"用而弗必"者，"用"即《经说》上"诸不一利用"之"用"，《庄子·齐物论》所谓"用也者，通也"，皆是也。夫至于彼此相合，此必彼此深信，乃可勿疑而合也。"仗者两而勿偏"，

"仗"字亦当为"必"字形近而讹。言必然之合,出于彼此两方,勿可以偏面强也。今重写定《经说》文句如下。

　　　　合,丘位反中,正也。志功,臧之为,宜也。非彼必不有,必也。圣者用而弗必,必也者可勿疑,必者两而勿偏。

又按:兵立反中"兵"字,或当作"弁",以形近而误。孙校《节用》中云:"弁,变之段字。""立"古通"位",《春秋》桓二年"公即位",石经《春秋》作"公即立"是其例。则"兵立反中"或"弁位反中"之误,即谓变其位而反向中也。义亦通,并存再考。

　　本篇刊载于一九二八年《苏州中学校刊》十一期。

推 止 篇

先秦思想界之一分野

关于先秦求知对象及思想方法之争辩,可谓有推止对立之一分野。尤其讨论名墨两家思想之转变异同,此一分野更值注意。此篇旁涉儒道,举要综述之如次。

一、初期儒墨

儒家言求知方法率主推。《论语》不见推字,然曰:告诸往而知来者。又曰:温故而知新。虽百世可知。又曰:闻一以知二,闻一以知十。又曰:能近取譬。又曰:举一隅不以三隅反则不复。又曰:恕,己所不欲,勿施于人。后人以推己及人解恕字。此皆孔子言求知制行主推之证。

《墨子》之《尚贤》《尚同》《兼爱》《非攻》《节用》《节葬》《天志》《明鬼》《非命》《非儒》诸篇,其运思持论,大率多推此以及彼。如曰:今王公大人,有一牛羊不能杀,必索良宰。有一衣裳不能制,必索良工。有一罢马不能治,必索良医。有一危弓不能张,必索良工。逮至其国家则不然。(《尚贤》)又曰:今有人于此,少见黑曰黑,多见黑曰白。少尝苦曰苦,多尝苦曰甘。小为非,则知而非之。大为非,攻国,则不知非。(《非攻》)此皆以推论立说。如此之例,随处可举,不烦详引。

二、《孟子》

《孟子》始明言推字,并确奉以为立义制行之主要原则。故曰:推恩足以保四海,不推恩无以保妻子。古之人所以大过人者无他焉,善推其所为而已矣。《孟子》又喜用扩充字,如曰:凡有四端于我者,知皆扩而充之矣,若火之始然,泉之始达。苟能充之,足以保四海。苟不充之,不足以事父母。既言扩充,又言达。如曰:亲亲,仁也。敬长,义也。无他,达之天下也。又曰:人皆有所不忍,达之于其所忍,仁也。人皆有所不为,达之于其所为,义也。人能充无欲害人之心,而仁不可胜用也。人能充无穿窬之心,而义不可胜用也。人能充无受尔汝之实,无所往而不为义也。凡其言扩充,言达,皆与其言推之义相一贯。

上引《孟子》言,似偏重于立心行事。然立心行事必归于义理,而所以求知于义理者则贵推。故其评陈仲子则曰:是尚为能充其类也乎?又曰:充类至义之尽。此《孟子》言推,本主推求义理可知。

孔、墨与孟子,其运思持论既同主于推,然墨子非儒,孟子则愿学孔子而距杨墨。《孟子》曰:杨子取为我,是无君也。墨子兼爱,是无父也。能言距杨墨者,圣人之徒也。可见儒墨立论虽皆主推,而所以为推之道有不同。于是其推论所及,乃达于绝相反之两极端。即此可见推之可恃而不可恃。有可推,有不可推,不可推则贵能止。止者,止而不推之义。首先提出此推与止之辩论者似亦为墨家。后起墨家演变而成辩者,辩者源出于墨,其证即在《墨子》书。今《墨子》书中有《经》上下《经说》上下及《大取》《小取》篇,皆墨家言,亦皆是辩者言也。故后人即谓之《墨辨》。墨家何以流变而为辩者,余旧作《墨辨探源》一文阐其意。此篇于此不复详,特专就《墨辨》中《大取》《小取》两篇以明其所论推止之涵义。

三、《墨子·大取》篇

《墨子·贵义》篇:子墨子曰:今瞽者曰:钜者白也,黔者黑也,虽明目者无以易之。兼白黑使瞽取焉,不能知也。故我曰瞽不知白黑者,非以其名也,以其取也。《孟子》曰:杨子取为我。又曰:鱼与熊掌不可兼得,舍鱼而取熊掌。生与义不可得兼,舍生而取义。此诸取字,皆言别择取舍。遇有不可得兼,始有取。孟子用此兼取二字,正承墨家来。墨家主兼爱,遇爱有不可得兼,乃不得不有所取,而所取又有大小不同。大取小取命篇,义即在此。有取大,有取小,此大取小取之所由分篇也。

《大取》篇云:

天之爱人也,薄于圣人之爱人也。其利人也,厚于圣人之利人也。大人之爱小人也，薄于小人之爱大人也。其利小人也，厚于小人之利大人也。

此节实已提出墨家兼爱论之新义。以人与天相比，天之于人，乃爱薄而利厚。以大人与小人相比，大人之于人，亦是爱薄而利厚。如此言之，则兼爱乃不如兼利之更为重要，而薄爱亦无伤于其为兼爱。此一大前提确立，则遇有所别择时，自必以取利舍爱为原则可知。主兼爱而又有取于薄爱与舍爱，此不得不谓是墨家之新义矣。

《大取》篇又云：

于所体之中而权轻重之谓权。断指以存腕，利之中取大，害之中取小也。害之中取小，非取害也，取利也。

断指者非不爱指，而卒取于断指，此非舍爱乎？然此非取害，乃于利之中取大，故宁取存腕之利也。《淮南·说山训》有云：人之情，于利之中则争取大，于害之中则争取小。《孟子》亦曰：鱼与熊掌不可得兼，则舍鱼而取熊掌。今指与腕皆所爱，两爱不可得兼，则取其爱之大者，故主断指以存腕也。孟子亦言权，是知墨家新义乃时有取于儒家言，而多与儒义相通，此尤宜注意也。

《大取》篇又云：

杀一人以存天下，非杀一人，以利天下也。杀己以存天下，是杀己以利天下。于事为之中而权轻重之为求。求非为之也。害之中取小,求为义,非为义也。

此辨求之与为有不同。杀一人,非一独立行为,仅是一手段,此手段亦仅以求利天下而已。利天下是义,故杀一人乃以求为义,非谓以杀一人为义也。然杀己则与杀人不同。人而至于杀己自杀,斯不得不认为是一独立行为,而不可复认其仅为一手段。此即孟子所谓舍生取义,此一行为之本身即是义。今墨家亦采此说,则已明白提高了己之地位,明认己之与人有不同,此乃后起墨家接受儒家义而有此新论,与墨家初起时立论意态不同矣。

《大取》篇又云:

> 利之中取大,非不得已也。害之中取小,是不得已也。所未有而取焉,是利之中取大也。于所既有而弃焉,是害之中取小也。

利之中取大,乃为一种自由主动之取,故曰非不得已。害之中取小,乃为一种迫逼被动之取,故曰是不得已。自由主动之取,乃为一种积极向前,于所未有之中而取焉,如墨家主兼爱兼利天下,是本所未有,而择取以为义以求其实有也。迫逼被动之取,乃属一种消极而退屈之行为,于所既有之中而弃,如断指以求存腕,杀一人以求存天下,断指杀人皆是害,不得已而取之,盖于既存事实中有所不获俱全,故不能不有所弃也。取断指,即是弃指。有取于弃指者,非取弃指之害,乃以取存腕之利也。是弃小利以求存大利,取小害以求免大害也。

《大取》篇又曰：

> 义可厚，厚之。义可薄，薄之。谓伦列。为长厚，不为幼
> 薄。亲厚厚，亲薄薄。亲至薄不至。义厚亲，不称行而类行。

墨者主兼相爱，交相利，然其实所爱利于人者，亦有厚薄之分。
此皆不得不然。不得不然者，凡以求为义也。抑且厚于长者，不
即是薄于幼者。虽有至亲，亦非谓即有至薄。是则爱有厚薄，亦
非即是不兼爱。惟义应于亲厚而因厚其亲，此亦不得以厚亲为
一单独行为，然此亦非一种不得已。故曰不称行而类行，仅是类
于行而已。此节提出伦列之爱，爱可以有厚薄，亦是墨家后起新
义也。若由此再推衍之，则墨家之主兼爱，岂不与儒家之言仁更
无甚大之区别乎？故曰此乃墨家之后起新义也。

《大取》篇又曰：

> 为天下厚禹，为禹也。为天下爱禹，乃为禹之人爱也。
> 厚禹之为加于天下，而厚禹不加于天下。若恶盗之为加于
> 天下，而恶盗不加于天下。

为天下而厚禹，此即所谓义可厚而厚之也。所为厚其人者，固不
是为其人而厚之，然所厚者则其人也。至于为天下而爱禹，则必
兼因于禹之为人可爱，以及我之真爱其人。爱与厚之不同，即是
爱与利之不同也。可以厚其人，未必即爱其人。所为厚禹者，其
意兼及于天下。然厚禹之实际所为，则惟禹一人受之，未必能天

下之人皆兼受其厚也。此犹恶一盗,其意乃为天下而恶此盗,然恶盗之实际所为,不能谓其为恶天下,因天下固非兼受此恶也。然则以名言之,则曰兼爱,以实际所取言之,则不妨于人有厚有爱,于人有恶有弃矣。此亦墨家后起新义,显为墨家初起主张兼爱时所未及。惟言爱其人,则为人之当爱而爱,此犹最先言兼爱义,惟不本以天志,斯又更见其近于人情,近于儒家言矣。

《大取》篇又曰:

> 爱人不外己,己在所爱之中。己在所爱,爱加于己,伦列之爱己,爱人也。

上言义可厚厚之,义可薄薄之,谓伦列。今言兼爱,己亦当在所爱之内,而己又于凡所爱之人中为最亲而当厚者,则由伦列之爱而爱己,岂非即是爱人乎?若循此推之,又焉见墨家言之必如《庄子·天下》篇所讥反天下之心而天下不堪乎?此又墨家新义所大异于其初之显而易见之一例也。

《大取》篇又曰:

> 圣人之法死亡亲,为天下也。厚亲,分也。以死亡之体渴兴利。有厚薄而毋伦列之兴利为己。

亲亡而有葬祭之礼,是为死亡亲。即所谓生事之以礼,死事之以礼也。圣人之法死亡亲,乃为天下,此即《论语》慎终追远民德归厚之义。是墨家后起义,乃一同于儒家也。因人各有亲,厚其亲,乃人人分内事。亲已死,若以为其死而薄葬之,而渴于兴利,是其厚薄乃无伦列。既无伦列,则其兴利,亦仅为己而已。若知厚于人而首当厚者非其亲莫属,则死亡亲非为己也。此一节原文义旨有难明处,姑为约略说之如此。若所说果于原旨有得,则后起墨家亦主爱己厚亲,亦主以葬祭之礼厚其亲矣。

《大取》篇又云:

> 爱众世与爱寡世相若。兼爱之又相若。爱尚世与爱后世,一若今之人也。鬼非人也,兄之鬼,兄也。

如爱一家,爱一邑,推及于爱邦国,爱天下,所爱有大小,自兼爱之义言之,皆不相害,各得谓之为兼爱。由爱今世推及于上世后世,亦不相害,要之皆是兼爱。盖爱于寡,非即不爱于众。爱于今世,非即不爱于上世与后世。葬祭之礼,即是爱及上世也。人死为鬼,鬼已非人,可不在所爱之列。然若为其兄之鬼,则仍不妨对之有爱。此乃爱其兄,非爱及于鬼,爱及非人也。如是推言之,兄之鬼尚当爱,岂可谓父母既死为鬼,即非其父母不当爱乎。更推此而言之,尚世之古人皆已亡,后世之人皆未生,宜若不列于所爱。然主兼爱者,不害于爱上世,爱后世,正如其爱今世也。此皆证后起墨家义取圆宏,虽亦仍主兼爱,而与其初起时之主张,则显有甚大之变通矣。

《大取》篇又云:

> 小圜之圜,与大圜之圜同。

圜有大小,不害其同为圜。如爱寡世,此小圜。爱众世,此大圜。所爱范围有大小,然不害其同所爱,并同为兼爱。然则爱一家亦即已是兼爱,爱一国亦即已是兼爱,非必爱天下而始得谓之为兼爱。此即小圜之圜与大圜之圜同之说也。兼爱者,乃是一种全体爱。一家亦一全体,一国亦一全体,与天下同为一全体,惟大小不同而已。其为一全体之爱则一也。此亦墨家后起新义与最先主张兼爱之立论有不同。盖事有不得而兼者,则惟求取其大。如仅爱一己,则不如兼爱一家,更不如兼爱一国,然亦何必求其能尽爱一世乃始谓之是兼爱乎?此乃墨家后起兼爱新义之力求圆通,所为与原始兼爱论有别也。

《大取》篇又云:

> 知是世之有盗也,尽爱是世。知是室之有盗也,不尽恶是室也。知其一人之盗也,不尽恶是二人。虽其一人之盗,苟不知其所在,不尽恶其朋也。

知此世有盗,不害于兼爱者之尽爱此世。若知此室中有盗,即不能尽爱此室中之人矣。然虽不能尽爱此室中之人,亦不能因此而尽恶此室中之人也。即如于二人中明知其中一人为盗,亦不能尽恶此二人。何以故?爱可泛类而推,恶则必当严止于其所当恶。故明知此二人中有一盗,不得已而不尽爱此二人则可,乃万不可尽恶此二人也。又如知其一人为盗,而不知其人之所在,则亦必不能尽恶其人之朋。凡此皆以见恶必有限,惟爱乃可以无限。亦可谓为爱而可以有恶,然不能为恶而可以无爱。故不害于兼爱者之有时亦取于恶盗，然不能因恶盗而不取于兼爱也。

《大取》篇又云：

> 苟是石也白，败是石也，尽与白同。是石也大，不与大同。

石之白，破是石而尽白也。石之大，破是石，则失其大矣。人之可爱，若石之白。故寡可爱，众亦可爱。惟爱众之道与爱寡之道则不能不有别。如知此世有盗，不害于尽爱此世。知此室有盗，则不尽爱此室矣。此犹石之破而有大小之异也。然则以爱言，则大圜之圜与小圜之圜同。以恶言，则大圜之圜与小圜之圜不同矣。故以爱言，则爱寡世可与爱众世同。以恶言，则恶一盗非即是恶天下也。

《大取》篇又云：

> 仁而无利爱，利爱生于虑。昔者之虑也，非今日之虑也。昔者之利人也，非今之利人也。爱获之爱人也，生于虑获之利，非虑臧之利也。而爱臧之爱人也，乃爱获之爱人也。去其爱而天下利，弗能不去也。

此节辨利爱与仁之不同。徒有仁心，不加以虑求，则无爱利之实矣。而爱之与利亦有辨。盖所谓虑者，必随时地随事宜而变。如今日虑有以利于臧，与昔日之虑有以利于臧者，可以异而变，而所爱于臧者则今昔无变也。昔也臧为我仆，我乃爱于臧而虑有以利于臧。今也获为我仆，我乃爱于获而虑有以利于获。所虑以利于臧者与所虑以利于获者可不同，然其爱于臧之与爱于获，则同是一爱，无不同也。且爱必虑其利。于彼有利，乃见于我有爱。故自此一端言之，则由仁生爱，由爱生利。若由彼一端言之，则有仁无爱，不如去仁存爱。有爱无利，不如去爱存利矣。《论语》子罕言利，与命与仁，故儒家重言仁而轻言利。墨家不然，乃轻言仁而重言利。此与儒义正相反。抑且后起墨家又由兼爱而转重于兼利。若其人而为盗，无利于天下，抑且于天下不利，我斯去其爱。不爱盗非即不爱人。若必使我不爱人而始得利人者，我斯不爱于人矣。此不可不谓是墨家兼爱理论中一大转变。今试问世固可有不爱之而始能利之之具体事证否？于此问题，《大取》篇作者早已解答在前。彼固谓天之爱人，薄于人之爱人，而天之利人，则厚于人之利人也。人固当法天，则不得不有取于薄爱之而厚利之之一途矣。老聃承其后而益进，乃曰天地不仁，以万物为刍狗。此一转变，宜非墨家初期提倡兼爱之说时之所能逆料。而思想转变之辙迹，则显然有如此。至是而墨家兼爱之主张，乃终不得不趋于衰退无力矣。

《大取》篇又云：

> 贵为天子，其利人不厚于匹夫。二子事亲，或遇熟，或遇凶，其事亲也相若。非彼其行益加也。外势无能厚吾利者。籍臧也死而天下害，吾持养臧也万倍，吾爱臧也不加厚。

此节重申爱与利之辨，而又改从另一面言之。所利有厚薄，非爱有厚薄也。爱之斯必求有以利之矣。然而有外势之限焉。天子之利人，则必厚于匹夫，遇岁熟之子之事其父，必厚于遇岁凶之子，然而有不然者，则外势限之也。抑且天子之爱人，非必厚于匹夫，遇岁熟之子之爱其父，非必厚于遇岁凶之子。爱既同，则为利虽有厚薄，等于无厚薄。此如厚养一臧，虽加于养常人者万倍，然我爱臧之心则非有加，此皆爱与利之当分别而论也。

《大取》篇又云：

> 长人之与短人，其貌同者也。故同。人之指也与人之首也异，人之体非一貌者也，故异。将剑与挺剑异，剑以形貌名者也，其形不一，故异。杨木之木与桃木之木也同。诸非以举量数命者，败之尽是也。故一人之指，非一人也。方之一面，非方也。方木之面，方也。

此节申同异之辨。人有长短之异，然其为人之貌则同。首与指同属于人之一体，然首貌与指貌则异。且不能谓人之一指为人，如不能谓方之一面为方也。必合人之全体而始谓之人，如必合方之四面而始谓之方也。故兼爱者，乃兼爱人之为类。人中有盗，不爱盗，不得谓是不爱人。凡以量数举者，败之尽是。败乃破义，分散义。如言人，一世人与一人均是人，故兼爱人者不必能尽爱人始谓之兼爱人，爱一人亦不害其为兼爱人。然人之中有盗，有臧与获，有我之父母，此皆异于类，非以量数举。故盗之与臧获之与我之父母，虽同为人中之一人，然犹如人首与人指之有别。不得谓爱父母则必爱臧获又必爱盗，始得为爱人也。此则同异之辨也。不因人中有盗而仍主兼爱人，此固利之中取其大,亦是于其类而辨之也。

《大取》篇又云:

> 夫辞,以类行者也。立辞而不明于其类,则必困矣。

今曰兼爱人,则是以人为类也。曰必兼爱我之父母与臧获与盗,而不知我之父母之与臧获之与盗,则不相为类。若斥人之不爱盗而谓其乃不爱人,则亦不明于其立辞之类矣。此处提出一类字极重要。《墨子·公输》篇,义不杀少而杀众,不可谓知类。今必以杀一人谓非兼爱,亦是不知类也。此处提出一行字亦极重要。辞以类行,若非其类,则必不可行而止。行即推也。持论固贵于能类推,然遇非其类,则必止而不推矣。当止而不止,则必困。故《大取》篇之立论,乃是推至于极而转尚于知止焉。

《大取》篇有文句难解者,今皆弃不列,仅列其文句之较可解者。然即如上引,亦多讹字,脱字,衍字,及上下倒置字。姑依前人校勘,又加己意,约略定如上文,不复一一详加以说明,姑就此以推说其大意。就于上之所说,则篇名《大取》,乃是于利之中取其大,故曰大取也。曰兼,则必全取之。然有时不获全取,则惟求能取其大。读者取此篇以与《墨子》书中《兼爱》上中下三篇之所论列,即墨家初期所倡兼爱之说相较,则见其远为细密,然亦于原义远有流失矣。故知《大取》乃墨家后起之说也。

墨家初倡兼爱,由今推想,其说必遭多方之疑辨与反驳。后起墨家乃针对此等疑辨与反驳而为辩护,其为说益精益密,然其所陈义乃亦不得不与最先倡议时有甚大之转变。举其要者,如辨天与人之分际,如辨爱与利之轻重,此显与先所持论有不同。因最先立论,人惟一本天志,兼相爱,交相利,而不顾事实之有不可能,故必择取焉而始可也。于是言兼爱而仍有取于伦列之爱,仍有取于爱有厚薄之分,仍有取于爱亲爱家爱己之爱,然亦仍主爱之与仁有不同。而更要者,乃为求利而可以舍爱。苟可舍爱,则兼爱之论岂不将根本破败乎?盖此乃后起墨家不得不接受儒家以及并世各方之诤议而变其先说。惟其尚功利,则为墨家一大要端,斯则始终无变而已。此观于上引《大取》篇诸节而可见者。

由墨家渐转为辩者,亦可于《大取》篇得其梗概。《大取》篇之为辨,本为墨家辩护其兼爱之主张,此已申述如前。今就其后起之演变言,则所辨不外两大项。一曰大与小,一曰同与异。墨家主兼爱,他人之攻击之,亦不以其名而以其取,曰:既主兼爱,何以亦爱其父。墨家答之曰:父爱不害于兼爱,是即大圜小圜同也。然或曰:既主兼爱,何以亦杀盗。墨家又答之曰:杀盗非杀人,是大圜与小圜异矣。今列两图如次。

 兼爱者亦爱其父,父在所爱之列,是大圜与小圜同。取其大,是爱父不害于为兼爱也。

 兼爱者亦杀盗,是大圜与小圜异。取其小,则杀盗非杀人,不爱盗非即不爱人也。

大要后起之辨,不出此两项。《大取》篇以申述前一项即大圜与小圜同者为其主要之论点。《小取》篇所辨,则主要在后一项,即大圜与小圜异者为其主要之论点。惟其大圜与小圜同,故可推。惟其大圜与小圜异,故不可推。不可推则止而不推。《大取》《小取》分篇之主要意义即在此。今试再就《小取》篇加阐释焉。

四、《墨子·小取》篇

《小取》篇有云:

> 凡辩者,将以明是非之分,审治乱之纪,明同异之处,察名实之理。处利害,决嫌疑,焉摹略万物之然,论求群言之比。以名举实,以辞抒意,以说出故,以类取,以类予。有诸己,不非诸人。无诸己,不求诸人。或也者,不尽也。假者,今不然也。效者,为之法也。所效者,所以为之法也。故中效,则是也。不中效,则非也。此效也。譬也者,举他物以明之也。侔也者,比辞而俱行也。援也者,曰子然,我奚独不可以然也。推也者,以其所不取者同于其所取者予之也。是犹谓彼者同也,我岂谓彼者异也。夫物有以同而不率遂同,辞之侔也,有所至而止。其然也,有所以然也。其然同,其所以然不必同。其取之也,有所以取之。其取之也同,所以取之不必同。是故辟侔援推之辞,行而异,转而危,远而失,流而离本,则不可不审也,不可常用也。

此节明白指出有以同而不率遂同,故譬侔援推之辞不可不审,不可常用。此即主止不主推之所由来也。何以有以同而不率遂同,盖名以举实,而辞以抒意。如云盗人也,是名以举实也。杀盗非杀人,则辞以抒意也。在杀盗者之意,固不为杀人也。若仅以名推,则譬侔援推之辞可以行而异,转而危,远而失,流而离本,故不可以不知其有所至而止。《小取》篇首先提出此一主要分别,故篇中所辨,即在孰可推与孰不可推而当止也。

《小取》篇又云:

> 故言多方殊类异故,则不可偏观也。夫物,或乃是而然,或是而不然。或一周而一不周,或一是而一不是也,不可常用也。故言多方殊类异故,则不可偏观也。

此类字极关重要,然而亦必分别言之。如《孟子》曰:凡同类者举相似,何独至于人而疑之,圣人与我同类者,故充类至义之尽而曰人皆可以为尧舜。然其斥告子则曰,犬之性犹牛之性,牛之性犹人之性与。盖孟子言人之性善,乃就于人之为类而言之。孟子固不言犬牛之性皆善,故孟子之为推,亦就于人之为类而推之。至于与人异类者,则止而不推矣。物有类,言亦有类。明于言之多方殊类异故,故能有诸己者不以非诸人,无诸己者不以求诸人。不以此一言之是,而尽非他言以为不是也。此下荀子尤好言类。至于《中庸》则曰:道并行而不相背。《老子》则曰:道可道,非常道,名可名,非常名。亦知一名一道之不可常用,不可普遍应用于多方殊类也。此一义甚为重要。此一类字,或为孟子所首先提出，或为后起墨家所首先提出，今已不可详论。要之此一观念所贡献于当时之思想界者，实不可不重视。而在同一时期中，虽属思想界之相对方，仍不能不各有取于某一同一观念以为持论相辨之基本，此亦治思想史者所常见之一例也。

《小取》篇又曰：

> 白马，马也。乘白马，乘马也。骊马，马也。乘骊马，乘马也。获，人也。爱获，爱人也。臧，人也。爱臧，爱人也。此乃是而然者也。获之亲，人也。获事其亲，非事人也。其弟，美人也。爱弟，非爱美人也。车，木也。乘车，非乘木也。船，木也。入船，非入木也。盗人，人也。多盗，非多人也。无盗，非无人也。奚以明之，恶多盗，非恶多人也。欲无盗，非欲无人也。世相与共是之。若若是，则虽盗人人也，爱盗非爱人也，不爱盗非不爱人也，杀盗人非杀人也，无难矣。此与彼同类，世有彼而不自非也，墨者有此而非之，无他故焉，所谓内胶外闭，其心无空乎？此乃是而不然者也。

此节即说明大圜有与小圜同，亦有与小圜异者。如爱臧爱获同为爱人，而杀盗则不得谓是杀人是也。其谓墨者有此而非之，盖指墨者亦不能不事其亲，不爱其弟，亦不能不恶盗，不杀盗，而世人争非之，谓其有背于其所主张之兼爱。《小取》篇针对此等诽议为辩护，谓此与彼同类，世有彼而不自非，墨者有此而非之，此等处，正是运用譬侔援推之辞也。可知譬侔援推之辞非不可用，惟用之当审，当知其所宜止耳。

《小取》篇又云：

> 且好读书，非好书，好读书也。好斗鸡，非好鸡，好斗鸡
> 也。且入井，非入井也。止且入井，止入井也。且出门，非
> 出门也。止且出门，止出门也。若若是，夭非夭也，寿夭也。
> 非命，有命也。非执有命，非命也。无难矣。此与彼同类，
> 世有彼而不自非也，墨者有此而非之，无他故焉，所谓内胶
> 外闭，其心无空乎？此乃是而不然者也。

此节字句多误，今以意更定，亦不复一一详说之，固不知其果是
否，然大意当约略如所更定也。墨者主非命，此非命之说，世亦
必多非之，此处乃后起墨家之自辩。谓墨家主非命，非言有命之
非，乃谓坚执有命之非也。所谓非命，非言其诚无命，乃仅以非
夫人之坚执有命而一切诿之于命而不务于人力也。如言夭，乃
因寿而谓之夭。夭者亦有生，惟较寿为夭，非以无生为夭也。则
非命者，乃因人之执有命而非之，非谓无命也。如此为辩，乃可
缓外来之争议。然初期墨家之极端主张，则亦因是而消失矣。

《小取》篇又曰：

> 爱人待周爱人而后为爱人。不爱人不待周不爱人。不
> 周爱，因为不爱人矣。乘马，不待周乘马然后为乘马也。有
> 乘于马，因为乘马矣。逮至不乘马，待周不乘马，而后为不
> 乘马。此一周一不周者也。居于国则为居国，有一宅于国
> 而不为有国。桃之实，桃也。棘之实，非棘也。问人之病，

问人也。恶人之病，非恶人也。人之鬼，非人也。兄之鬼，兄也。祭人之鬼，非祭人也。祭兄之鬼，乃祭兄也。之马之目眇，则谓之马眇。之马之目大，而不谓之马大。之牛之毛黄，则谓之牛黄。之牛之毛众，而不谓之牛众。一马，马也。二马，马也。马四足者，一马而四足也。马或白者，二马而或白也，非一马而或白，此乃一是而一非者也。

此言周与不周之辨，即大圜与小圜有异有同之辨也。惟其如此，故一切名辞言说有可推，有不可推。不可推，则止而不推。止而不推，其所取也小。本篇重在申说此义，故以小取名篇也。

观于《大取》《小取》两文，知墨家先后持义已多变，已多采纳多方反对者之争论而渐趋于和顺，然亦因此而渐流为辩者言。此后所谓辩者，其渊源实始于墨家，惟更偏向于名辞辨说方面之发展，后人乃别目之曰名家，其实名家即墨之支流与裔也。

五、惠施

惠施为名家之尤著者。其实惠施乃墨者徒，亦一辩者也。与庄周友好，其绪言多见于庄周之书。庄周称之曰辩者，当其时本亦无所谓名家也。《庄子·天下》篇引惠施历物之意曰：

至大无外，谓之大一。至小无内，谓之小一。无厚不可积也，其大千里。天与地卑，山与泽平。日方中方睨，物方生方死。大同而与小同异，此之谓小同异。万物毕同，毕异,此之谓大同异。南方无穷而有穷,今日适越而昔来。连环可解也。我知天下之中,燕之北,越之南是也。泛爱万物,天地一体也。

施言泛爱万物,犹墨家言兼爱天下。惟墨家言兼爱,乃主兼爱人,乃就于人之为类而言之,施则由人推及万物,推而益广,泯人物之分,此非《小取》篇所谓远而失,流而离本矣乎?抑且墨家言兼爱,乃上本之于天志。其后《墨辨》继起,如上引《大取》《小取》诸篇皆颇不言天。此见墨家前后持论运思之变。而惠施乃改言天地一体,此所言之天地,乃与墨家之言天志天鬼大不同。亦可谓惠施之兼言天地,乃旁通于庄周,非上承于墨翟也。惟其天地万物本为一体,故当泛爱,此又与墨家初期本天志而言兼爱者大不同。惠施何以知天地之一体?乃本其大一小一之毕同而言之。大一小一,犹《大取》篇之言大圜小圜。大圜小圜同一圜,大一小一亦同一一。惠施言大同与小同之小同异,即类之不同也。万物毕同毕异,则破类而为言。小一毕异,斯无可为类。大一毕同,则无不同类。抑且同体,是亦无所为类矣。故惠施之言,其实乃是破类以为言,亦可谓是不知类之言,皆《小取》篇之所斥也。惠施又曰:日方中方倪,物方生方死,今日适越而昔来,此就时间先后言,亦犹《大取》篇之言尚世后世犹今世也。惠施之为辩,主要在于会通时间空间之一切相异而归纳之为一同,遂以成其天地一体之论。此乃纯从名言立论,故后世称之曰名家。此由初期墨家天志之主张不为时人所接受,故墨家后起为辨,乃改途而另取立场,惠施乃专从名言异同而别创天地万物一体之新论耳。

六、庄周

庄周与惠施相友好,两人之思想言论亦颇多相通。庄周亦曰:

> 天下莫大于秋毫之末而太山为小,莫寿乎殇子而彭祖为夭。天地与我并存,而万物与我为一。(《齐物论》)

又曰:

> 自其异者视之,肝胆楚越也。自其同者视之,万物皆一也。(《德充符》)

是庄周亦主万物一体,与惠施相同也。然两人之人生观则大相异。庄周仅主自适,不言泛爱,其意态似偏于消极,此为道家与名墨之相异。

庄惠相异,又可观于其濠梁之辩而得之。《庄子·秋水》篇云:

> 庄子与惠子游于濠梁之上。庄子曰,鲦鱼出游从容,是鱼乐也。惠子曰:子非鱼,安知鱼之乐?庄子曰:子非我,安知我不知鱼之乐?惠子曰:我非子,固不知子矣,子固非鱼也,子之不知鱼之乐全矣。庄子曰:请循其本。子曰女安知

鱼乐云者，既已知吾知之，而问我，我知之濠上也。

观于上引之所辩，惠施虽主天地一体，而万物在此一体之内，乃可以各不相知。不惟人不知鱼，抑且我不知汝。同体而不相知，此种意见，亦可谓渊源于墨氏。何者？墨子倡兼爱，其所持论，一本天志。故曰我有天志，譬若轮人之有规，匠人之有矩。又曰兼相爱则交相利。又曰皆若信鬼神，天下岂乱。又谓言必有三表，一者上本之于古者圣王之事，二则原察百姓耳目之实，三则发以为刑政。要而言之，其信天鬼，尚功利，重现实，莫不偏于外倾唯物，而于人类内部自有之心智与情慧，则极少注重。后起墨家，虽于初期墨家持论过偏之说颇加矫正，然于其唯物外倾之基本态度，则未能稍有所变也。今惠施不言天鬼，而改言天地万物，不本之于三表，而惟重名辞言辩，专求以己之所持论说服人，而于人之心智情慧，则亦漫不加察，此非墨氏唯物外倾之传统之变相而益甚焉者乎？故庄子讥之曰：辩者之徒，饰人之心，易人之意，能胜人之口，不能服人之心，辩者之囿也。惠施既主泛爱万物，而又谓其互不相知，则试问既不相知，何能相爱？在墨家初期，则曰上本天志，则当相爱。在惠施则曰，就于名言之毕同而成为大一，则当相爱而已。固不计及于人之心知也。

庄子则颇重知。彼言大年小年，因言大知小知。又曰：井蛙不可以语于海者，拘于墟也。夏虫不可以语于冰者，笃于时也。曲士不可以语于道者，束于教也。民之与鰌与蝯猴三者之知于处者各不同。民之与麋鹿与蝍且鸱鸦四者之知于味者又不同。民之与蝯蝙蛆与麋鹿与鰌与鱼四者之知于色者又不同。梦中之知与觉不同,髑髅之知与生人不同,此亦皆其不相知也。然庄子正为物有不相知,故尤重言知。知必贵于能会异类,通异情,乃始可以达于大方,而免拘于一曲。至少亦当知其所不知。此庄惠两人立论大不同所在,亦即道家与名墨两家所不同一要端也。

庄子又称惠施以坚白之昧终,是知惠施亦持坚白之论。《大取》篇有云:苟是石也白,败是石也,尽与白同。白既如此,坚亦宜然。是谓一石之坚与白,如粉散之而仍同此坚与白,此即《大取》篇所谓小圜之圜与大圜之圜同也。此就其毕同者言之也。告子曾接闻绪言于墨氏,故告子之持论亦尚同。其言曰:生之谓性。是谓凡有生则性相同。不惟人与人无别,抑且人与其他生物亦无别。故孟子质之曰:生之谓性,犹白之谓白欤!告子曰然。孟子又曰:白羽之白,犹白雪之白,白玉之白欤?告子又曰然。孟子乃曰:然则犬之性犹牛之性,牛之性犹人之性欤。此下不见告子答语。其实告子既主生之谓性,则犬牛有生,人亦有生,其性亦不能大异。此由墨家持论,于人之心知情慧之有相异,本不加察,而专从外面功利观点立说,乃欲人之视人之父若其父,而不悟人之心知情慧之不能然也。惠施言同异,亦专就名物言。如人既非鱼,则人鱼相异,自可不相知。我既非汝,则我汝亦可不相知。不相知而可相爱,此与初期墨家之言兼爱,可谓异蔽而同病。庄周之为说则不然。庄子盖能深察于人之与我之与万物,其心知情慧既各相异,不能同一,故虽曰一体并生,而实难相爱,故不如相忘而各期于自适也。

今若专就此一端言之,则庄子立论较近孟子,而惠施则较与告子为近。孟子主推,乃由人之心知情慧推,亦推极之于同类之人而止。惠施之为推，乃由名辞言辩推，乃推而及于天地万物，而于人与人间之心知情慧之可以各异，则置之不论，而不悟其不可以不论也。故庄子讥之曰：唯其好之也，以异于彼其好之也，欲以明之彼。非所明而明之，故以坚白之昧终。此谓惠施自好于为坚白之辩，而不悟他人之不能尽好于此坚白之辩。因欲以非彼之所能好者而明之于彼，是犹民食刍豢，而欲明之于麋鹿蝍且与鸱鸦，而不悟麋鹿蝍且鸱鸦之各有所食所甘所嗜所好，既非同类，即难相明。自非大知，何能知此心知情慧之各相异而不易于相明乎？

然而此大知不易遇。故庄子又曰：万世之后而一遇大圣，知其解者，是旦暮遇之也。于是庄子又曰：

> 然则我与若与人，俱不能相知也。

又曰：

> 故知止其所不知，至矣。

孔子曰：知之为知之，不知为不知。惟大知始能知其不相知。庄子在濠梁之上，固言人可以知鱼乐。然人与鱼与万物之如何各适其适，各乐其乐，固可各不相知。既不相知，则纵能兼相爱，不能交相利。故不如相忘于道术兼相忘于江湖也。

庄子又曰：

　　天地与我并生,而万物与我为一。既已为一矣,且得有言乎? 既已谓之一矣,且得无言乎? 一与言为二,二与一为三,自此以往,巧历不能得,而况其凡乎? 故自无适有以至于三,而况自有适有乎? 无适焉,因是已。

适即推也,已即止也。庄子之意,既不能由名辞言说为推以相明,则不如各自止于彼我之定分,各求能自适而已。故惠施主推,庄周主止,此两人之态度相异也。

七、公孙龙

　　公孙龙承惠施名辩之学,亦墨徒也。然公孙龙又接闻于庄周晚年之绪论。故公孙龙之言论颇亦与惠施有异。其《名实论》有曰:

　　天地与其所产焉,物也。物以物其所物而不过焉,实也。实以实其所实而不旷焉,位也。出其所位,非位。位其所位焉,正也。其正者,正其所实也。正其所实也,正其名也。其名正,则唯乎其彼此焉。谓彼而彼不唯乎彼,则彼谓不行。谓此而此不唯乎此,则此谓不行。其以当,不当也。不当而当,乱也。故彼彼当乎彼,则唯乎彼,其谓行彼。此此当乎此,则唯乎此,其谓行此。其以当而当,正也。故彼彼止于彼,此此止于此,可。彼此而彼且此,此彼而此且彼,不可。夫名,实谓也。知此之非此也,知此之不在此也,则不谓也。知彼之非彼也，知彼之不在彼也，则不谓也。至矣哉！古之明王。审其名实，慎其所谓。至矣哉！古之明王。

龙之此文，首当注意者，乃谓实在名先。故曰：名，实谓也。又曰：正其所实，正其名也。因有此实，始有此名，无此实，则不复有此名矣。故正名必先正实，定实始能定名也。此说显与惠施不同。惠施历物，乃因大一小一之名而遽以定万物之为一体，此则近于因名而定实矣。此两人一极大不同点也。

然细究公孙龙之所谓实，亦有甚堪诧异者。公孙龙有告魏王七说，见于《列子·仲尼》篇。其第一说曰有意不心。墨家与辩者，皆重言名物，少言心知情慧，此乃其共同大传统所在。公孙龙亦不能自逃于外也。然龙之言曰有意不心，则虽抹去心之内层，置一切心知情慧于不谈，而固已注意及于言者之意，此则又其不同也。

《小取》篇以名举实，以辞抒意，分名与辞而两之，而公孙龙则似并名与辞而一之。故乃有白马非马之论。公孙龙《白马论》有曰：

> 求马，黄黑马皆可致。求白马，黄黑马不可致。使白马乃马也，是所求一也。所求一者，白者不异马也。所求不异，如黄黑马有可有不可，何也？可与不可，其相非明。故黄黑马一也，而可以应有马，而不可以应有白马，是白马之非马审矣。

盖一名之立，在外所以指物，在内所以明意，公孙龙则偏重其内在者。故公孙龙之所谓实，实指意言，不指物言。若意在求马，或意在求白马，因人意所求有不同，故其出言用名亦不同。故求马，可以黄黑马应。求白马，则不可以黄黑马应。此可与不可之别定在求者之意。公孙龙主辨名之异同，必顾及人之用此名者之意。意之所在，即名之所当。不可离其名之内在所当之意而一任于马之为名而推之，则白马马也，诚无以非。然以白马应求黄黑马者，则必违逆无当于求马者之本意矣。

公孙龙此之所辨，其实《小取》篇已言之。曰：获之亲，人也。获事其亲，非事人也。又曰：盗人，人也。恶多盗，非恶多人也。欲无盗，非欲无人也。故曰：以辞抒意。今公孙龙乃进而以意辨名也。

公孙龙告魏王第七说，又曰：孤犊未尝有母。骤视之，无不认其为诡辩。何者？孤犊虽无母，然不当谓之未尝有母。然公孙龙之持此辩也亦有说。夫孤犊之必尝有母，此人所尽知，可不待言。公孙龙之意，乃据言者之意而云也。夫孤者，无母之称。因此犊无母，故称之曰孤犊。在言者之意，仅言此犊无母，非言此犊之尝有母。试为设譬，如言老人，言者之意，仅言此人年老，必非言此人之亦尝有少年时。此非极明白易知乎？公孙龙既主正实以正名，而彼之所谓实者，所重乃在言者之意。此人言孤犊一名，此一名中，并不涵此犊尝有母之意，此所谓彼彼止于彼，此此止于此也。庄子曰：言非吹也，言者有言。所言繄何，即言者其人之意也。虽言者之意固必及物，然公孙龙则重意不重物。故曰孤犊尝有母，乃专指外面此犊言，非指言此孤犊者当时内在之意言。今若舍言者当时内在之意，而仅就其所言之外面之物言，此只成为一自然名，一科学名，或逻辑名，与社会日常人生所通用之人文名有不同。公孙龙之所重，则在此日常人生所运用之人文名，而不重在自然名，科学名，与逻辑名。故惠施言万物一体，而公孙龙则仅主彼彼止于彼，此此止于此而已也。

公孙龙有《坚白论》，亦阐此意。曰：

> 视不得其所坚而得其所白者，无坚也。拊不得其所白而得其所坚者，无白也。

此亦专就人之心知之接于外物者而言。视石而知其白，不知其坚也。拊石而知其坚，不知其白也。就石之为物言，则坚白不相离。就言此坚白者之人之内存之意言，则意指在白，不必兼坚。意指在坚，不必兼白。于是而有离坚白之论。若就离坚白之辨而推言之，则是手拊不知有目视，目视不知有手拊，手之与目，亦是同在一体，则岂非同在一体而可各不相知乎？此则公孙龙之所以终与惠施同列为名家也。

《坚白》篇又曰：

> 离也者因是，力与知果不若因是。

又曰：

> 离也者，天下故独而正。

曰因是，曰独而正，语皆见于《庄子》书。故知公孙龙之持论，乃有闻于庄周之绪言，故其立说，亦主止不主推也。

今再论惠施公孙龙与墨家之关系。墨家初起，本为一力行团体，同时亦为一说教团体。惟其说教之内容，则不免趋于极端与过激。因其专就外在之物质功利言，而于人之内存之心知情慧，乃一切置于不顾也。嗣经各方之怀疑驳难，而使墨家之说教者，不得不逐步退让，渐趋和顺。此于《大取》《小取》篇中之所答辩而可见其大概矣。在《大取》《小取》篇中之所答辩，主要在提出一论题之立辞，有可推，有不可推。不可推则当止于此一辞之本意，而不为离题之推论。今已不知《大取》《小取》篇之作者及其成篇时期。然观其内容，初期墨家说教成分已见冲淡，斯其力行精神亦必减弱，此为墨家集团兼爱苦行之风渐趋低潮之证。至于惠施，虽亦渊源墨说，迹其生平，墨家初期一种强力苦行之风已不复见，乃使其转成一辩者，而为此后名家开宗。然论其所辩说，则较之初期墨家范围益有推扩。初期墨家主兼爱，乃专对社会人群言，而惠施则改说天地一体而主泛爱万物，此已成为一种名理之辩论。泛爱万物，仅可能悬为一口号。若求实践，真欲建立为一项人生力行之标准，则其事甚难。而惠施亦未见于此方面真有所努力也。公孙龙承惠施而起，乃并泛爱万物之官面话而亦屏弃之，并不复提。其主要用意，乃专在探究名理。《大取》《小取》言立辞有不可推，而公孙龙乃由此而益进，主张一名止于一实，一实定于一意，意各相异，斯名亦不可推。于是马之一名则必止于其为马而非白马。白马之一名则必止于其为白马而非马。甚至于白之一名则止于白，坚之一名则止于坚,石之一名则止于石。至于石之为物,其同时是否兼涵有坚白之二者,此一事实亦可置之不论。此乃一种名理探讨之趋于极端,较之初期墨家之说教精神离去益远。由公孙龙之说转落于人事,乃不得不由说教转而向立法。故曰:审其名实,慎其所谓,至矣哉! 古之明王。公孙龙乃一名家,而称道及于古之明王,斯知名家精神亦必淹没消失于后起法家之樊篱而不复能自振矣。

八、《老子》

继此再言老聃与荀卿。老聃之书,断当后于庄周而略前于荀子。老荀二家之陈义,所以见其为深厚而博大者,亦由其能会通当时运思持论之推与止之两分野而交融并包之。若不究于上述诸家持论运思之递相衍进,则亦无可了解于老荀两家立言之由来。《老子》之书,乃主能止于道,而由道以为推也。故曰:

> 道常无名。始制有名,侯王若能守之,万物将自宾。

又曰:

> 道隐无名。道可道,非常道。名可名,非常名。

此数语中,道之地位显然高出于名之上,而惠施公孙龙名理之说绌矣。又曰:

> 有物混成,先天地生。
>
> 吾不知其谁之子,象帝之先。

此皆指道言。举出此道之一观念,而初期墨家天志天鬼之论,亦复可弃置不问矣。又曰:

> 处无为之事,行不言之教。

则墨名两家力行强教博辩善谈之风亦将由此而熄。此皆显见老子思想之后来居上。盖老子言乃承先起墨名诸家而益进也。又曰:

> 圣人抱一为天下式。昔之得一者,天得一以清,地得一以宁,神得一以灵,谷得一以盈,万物得一以生,侯王得一以为天下贞。

此一即道也。又曰:

> 自古及今,其名不去,以阅众甫,吾何以知众甫之然哉以此。

又曰:

> 执古之道,以御今之有。能知古始,是谓道纪。

又曰：

> 天下有始以为天下母。既得其母，以知其子。既知其子，复守其母。致虚极，守静笃，万物并作，吾以观复。

又曰：

> 不出户，知天下。不窥牖，见天道。其出弥远，其知弥少。

此皆本于道以为推，而可以有深知大用于天下，以此较之庄周之悲观而自止于消极者亦异矣。

九、《荀子》

《荀子》为儒家言，其言曰：

> 墨子蔽于用而不知文。惠子蔽于辞而不知实。庄子蔽于天而不知人。(《解蔽》)

又曰：

> 老子有见于诎，无见于伸。墨子有见于齐，无见于畸。

《荀子》评诸家之所失，洵为深允。而《荀子》最喜言统类，其言曰：

> 以人度人，以情度情，以类度类。以说度功。以道观
> 尽。古今，一度也。类不悖，虽久同理。（《非相》）

大率墨名道诸家所言，或偏重天，或偏重物，皆不能以人度人，以
情度情，而又漫于分类之观念。就思想方法言，正由其不知以类
度类，故亦不能以人度人，以情度情也。

《荀子》又曰：

> 圣人之辩，成文而类。听其言则辞辩而无统者，夫是之
> 谓奸人之雄。

盖知类斯有统。统者，即就其类而见其有统也。故《荀子》书每
统类并言，如言壹统类（《非十二子》）是也。又曰：

> 以浅持博，以古持今，以一持万。奇物怪变，所未尝闻
> 也，所未尝见也。卒然起一方，则举统类而应之，无有疑作，
> 是大儒者也。（《儒效》）

又曰：

> 以类行杂，以一行万。（《王制》）

又曰：

凡人之患,蔽于一曲,而暗于大理。(《解蔽》)

暗于大理者,由其不知类。蔽于一曲则无统。此所谓伦类不通(《劝学》)也。

荀子既言君子必辩,(《非相》)又特著《正名》篇,盖名不正则辩无所施矣。正名仍必重于知类。《荀子》曰:

> 制名以指实,然则何缘而以同异,曰缘天官。凡同类同情者,其天官之意物也同,故比方之疑似而通,是所以共其约名以相期也。

又曰:

> 心有征知,征知必将待天官之当簿其类,然后可也。

惠施以大一小一万物毕同毕异之辩而谓天地一体,是漫其同异,乱其分类,外缘之于名辞言说而不先缘之以天官也。此则于人之心知为无征。征者验也。今谓万物与我一体,此必征之于人之心知,而人之心知所凭以为征验者,又必待其耳目视听天官之当簿于在外之实物,一一点验,然后知其果为类与不类也。故曰:

> 五官簿之而不知,心征之而无说,则莫不然,谓之不知。

此可见知必缘于天官,必直接亲征于外面之物而后始有知,不得仅凭名言推说以为知。庄子讥惠施,谓其饰人之心,易人之意,能胜人之口,不能服人之心,非所明而明之,而以坚白之昧终,是即误于凭名言推说以为知,而不知有心之征知也。

荀子内本心知,外据实物,而指出名之所由起,乃又重为规定其可推与不可推之界限。其言曰:

> (待天官之当簿其类)此所缘而以同异也。然后随而名之。同则同之,异则异之。单足以喻则单,单不足以喻则兼。单与兼无所相避则共。虽共不为害矣。知异实者之异名也,故使异实者莫不异名也。不可乱也。犹使同实者莫不同名也。故万物虽众,有时而欲遍举之,故谓之物。物也者,大共名也。推而共之。共则有共,至于无共,然后止。有时而欲遍举之,故谓之鸟兽。鸟兽也者,大别名也。推而别之,别则有别,至于无别,然后止。名无固宜,约之以命。约定俗成,谓之宜。异于约,则谓之不宜。名无固实,约之以命实。约定俗成,谓之实名。名之固善,径易而不拂,谓之善名。物有同状而异所者,有异状而同所者。可别也。状同而为异所者,虽可合,谓之二实。状变而实无别,而为异者,谓之化。有化而无别,谓之一实。此事之所以稽实定数也。此制名之枢要也。

凡名家之为辨,不论于惠施之为推,与夫公孙龙之主止,上引荀子之言,皆足以破之而有余。盖荀子能指出名言之缘起而见其无独立性。约定俗成,仅为一彼我共喻之工具。斯其为说,较之老子之道名并举，尤为确当。若如老子之说，则道亦一名，其所异于名言之名者亦有限矣。

今再就推与止之立场而言，则荀子亦与老聃不同。盖就于名言之辨而论其当推与当止，其事易。就于行事之实，礼义之辨，而论其当推与当止，则其事难。老子之论道，其实仍无异于一名，其弊将流于空洞无实。而荀子不然。其辨道与名，皆本于人事之实然以为说，故荀子每主止，不主推。非其不主推，乃因深知夫善为推之不易，故不如先求其知有所止也。荀子曰：

> 凡以知，人之性也。可以知，物之理也。以可以知人之性，求可以知物之理，而无所疑止之，则没世穷年不能遍。

此犹庄子言以有涯随无涯也。荀子举物以为知之对象，知之范围当扩及于天地万物，此与儒家初起孔孟言知皆侧重于人文道德范围以内者大异矣。此因荀子承墨名道家之后，其为说亦不得不变。此种变而递进，不得谓非先秦晚期儒家思想一大进境。所惜者，荀子似尚未深了于物理之难知，而仅以不可遍知为患，乃急求其有所止，此则荀子之失，所谓犹未达夫一间也。

于是荀子曰：

> 学也者，固学止之也。恶乎止之，曰：止诸至足。曷谓至足，曰：圣也。圣者，尽伦者也。王者，尽制者也。故学者以圣王为师，乃以圣王之制为法，法其法以求其统类，以务

象效其人。向是而务,士也。类是而几,君子也。知之,圣
人也。(《解蔽》)

是则荀子言知,虽其对象已远见宏扩,推而及于天地万物,然其
立论之主要中心,则仍不出人文伦理范围,此荀子之所以仍不失
为儒家传统也。至于如何绾合此两者,使天地万物之知与人文
伦理道德之知可以相融而无间,相得而益彰,此固犹为荀子所
未逮。

荀子又曰:

多言而类,圣人也。少言而法,君子也。多言无法而流
湎然,虽辨,小人也。(《大略》)

盖惟圣人为能知统类。惟其知能充类,故行能尽伦,法能尽制
也。其为辨无法而流湎然,此犹《小取》篇所谓譬侔援推之辞,
行而异,转而危,远而失,流而离本也。

荀子与孟子异者,孟子主性善,故主各本己心以为推。荀子
主性恶,故主能先止于前人所已见已得之善,而奉圣王为师法
也。是则孟荀两家,正可代表儒家传统下一主止一主推之两分
野之对立矣。

一〇、《墨经》与《经说》

继此当略论《墨子》书中《经》上下,《经说》上下诸篇。此诸

篇决不出于墨子之当年,抑且就墨家思想之流变言,此诸篇当特
为晚出。以今考之,当尚在《大取》《小取》篇之后。何以知其
然?《大取》《小取》篇之大义,已论如前。自此两篇以下,墨家
多流而为辩者。然《大取》《小取》之为辩,其为初期墨家主张兼
爱作辩护之痕迹尚易见。而《经》上下《经说》上下,则其为辩,
若已渐趋于独立发展之阶段,离初期墨家之言论主张已益远。
又其辩论之题目与范围,亦已远为恢扩。凡其用字造句,乃及其
陈义内容,并颇有与《公孙龙子》《荀子》以及《庄子》外杂诸篇相
涉者。故知此四篇尚应在《大取》《小取》篇之后也。此诸篇当
已入墨家之晚期,《庄子·天下》篇所谓相里勤之弟子五侯之
徒,南方之墨者苦获已齿邓陵子之属,俱诵《墨经》而倍谲不同,
相谓别墨。以坚白同异之辩相訾,以觭偶不仵之辞相应。此见
《墨经》盖属墨分为三时之作品。此诸篇,当并不成于一时一人
之手,疑必递有增集与改动,而始归纳成此诸篇。此辈并谓别
墨,各诵《墨经》而相訾应,此必于其所诵,殆亦各有其足成之功
焉。惟今已无可深论。然就当时思想之进程言,则此诸篇之为
晚出,盖无可疑。

今姑举《墨经》中一两端约略言之。首当举其言止与推者。
《经下》云:

> 止,类以行之,说在同。《说》:彼以此其然也,说是其
> 然也,我以此其不然也,疑是其然也。此然是必然,则俱。

又曰:

止，因以别道。《说》：彼举然者，以为此其然也，则举
不然者而问之。

《大取》云：言以类行。《小取》云：以类取，以类予。故得其类则
行，是可推而知其然者。失其类则止，则不可推。道不同而类异
则别，此宜各止其所而不可妄以相通也。又曰：

推类之难，说在名之大小。《说》：谓四足兽与牛马异。
物尽异，大小也。

此即惠施万物毕同毕异，《荀子·正名》篇以万物为大共名，鸟
兽为大别名之辨也。惟惠施言毕同毕异，而《墨经》此条仅言尽
异，不言尽同，盖由其知推类之难，其为思也益进，所以异乎惠
施，遂亦不轻言天地之一体也。故又曰：

异类不仳，说在量。《说》：木与夜孰长，智与粟孰多，
爵亲行价四者孰贵。麋与虎孰高。蚓与蚕孰脩。

异类不相比，斯不可推，不可行，而宜止。就于名家言，此则偏近
于公孙龙之言止，而与惠施之尚推异。就上所引，知《墨经》作
者当不出惠施以前也。

《墨经》中有一事尤当郑重指出者，乃为其言知。儒家言
知，重在人文范围，故曰以人度人，以情度情，以类度类。人与人
同类，斯其一切伦理道德之所当，皆可推而知。墨家初期言兼

爱,亦就人文范围言,惟推至于言天鬼,与儒家言已稍有不同。至于《大取》《小取》始言及凡物,然以取譬相喻,非举以为求知之对象。惠施历物,乃始扩开人文境界,推言及于天地万物。然惠施仅就于名之大小同异而推论之,而不知名之非所以为知。故惠施主论亦重在名,不重在知。庄子始重知,其所举以为知之对象者又遍及于天地万物而盛言大知。此诚儒墨以来所未有。然庄子又曰:生也有涯而知也无涯,以有涯随无涯,殆已。已而为知者,殆而已矣。故庄子言知之对象,虽已遍及于天地万物,然实不欲追随于天地万物以为知。庄子之言知,仅欲人不拘于一时一地一己之小知,以求扩开大知,逍遥乘化而止。公孙龙言意不言知。故曰:彼彼止于彼,此此止于此,惟求一名止于一实,而言白马非马,其意欲以正名,非在求知。此亦与惠施同失。惟《墨经》则重言知,又以凡物为人求知之对象,不限于人文范围,又深言及于为知之方,即人之所以求知者,此可谓继庄子而益进矣。若以《墨经》与惠施公孙龙相比,惠公孙皆仅重言名,不重言知,而《墨经》则重知。故虽可同属于辩者言,而一属墨家,一属名家,显自不同,此盖由其意趣之相异也。

兹略举《墨经》论知诸条申述之如次:

《经上》云:

　　知,材也。《说》:知也者,所以知也,而不必知,若目。

　　虑,求也。《说》:虑也者,以其知有求也,而不必得之,若睨。

　　知,接也。(此语亦见《庄子·庚桑楚》。)《说》:知也者,以其知遇物而能貌之,若见。

恕,明也。《说》:恕也者,以其恕论物而其知之也著,若明。

此处明白举出物为知之对象,知物连言,此为先秦诸子言知一绝大重要之进展,所当郑重指出,深切注意,而决非骤然而得至于此者。夫人之有知于物,则必凭五官,此属常识,似无可多论。墨子亦以原察百姓耳目之实为立言之三表,然必如此处所提出,乃见讨论知识成为一独立之问题,实为以前所未有。人类知识之完成,可分四阶段。凡知,首先必凭五官,而五官不必能知,如有目不必能见,是为知之第一阶段。继此乃有追索寻求。追索寻求由于思虑,若运目以眈视,是为第二阶段。然眈视仍不必遽有见,必待与外物相接而后可有见,此为第三阶段。然有见仍不必遽得为知,又必其见达于著与明之一境,乃始成知。是为知之第四阶段。凡此诸分辨,虽若无甚深奥义,然就思想史之进程言,不仅孔墨初期言不及此,即孟轲庄周惠施公孙龙时代,亦复未言及此。即老聃、荀况亦尚未言及此。此必为一种晚出之说,似无可疑。

又曰:

生,形与知处也。

为:穷智而僳于欲也。

此言人之生命,必其身之形与其神之知相处,乃得为生。若仅俱身形,而无神知,即不得为有生,则知之重要可知。然人之行为,则不必决定于其所知。其所知已尽,而仍待其人之欲望为其行为作最后之抉择。此一分辨,似与荀子意见正相反对。荀子曰:

> 欲不待可得,而求从所可。欲不待可得,所受乎天也。求者从所可,受乎心也。所受乎天之一,欲,制于所受乎心之多,固难类所受乎天也。(《正名》)

是谓人之欲望必受制乎心之智虑,而《墨经》则谓人之智虑已尽,而其最后之判决则有待于其人之欲望。此两家意见之不同,然就其提出同样问题而加以精密之讨论,则正见《墨经》与《荀子》当略同时。必至此时期,乃始有此项思想之出现也。

又《经上》曰:

> 知:闻,说:亲。名实合,为。《说》:传受之,闻也。方不障,说也。身观焉,亲也。所以谓,名也。所谓,实也。名实耦,合也。知行,为也。

此言知分三种。有传闻之知。有推说之知。有亲接之知。传闻之与推说,是由名言而有知也。然由名言而有知,又必求名实之合,又必由所知而继之以行,始成为行为。徒依于名,不必尽合乎实。徒有于知,不必尽成为行。此其重实尚行之意,犹不失为墨家之传统,所由异于惠施公孙龙之徒务言辩而成为名家也。

又《经下》曰:

> 知而不以五路,说在久。《说》:知以目见,而目以火
> 见,而火不见。惟以五路知。久不以目见,若以火见。火
> 热,说在视。《说》:谓火热也,非以火之热我。见,若视白。

知必以五路,此与荀子言五官同。五官乃人之知识所从得之必
当经由之道路,故亦谓之五路也。然亦有不经五路而知者,如目
见火,识其明,手触火,觉其热,待经验积久,不待手触,仅凭目
见,知其为火,斯知其有热矣。此如目见石,知其白。手触石,知
其坚,待经验积久,则目视石,不仅知其白,亦得知其坚矣。此说
正以破名家离坚白之辨也。又曰:

> 闻所不知,若所知,则两知之。说在告。《说》:在外者,
> 所知也。在室者,所不知也。或曰:在室者之色若是其色,是
> 所不知若所知也。夫名以所明正所不知,不以所不知疑所
> 明。若以尺度所不知长。室外,亲知也。室中,说知也。

此条申阐亲知与说知之辨。苟非亲知,何从凭以为说知,一也。
又谓名者贵能以所明正所不知,不贵以所不知疑所明。名家大
病正犯此。如石坚白为所明。坚白盈离之辨,是以所不知疑所
明也。白马为马是所明。白马非马则又是以所不知疑所明矣。
此又《墨经》之为辨,所由与名家异也。

以上略举《经》上下言知者若干条,其字句间,亦有参各家

校勘而以己意酌定者,此不一一详论。《墨经》其他言知诸条亦不尽录,即此可以见《墨经》论知之大概。要而言之,《墨经》言知以物为对象,不专限于人文范围,一也。又重亲知,即谓直接观察触及于物而得之知,二也。亲知凭借五官,三也。积久有经验,乃可不凭五官而知,四也。有亲知,有积久之知,又可有闻人告说之知,此始是由言而知,五也。必求名与实合,六也。如是求知,然后始能凭其知求而有所得,七也。故知行必相配合,八也。知之终极境界曰明,九也。然亦有知之所无奈何者则曰欲,十也。

据此知《墨经》中言知,大体近荀子,而与惠施公孙龙以及庄周之所言为远。言知而兼及于虑与得,明与欲,凡所讨论之问题,皆见于《荀子》书。虽儒墨两家见解主张有不同,然其所讨论之问题则不害于相同。故知《墨经》时代,宜与荀子相先后也。

一一、《大学》

《荀子》之后有《大学》。何以知《大学》后于《荀子》? 即就本篇所讨论之线索言,《大学》重言止,显承《荀子》来。就思想历程言,不能先有曾子门人作为《大学》重言止,而孟子继之始重言推,此就本文上所论列之线索而可见其不然矣。《大学》之言曰:

> 大学之道,在明明德,在亲民,在止于至善。

又曰:

> 知止而后有定,定而后能静,静而后能安,安而后能虑,虑而后能得。

必知止而后能虑,斯即荀子教法也。《墨经》亦言虑与得,可知其时代相近,皆当出先秦之晚期,故其思想线索与其讨论问题多相通也。又曰:

> 诗云:邦畿千里,惟民所止。诗云:缗蛮黄鸟,止于丘隅。子曰:于止,知其所止,可以人而不如鸟乎? 诗云:穆穆文王,于缉熙敬止。为人君,止于仁。为人臣,止于敬。为人子,止于孝。为人父,止于慈。与国人交,止于信。

所引诗辞言止者三,皆非《大学》所主张言止之本义。又与国人交,岂止于信而即已乎,此尤其牵强之迹。故知《大学》为晚出书,决不能在《孟子》前。其言止,即犹《荀子》之言师法也。

而《大学》书中尤可注意者,则在其言格物致知,此即上引《墨经》之言亲知,《荀子》之言天官当簿之类,此皆以物为知之对象,又贵于直接触及于物之知,此乃孟子以前儒家所不言,故知《大学》之为晚出也。

一二、《中庸》

后世与《大学》并称者有《中庸》,此二篇皆收入《小戴记》,宋以后取以与《论语》《孟子》同列为四书。若以本篇所论当时思想分野言,则《大学》重言止,而《中庸》重言推。两书皆当出《荀子》后。以当时思想先后衍进之历程言,亦不能谓曾子之徒先言止,子思又重言推。且子思之为推,其恢宏又益过于孟子。孟子言性善,主于人之为类而言之。《中庸》曰:天命之谓性,乃已兼人与物而言。故曰《中庸》之推益过于孟子。今即就本篇之所陈而绳之,二书之为晚出,亦可定矣。

《中庸》之言曰:

> 致中和,天地位焉,万物育焉。

又曰:

> 君子之道费而隐。夫妇之愚,可以与知焉。及其至也,虽圣人亦有所不能焉。夫妇之不肖,可以能行焉。及其至也,虽圣人亦有所不能焉。
>
> 君子语大,天下莫能载焉。语小,天下莫能破焉。
>
> 君子之道,譬如行远,必自迩。譬如登高,必自卑。
>
> 故君子不可以不修身。思修身,不可以不事亲。思事亲,不可以不知人。思知人,不可以不知天。

此以修身而推至于知天。又曰:

> 唯天下至诚,为能尽其性。能尽其性,则能尽人之性。能尽人之性,则能尽物之性。能尽物之性,则可以赞天地之

化育。可以赞天地之化育，则可以与天地参矣。

此以尽性而推至于与天地参。皆其尚推之证。

本于上所论列，亦可谓《大学》与《荀子》较近，而《中庸》与《孟子》较近。是又主推主止一对立也。综而观之，儒墨名道四家，其持论制行，莫不各有重推重止之异。故曰此乃先秦思想一大分野也。

《中庸》又重言明，如自诚明自明诚之说，此明字，《庄子》《墨经》皆所喜言，而与《论语》《孟子》所言明字稍不同，此亦《中庸》晚出一证也。

一三、《吕氏春秋》

先秦诸子中《吕氏春秋》最为晚出，其书成于众手，折衷诸家，而先秦遗言亦颇有存者。故其书中有主止，有主推，兹各引一则以见例。《察今》篇云：

> 先王之所以为法者人也，而己亦人也，故察己可以知人，察今则可以知古。古今一也，人与我同耳。有道之士，贵以近知远，以今知古。以益所见知所不见。故审堂下之阴而知日月之行，阴阳之变。见瓶水之冰而知天下之寒，鱼鳖之藏也。尝一脟肉，而知一镬之味，一鼎之调。

此颇似于主推。其《别类》篇云：

知不知,上矣。过者之患,不知而自以为知。物多类然而不然。夫草有莘有藟,独食之则杀人,合而食之则益寿。万堇不杀。漆淖水淖,合两淖则为蹇,湿之则为干。金柔锡柔,合两柔则为刚,燔之则为淖。或湿而干,或燔而淖,类固不必可推知也。小方、大方之类也。小马、大马之类也。小智、非大智之类也。鲁人有公孙绰者,告人曰:我能起死人。人问其故,对曰:我固能治偏枯。今吾倍所以为偏枯之药,则可以起死人矣。物固有可以为小,不可以为大。可以为半,不可以为全者也。相剑者曰:白所以为坚也,黄所以为牣也。黄白杂,则坚且牣,良剑也,难者曰:白所以为不牣也,黄所以为不坚也。黄白杂,则不坚且不牣也。又柔则锩,坚则折,剑折且锩,焉得为利剑?剑之情未革,而或以为良,或以为恶,说使之也。义小为之则小有福,大为之则大有福。于祸则不然。小有之不如其无也。射招者,欲其中小也。射兽者,欲其中大也。物固不必,安可推也。高阳应将为室,家匠对曰:未可也。木尚生,加涂其上,必将挠。以生为室,今虽善,后将必败。高阳应曰:缘子之言,则室不败也。木益枯则劲,涂益干则轻。以益劲任益轻,则不败。匠人无辞而对,受令而为之。室之始成也善,其后果败。高阳应好小察而不通乎大理也。骥骜绿耳,背日而西走,至乎夕,则日在其前矣。目固有不见也,智固有不知也,数固有不及也。不知其说所以然而然,圣人因而兴制,不事心焉。

此言事物之理多有不可推以为知者也。惟其所举例,都属自然

物理范围，甚少关于人文伦理范围者。在自然物理范围之内，多有不可推而知，故于此求知，则必贵于亲知与实验。此一思想线索，从《墨经》《荀子》以来，实为先秦晚期之一派新思潮。惠施庄周以前，绝无此种思路。惠施庄周虽亦多言天地万物而辨其可知与不可知，然亦甚少此境界。就此观之，《大学》致知在格物五字，正可与上引《吕氏》此篇作同一解释，以其同属先秦末期出品也。若此一阐释无大谬，则不可不谓凡上所陈，自《墨经》《荀子》以下论知，乃晚周思想系统一新开展。而其关于儒家思想系统方面则更属重要。初期儒家凡言求知立行之大原则，与其所取用之方法与途径，大体不过如荀卿所谓以人度人，以情度情，以类度类而已。此乃偏以人文社会为中心，而于天地万物自然外境则显见有所忽。墨名道三家，较于外物注意为多。后起儒家因迭与此三家争长，而亦引起其对外物方面之关切。荀卿开其端，《大学》格物致知之说即承此而来，而《中庸》言尽物性，赞化育，亦显为轶出儒家人文传统，有异于孟子以前之为说。其他如《易·系辞》亦然，如云知周乎万物而道济天下之类是也。凡此皆当认为是晚周儒家之新观点，新创辟。惜此下遽经剧变，列国分峙转而为天下一统，学者兴趣又多集中于政事实际之应用。先秦学术，至此面目已非，精气不属，乃不能对于上述对物求知之一途继续发挥，以渐达于圆密成熟之境。而阴阳家言天人相应之说遂风起云涌掩盖一切，此亦在《吕氏》书与《中庸》书中可微窥其端倪矣。而《大学》格物致知一义乃终陷于黯晦不彰，此亦至可惋惜之事也。

直至南宋朱子《大学格物补传》，始重窥斯意，而朱子平生论学,于此方面实亦较少发挥。阳明乃以《孟子》良知释《大学》知字,其非《大学》正解,无待详辨。而王学流传,于《大学》格物二字言人人殊,终无惬解。清儒转入训诂考据,于此问题遂不复理。继自今,倘复有儒学新兴,如何会通天人,绾人文与自然而一之,内而心知情慧,外而物理事变,不偏不倚,兼顾并重,并可使西方科学新知与中国儒家人文旧统获得调和,以为人类求知立行建一新原则,创一新体系,此事牵涉甚大,则非本篇之所能深论矣。

又按:《吕氏·爱类》篇有曰:

> 仁于他物,不仁于人,不得为仁。不仁于他物,独仁于人,犹若为仁。仁也者,仁乎其类者也。

此说仍守儒家旧统。即《大学》言格物致知,亦极乎治国平天下而止,与《吕氏》此文立意不相妨。《中庸》乃始务于致广大而言尽物性,又言赞化育,虽言之若恢远,而未有亲切之指示,则岂不易之乎其为推矣。朱子定《论》《孟》《学》《庸》为四书,而谓《大学》开示学者为学次第,首当先诵。次《论语》,次《孟子》,最后始及《中庸》。以其陈义深远,天人性命之渊微,非初学所能骤解也。此项分别,深可体味。

《吕氏·离谓》篇又曰:

> 言者以谕意。言意相离,凶也。乱国之伪,甚多流言而不顾其实。郑国多相县以书者,子产令无县书,邓析致之。

子产令无致书，邓析倚之。令无穷，邓析应之亦无穷。洧水
甚大，郑之富人有溺者，人得其死者，富人请赎之。其人求
金甚多，以告邓析。邓析曰安之，人必莫之买矣。得死者患
之，以告邓析。邓析又答之曰：安之，此必无所更买矣。子
产治郑，而邓析务难之。与民之有狱者约，大狱一衣，小狱
襦袴，民之献衣襦袴而学讼者不可胜数。以非为是，以是为
非，是非无度，而可与不可日变。所欲胜因胜，所欲罪因罪。
郑国大乱，民口讙哗。子产杀邓析而戮之，民心乃服，是非
乃定，法律乃行。今世之人，多欲治其国而莫之诛邓析之
类，此所以欲治而愈乱也。

当春秋子产之世，宜无此等诡辩。殆是战国晚世，辩者言流行，
乃传说有此。故公孙龙期有明王之审名实，荀子乃言圣王之所
先诛，而《吕氏》承之，此可借以想见当时辩者言流行社会影响
之一般，故以并著于此焉。

《吕氏》又有《淫辞》篇，其言曰：

非辞无以相期，从乱则乱，乱辞之中又有辞焉，心之谓
也。凡言以谕心也。言心相离，则多所言非所行，所行非所
言，言行相诡，不祥莫大焉。

此下遂历引公孙龙两事说之。故知公孙龙所论虽主止，虽求有
如古明王之审名实，而其人其书所以终不免归入于淫辞诡辩之
列也。余昔年曾为《惠施公孙龙》一书，颇论两家异同，而未纵

言及此。本篇汇列两家先后思想之与两家相关者，明其流变异同，庶治名家言者于惠公孙两家之说，可得一更较正确之认识，更较平允之评价也。

本篇刊载于一九六四年《新亚学报》六卷第一期

惠 施 历 物

　　余旧著《惠施公孙龙》一书,收入上海商务印书馆国学小丛
书,于民国二十年出版,距今已逾四十年。全书共十三篇,今择
取其中有关申释惠公孙名辨者共六篇,略加改定,收入此编,俾
便与阐论《墨辨》诸篇,共同阅读。

　　《庄子·天下》篇称惠施多方,其书五车,今皆不可见。所
传惟历物之意,惠施自以为大,观于天下,以晓辩者,辩者相与
乐之,则知历物之意者,实惠施学说之结晶,而影响于当时之
思想界者甚大。尝鼎一脔,亦足以见惠施学说之大意也。其
言曰:

　　　　至大无外,谓之大一;至小无内,谓之小一;无厚不可积
　　也,其大千里;天与地卑,山与泽平;日方中方睨,物方生方
　　死;大同而与小同异,此之谓小同异;万物毕同毕异,此之
　　谓大同异;南方无穷而有穷;今日适越而昔来;连环可解
　　也,我知天下之中央,燕之北,越之南是也;泛爱万物,天

地一体也。

近人章炳麟、胡适,先后为之解义,余兹所论,较之二氏,不无异同,学者自为比观可也。

> 大抵历物要旨,在明天地一体,以树泛爱之义。至其文理,当如下解。
>
> 至大无外,谓之大一;至小无内,谓之小一;无厚不可积也,其大千里;天与地卑,山与泽平。

此言宇(四方上下曰宇。)

今曰身,身有外。所居曰堂屋,堂屋复有外。所傍曰林园,林园复有外。所依曰山川,山川复有外。所载曰员舆,所拱曰日局,而员舆日局又莫匪有外。凡立形占位者皆有外。亦莫匪有内。于日局之内有员舆,于员舆之内有山川林园堂屋,堂屋之内有身,身之内又不胜其有焉。举凡有外者而谓之一,则无外矣;无外是至大也。举凡有内者而谓之一,则无内矣;无内是至小也。是何物耶?曰宇。宇者,统凡立形占位者而一言之也。形位之有外,必为形位,则亦宇也,故宇无外。其于内也亦然。故宇一也,而至大焉,而至小焉,至大至小亦一也。

统凡立形占位者而名之曰宇,而宇无形位。(《庄子》曰,有实而无乎处者,宇也。)无形位故无厚不可积。宇无厚,故天与地等卑,山与泽齐平,自宇而言之也。山之于泽至高,天之于地至远,而曰无厚，此至大为至小也；不可积而大千里，此至小为至大也。直所从言之异也。

日方中方睨，物方生方死。

此言宙（古往今来曰宙。）

凡言变，不能一时，必兼古今。然深言之，方言今而今则既古矣；方思今而今则既古矣；方觉知有今，而今所觉知又古矣。岂惟我之言思觉知？一时之变，方至于今，而所至即已古矣。故中睨死生，异变而同时。统凡成变占时者而一言之曰宙。宙合凡有方既为无方既，犹宇合凡有内外为无内外。故自宙言之无时变，（《庄子》，有长而无乎本剽者，宙也。）无时，故死生中睨同变。无变，故死生中睨同时。此亦所从言之异也。

大同而与小同异，此之谓小同异；万物毕同毕异，此之谓大同异。

此言物（物兼事言。）

事同有时变，物同有形位。时变同有古今，形位同有内外，此为小同；有古今内外故有异，此为小异。宇徙为宙，宙化为宇。一久而分万所，故见宇。一所而异万久，故见宙。无所则无久，无久则无所，故宇宙一体而不可析。析之者，乃世之言思然也。故宇之与宙也实同，特所从言之异也。宇宙现象，一连续比较而已。连续故见有事，比较故见有物。自一物之连续而总言之曰事,自一事之比较而析言之曰物。物无非事,事无非物,故事之与物也实同,特所从言之异也。事与宙皆言其时变,物与宇皆言其形位。舍宇宙无事物,舍事物无宇宙。故事物之与宇宙亦同。同无内外,同无古今,是谓毕同。析其毕同者而有宇宙事物之异;析其宇宙事物而有古今内外之异。古今内外之间,又各自有其古今内外之异焉。循此而至于毕异,此之谓大同异。是亦所从言之异也。至此而宇宙事物之本体明矣。

以上三节历说物之本体也。

南方无穷而有穷。

此承无内外言

南北自位而言。在我谓之南,在彼不谓之南,彼自别有其南也。各自有其南,则南为无穷;各不自以谓南;则南为有穷。

今日适越而昔来。

此承无古今言

今昔自时而言。方我适越,则曰今日。及其抵越,乃云昔来。

连环可解也。

此承无古今言

夫时无起讫,无方既,是连环也。析而言之曰今世,则一世为今，有起讫，有方既。更精而析之曰今岁今月今日，则岁月日各为今，各有起讫有方既。惟所言以谓之今，是连环可解也。此犹言地域之无穷而有穷也。

我知天下之中央，燕之北越之南是也。

此承无内外言

中无定位。居燕之北者，不自以为北，而以燕为南焉，彼则自以为中也。居越之南者，不自以为南，而以越为北，彼亦自以为中也。中之无定位，犹今之无定时也。

以上一节四句，历说物之变相也。

泛爱万物，天地一体也。

此立论正旨

事物异同，皆由名言。既知天地一体，故当泛爱万物也。

以上一节两句，历说应物正道也。

本篇及下一篇《惠学钩沉》俱成于一九一八年，并曾收入
　　上海商务印书馆出版之余著《惠施公孙龙》一书。

惠 学 钩 沉

"流落人间者,泰山一毫芒","惠施多方,其书五车",今可得而征者,惟历物十句,则亦惠氏一毫芒也。余读庄周《吕览》,惠氏之遗文佚事,往往有见。既为之作传略,复比论其学术条贯,俾研惠学者,资豹窥焉。

一曰尚用

惠子墨徒也,墨学主用,惠子亦然。

惠子谓庄子曰:"魏王遗我大瓠之种,树之成,实五石。以盛水浆,其坚不能自举。剖为瓢,则瓠落无所容。非不号然大也,吾为其无用而掊之。"(《庄子·逍遥游》)

又曰:"吾有大樗,臃肿不中绳墨。枝卷曲不中规矩。立之堤,匠者不顾。今子之言,大而无用,众所同去也。"(同上)

又惠子谓庄子曰:"子言无用。"(《外物》)

惠之不满于庄者,曰其无用,则惠子论学之主用可知。然惠子好辩,人之论惠子,亦常以其文辩无用讥之。

> 惠子为魏惠王为法,成,惠王以示翟翦。翦曰:善也而不可行。今举大木者,前乎舆谔,后亦应之,此其于举大木者善矣。岂无郑卫之音哉,然不若此其宜也。夫国亦木之大者也。(《吕氏·淫辞》)

> 白圭谓魏王曰:"市丘之鼎,以烹鸡。多洎之前淡而不可食,少洎之,则焦而不熟。视之蜗焉美,无所可用。惠子之言似于此。"惠子闻之,曰:"不然。使三军饥而居鼎旁,适为之甑,则莫宜于此鼎矣。"(《吕氏·应言》)

> "由天地之道,观惠施之能,其犹一蚊一虻之劳者也,其于物也何庸?"(《庄子·天下》篇)

二曰重功

孟子有志功之辨(《滕文公》彭更问一节),墨家亦曰:"志功不可以相从。"(《墨子·大取》)凡尚用者率重功。

> 庄子曰:"射者非前期而中,谓之善射,天下皆羿也,可乎?"惠子曰:"可。"(《庄子·徐无鬼》)

射者苟中,则许之为善射,此重功之见也。

三曰勤力

尚用重功,则不得不勤力。墨之道,"日夜不休,以自苦为极,曰,不能如此,非禹之道也,不足为墨。"惠施亦然。惟墨翟苦行,施则深思,此其异。

庄子谓惠子曰:"孔子行年六十而六十化,始时所是,卒而非之,未知今之所谓是之非五十九非也?"

惠子曰:"孔子勤志服知也。"庄子:"孔子谢之矣。而其未之尝言。"(《庄子·寓言》)

"仁者见仁,知者见知。"惠施意,今之所知,则今日是之,斯可矣,不论其始卒也。

昭文之鼓琴也,师旷之枝策也,惠子之据梧也,三子之知几乎,皆其盛者也,故载之末年。唯其好之也,以异于彼其好之也,欲以明之彼。非所明而明之,故以坚白之昧终。(《庄子·齐物论》)

庄子曰:"今子(惠子)外乎子之神,劳乎子之精,倚树而吟,据槁梧而瞑。天选子之形,子以坚白鸣。"(《庄子·德充符》)

夫充一尚可,曰愈贵道,几矣。惠施不能以此自宁,散于万物而不厌,卒以善辩为名。惜乎!惠施之才,骀荡而不得,逐万物而不反,是穷响以声,形与影竞走也,悲夫!(《庄子·天下》篇)

惠子之"外神劳精",犹夫墨子之"摩顶放踵"也。"非所明而明之,以坚白之昧终",则犹宋钘尹文之"上说下教强聒而不舍"也。"不能自宁,逐万物而不反",此墨惠之同风也。

四曰明权

尚用重功,不徒勤于力,又将明于权。墨家屡言之,曰:"利之中取大,害之中取小。"(《大取》篇)又曰:"欲正权利,恶正权害。"(《经上》)皆权也。

> 匡章谓惠子曰:"公之学去尊,今又王齐,何也?"惠子曰:"今有人于此,欲必击其爱子之头,石可以代之。子头所重也,石所轻也。击其所轻,以免其所重,岂不可哉?齐之所以用兵不休,攻击人不止者,大者可以王,其次可以霸也。今王齐,寿黔首之命,免民之死,是以石代爱子头,何为不为?"(《吕氏·爱类》)

此惠子用权之大者。

五曰本爱

凡所为尚用重功勤力而明权,皆有所本,日本之于爱。墨翟唱兼爱之说,惠施亦曰"泛爱万物"焉。

> 惠子谓庄子曰:"人故无情乎?"庄子曰:"然"。惠子曰:"人而无情,何以谓之人?"庄子曰:"道与之貌,天与之

形,恶得不谓之人?"惠子曰:"既谓之人,恶得无情?"庄子曰:"是非吾所谓情也。吾所谓无情者,言人之不以好恶内伤其身,常因自然而不益生也。"惠子曰:"不益生,何以有其身?"庄子曰:"道与之貌,天与之形,无以好恶内伤其身。"(《庄子·德充符》)

惠子之学本于爱,故主有情,又当有为以益生。

庄子妻死,惠施吊之,庄子方箕踞鼓盆而歌。惠子曰:"与人居,长子老身,死不哭,亦足矣,又鼓盆而歌,不亦甚乎!"(《庄子·至乐》)

惠子之责庄子,亦责其无情也。

六曰去尊
墨家之爱无差等,惠施亦曰"天地一体",故主平等而去尊。

匡章谓惠施曰:"公之学去尊。"(《吕氏·爱类》)

七曰偃兵
主兼爱,因及非攻寝兵,又墨惠之所同。

魏莹与田侯牟约。田侯牟背之,魏莹怒,将使人刺之。犀首闻而耻之,曰:"衍请为君攻之。"季子闻之曰:"兵不起七年矣,此王之基也。衍乱人,不可听也。"华子闻之曰:"善言伐齐者,乱人也。善言勿伐者,亦乱人也。谓之乱人也者,又乱人也。"曰:"然则若何?"曰:"君求其道而已矣。"惠子闻之而见戴晋人。戴晋人以蛮触喻。(《庄子·则阳》)

释文司马云:"田侯,齐威王也。"俞樾云:"史记威王名因齐,田齐诸君无名牟者。惟桓公名午,与牟字相似,牟或午之讹。然齐桓公午与梁惠王又不相值也。"今按:田桓公与梁惠王年实相值,惟当惠王之初年,其时惠施尚未至魏,魏亦未都大梁。戴晋人以大梁为言,则在魏徙都之后,而田桓公已死矣。且犀首在魏用事,亦在惠王中世,田侯牟之名必有误。戴晋人为人,他亦无可考,其事信否不可知。然惠施平日持论,主寝兵息争,则即此亦堪推见。

八曰辨物

墨惠之学有其同,亦有其异。本于爱而主尚用重功,而言非攻寝兵,其同也。其论所以有爱则异。墨本天志,而惠则辨物。故曰:"天地一体,泛爱万物也。"其所以泛爱万物,由于天地本属一体。此惠施持论所以异于墨翟,亦惠施学说特创之点,最为其精神之所在也。

惠施历物之意,以此为大,观于天下而晓辩者。(《庄子·天下》篇)南方有倚人曰黄缭,问天地所以不坠不陷风雨雷霆之故,惠施不辞而应,不虑而对,遍为万物说,说而不

休,多而无已。(同上)

历物之意,已具别释,至其"遍为万物说"者,今已不可见。盖尝论之,古之持论者,或本于天帝,或溯之古圣贤王,或内反之于己心,或以时王政令法度为断,或归之于群事。至寻诸自然,索诸物理,则孔墨李克吴起孟轲宋钘许行陈仲之徒所未道,其风实始于惠氏,而庄周则同时之闻风兴起者也。故曰:

> 弱于德,强于物。(《庄子·天下》篇)
> 散于万物而不厌。(同上)
> 逐万物而不反。(同上)

此惠氏之风所由卓也。

> 庄子与惠子游于濠梁之上,庄子曰:"鲦鱼出游从容,鱼之乐也。"惠子曰:"子非鱼,安知鱼之乐?"庄子曰:"子非我,安知我不知鱼之乐?"惠子曰:"我非子,固不知子矣。子固非鱼也,子之不知鱼之乐全矣。"庄子曰:"请循其本。子曰汝安知鱼乐云者,既已知我知之而问我,我知之濠上也。"(《庄子·秋水》)

濠梁之辩,千古胜话,虽二贤闲游,机锋偶凑,非关理要,而即此推寻,亦有可得而论者。惠别物以辨异,庄即心以会通,此二子之殊也。惠子思深刻镂,文理密察,正与其平日持论大类。而庄则活泼天机，荒唐曼衍，无畔岸，无町畦，亦其大体然也。

又按：庄书持论，多与惠施相出入。曰："至精无形，至大不可围。"（《秋水》）又曰："精至于无形，大至于不可围。"（《则阳》）此惠氏大一小一之说也。曰："六合为巨，未离其内。秋毫为小，待之成体。"（《知北游》）又曰："天地为稊米，毫末为丘山。"（《秋水》）此惠氏天地卑山泽平，无厚之大千里之说也。曰："时无止，终始无故。"（《秋水》）曰："效物而动，日夜无隙。"（《田子方》）此惠氏日方中方睨，物方生方死之说也。曰："自其异者视之，肝胆楚越也，自其同者视之，万物皆一也。"（《德允符》）此惠氏万物毕同毕异之说也。曰："天地与我并生，万物与我为一。"（《齐物论》）此惠氏天地一体之说也。曰："未成乎心而有是非，是今日适越而昔至也。"又曰："方生方死，方死方生，方可方不可，方不可方可。"（均《齐物论》）此则明引惠语。其他可比附相通者，更仆数不能尽。宜乎惠子死，庄周有无以为质之叹矣。今观庄周书，皆极论万物，天地山泽，鲲鹏蜩鸠，樗栎大椿，瓦砾矢溺，莫不因物以为说，本物以见旨，此惠氏历物之风也。惟庄主无情，惠主有情。庄主不益生，惠主益生。故惠承墨家之遗绪，庄开老聃之先声。同为自然物论之大宗，创一时风气，辟积古拘囿，岂不豪杰之士哉。《庄子·天下》篇盛诋惠子，此韩退之所谓"两家子弟材智下，不能通知二父志"也。

九曰正名

辨于物，则知名相之繁赜，而言思之不精，于是而主正名，此亦惠学之本干，所由成其一家言者也。

惠子之据梧，以坚白之昧终。(《庄子·齐物论》)

天选子之形，子以坚白鸣。(《庄子·德充符》)

坚白之辨，惠施唱之，而公孙龙之徒承之。

惠施以此为大，观于天下而晓辩者，"天下之辩者相与乐之，以与惠施相应，终身无穷。"(《庄子·天下》篇)

凡当时之辩者，其先皆原于惠氏也。

《庄子》书多与惠说相通，已具前论。余读其《齐物论》一篇，称引所及，颇涉公孙龙。如云："以指喻指之非指，不若以非指喻指之非指也。以马喻马之非马，不若以非马喻马之非马也。天地一指也，万物一马也。"《公孙龙子》有《指物论》，谓："物莫非指而指非指"，此以指非指之说也。又有《白马论》，言"白马非马"，此以马非马之说也。《齐物论》又云："恶乎然，然于然，恶乎不然，不然于不然。物固有所然，物固有所可，无物不然，无物不可。故为是举莛与楹，厉与西施，恢诡憰怪，道通为一。"又曰："类与不类，相与为类。"此公孙龙《通变论》之说也。篇中屡言"因是"，亦见公孙龙书。考庄周之卒，公孙龙方盛年，未必龙书先成。窃疑公孙龙诸辨，在庄周时皆已有之，皆惠施开其端。如坚白之论是也。宋元王时有儿说，采白马非马之论，余考其人在施龙间，知白马非马一题，亦不始公孙龙。推此为言，辩者论题，实相传递揤注，如墨家初传"天志""明鬼""兼爱""非攻""尚贤""尚同"诸题亦师师相授，先后一贯不废失。故墨徒虽盛,而墨书不多。名源于墨,两家精神亦复相肖似。《天下》篇称惠书五车,《汉志》仅存一篇,公孙龙独有十四篇,或者论题相续,后来居上,公孙之说行,而惠氏之说废,其间有消息之道欤?许行慎到皆主齐物,今庄周《齐物论》行,许慎之说皆废矣。此岂不一好证哉?文献不足,无可确论,要之辩者言原惠氏,则断断无疑。

又按:晋时汲郡人发魏襄王冢,得古书,有“名”,“琐语”,“缴书”等。名即名家书。惠施为魏相,其书或亦尊藏为官书,与草野著述不同。魏冢之名书,其殆为惠氏之遗书耶?

十曰善譬

惠施论泛爱去尊偃兵,此承乎前以为统者也。其辨物正名,此建乎己以成家者也。辨物正名为其体,而善譬为之用。

> 客谓梁王曰:“惠子言事善譬,使无譬,则不能言矣。”王因谓惠子曰:“愿先生言事直言无譬也。”
>
> 惠子曰:“今有不知弹者,告之曰弹之状如弹,则喻乎?”曰:“未也。”曰:“弹之状如弓,以竹为弦,则知乎?”曰:“知矣。”惠子曰:“夫说者固以所知喻其所不知而使人知之,王曰无譬,则不可矣。”王曰:“善。”(《说苑·善说》篇)

凡辩者之论,皆有所譬。

> 山渊平,天地比,齐秦袭,入乎耳,出乎口,钩有须,卵有

毛,是说之难持者也,而惠施邓析能之。然而君子不贵者,非礼义之中也。(《荀子·不苟》篇)

惠子蔽于辞而不知实。(《荀子·解蔽》篇)

今按:儒者言有坛宇,行有坊表,其言在于先王礼乐。惠子逐万物以为辩,钩有须,卵有毛,宜乎其见讥也。然遂谓之"诱其名,眩其辞,而无深于其志义"(语见《荀子·正名》),此在辩者之末流容有之,惠氏之辩,不尽尔也。儒以诗礼发冢,岂得谓六经乃椎埋书哉?

庄子寓言亦其类。庄子之寓言,犹惠子之用譬也。然庄书传世日远,而名家言多消歇不见诵者,即以文字言之,亦自有故。庄子曰:"寓言十九,重言十七,卮言日出,和以天倪。"(《寓言》篇)此庄周自述其著作之大例也。卮言曼衍,日出无穷,荒唐谬悠,亦足可喜,而名家如惠子历物,公孙五论,以及墨经说上下诸,皆洁净精微,枝叶尽伐,此不如者一也。重言耆艾,经纬本末,上道黄帝尧舜,下亦孔丘老聃,皆一世所尊仰,名家惟有狗马龟蛇,此又不敌者二也。兼此两端,庄生遂以寓言见称,名家以善譬受斥矣。则甚矣文之不可以已也。

惠氏一家之学,具兹十事,虽不能备,固当粗见涯略耳。

《公孙龙子》新解

序

　　《汉书·艺文志》名家《公孙龙子》十四篇,《隋志》《群书治要》《意林》皆不录。《旧唐志》三卷。又一卷,陈嗣古注;又一卷,贾大隐注。《通志》一卷,亡八篇。今《道藏》本上中下三卷,与《唐志》同,凡六篇。则《唐志》所称三卷,殆亦止六篇,与《通志》一卷亡八篇者,篇数正合。或陈贾所注一卷本,亦与《通志》所称一卷者同。则此书至唐时,或分一卷,或分三卷,要之皆为六篇之残本也。今传本亦六篇,当即唐以来旧本。而考首篇《跡府》,与下五篇文字不类;殆前人所为序言,而后人误列为本书;则龙书之传而可信者,实仅五篇。又考《扬雄·法言》,称"公孙龙诡辞数万",今传五篇文字,仅得二千言;则龙书之传者,真无几也。龙在战国晚世,以雄辩耸动天下;故《庄子》书称"儒墨杨秉四,与惠施而五",秉即龙字也。荀子著书,亦屡引其言,以致驳诘;足证其在当时为学派一大宗矣。余考其行事,说

燕赵以偃兵，谏平原以让赏，皆有道义持守，与一般游士说客不
同。又其交友如魏牟毛生，皆高士有本末。后人不察，苟取荀况
邹衍门户之见，疑龙为小人之徒，以诡异荒诞斥之。异学相诽，
自是先秦习气；即孟子之距墨翟，荀卿之排孟子，其抨击讥弹，皆
已逾情。使后人徒信孟子书，必以墨翟为小人；徒信荀子书，必
谓孟轲非贤士。而今知其不然，则以墨孟之书，犹为人所诵习故
也。公孙龙纵非墨孟之比，而卓然成家，自表见于一世，其议论
学说，亦自有不磨之真。而其书既多佚，存者又幽宭深隐，骤难
索解，遂使后人一概废弃，目为妄怪，良可惜也。今陈贾注既均
佚，所传有宋谢希深注，文义浅陋，无所发明。清儒考订古籍，于
龙书亦鲜研治。近人好墨辩，乃稍稍寻施龙遗言，然终无为此书
条理而发挥之者；余深憾之。因为别作《新解》，正其字句之讹，
释其义解之理，虽不能复睹龙书之全，然即此求之，亦可以见其
为学持论之大概矣。谢注于《坚白》篇间有精诣，与注他篇文不
同，疑或承袭旧注，或别有所取，如郭象之窃向秀。今既不可深
考，姑为采摘，以存古人之一二焉。其他有所称引，具详本条，兹
不赘。

《白马论》

"'白马非马'，可乎?"

曰:"可。"

曰:"何哉?"

曰:"马者所以命形也；白者所以命色也；命色者非命

形也。故曰‘白马非马’。"

曰："有白马，不可谓无马也；不可谓无马者非马也[1]？有白马为有马，白之非马何也？"

[1] 俞云："非马也当作非马邪，古也邪通用。此难者之辞。言有白马不可谓无马。既不可谓无马，岂非马邪。"（俞樾读《公孙龙子》，下同。）

曰："求马，黄黑马皆可致。求白马，黄黑马不可致。使白马乃马也，是所求一[1]也。所求一者，白者不异马也。所求不异，如[2]黄黑马有可有不可，何也？可与不可，其相非明。故黄黑马一也，而可以应有马，而不可以应有白马。是白马之非马审矣。"

[1] 俞云："一犹言不异也。使白马而即是马，则是求白马即是求马，故曰白者不异马也。"

今按：白者不异马，乃据常识言之。下文白者非马，乃公孙龙离白于马之论也。离白于马，因离白马于马，又离坚白，使一切离而止于独，此名家正名之旨也。

[2] 如犹而也。古书通用，说见王氏引之《经传释词》。

曰："以马之有色为非马，天下非有无色之马也，天下无马可乎？"

曰："马固有色，故有白马。使马无色，有马而已耳，安取白马。故白者非马也。白马者,马与白也。马与白,非马也①。故曰白马非马也。"

① 俞云:"此两句中各包一句。其曰马与白也,则亦可曰白与马也。其曰马与白马也,则亦可曰白马与马也。总之离白与马言之也。"

今按:俞说未是。吾友屠君正叔谓此处疑有脱文。应作"白马者,马与白也。马与白,非马也。故曰白马非马也。"意谓命形之马加命色之白,不得复以马称,犹之一加一不得复为一也。今从之。常识谓白属于马,故马可以包白马,公孙龙则谓马命形,白命色,各有所主,不相属,故曰"马与白",乃马形之外更增白色,便非单举马形所可范围,故曰"马与白非马"。马与白非马,故曰"白马非马"。

以不相与为名,未可。故曰"白马非马"未可①。

① 俞云:"按此又难者之辞。马未与白为马,则为黄马为黑马皆可也。白未与马为白,则为白牛为白犬皆可也。此就不相与言之也。合马与白,则就相与言之也。既相与矣,而仍谓白马非马,则是相与而以不相与为名,此未可也。未可犹言不可也。又按:马初不与白为马,白初不与马为白,合马与白,始有白马之名,何得言复名白马?复名谓兼名也。《荀子·正名》篇:'单足以喻则单,单不足以喻则兼。'杨倞注曰:'单,物之单名也。兼,复名也。'复名白马,正所

谓单不喻则兼也。合马与白,则单言之曰马,不足以尽之,故兼名曰白马。是谓复名白马,犹今言双名矣。"

今按:难者据常识立论,白属于马,则马白相与为一。公孙龙离白于马,谓马形白色,各成其一,则马之与白不相与而为二。今只一实,(马)而云是两名,(白马——即白与马)是相与以不相与为名也。

曰:"以有白马为有马,谓有白马为有黄马,可乎?"

按:此乃公孙龙转诘难者之辞。

曰:"未可。"

按:此难者答辞。

曰:"以有马为异有黄马,是异黄马于马也。异黄马于马,是以黄马为非马。以黄马为非马,而以白马为有马,此飞者入池,而棺椁异处,此天下之悖言乱辞也。"

按:此公孙龙据难者意引论也。然后折入己意,谓既异黄马于马,则亦不得同白马于马也。

曰:"有白马不可谓'无'有马者,离白之谓也。是离者,有白马不可谓有马也[①]。故所以为有马者,独以马为有马耳。非有白马为有马。故其为有马也，不可以谓马马也②。"

① 俞云："有马当作无马，涉下文三言有马而误耳。此即
承上不可谓无马而言，亦难者之辞。言吾所云有白马不可
谓无马者，止论马不马，不论白不白。故曰'离白之谓也'。
就此所离者而言之，白为一物，马为一物，明明有白有马。
不可谓无马也。"

② 俞云："此难者之辞，承上文而言。止论马不马，不论白
不白。若必以白者为非马，则白者何物乎？白即附马，不可
分别。故见白马，止可谓之有马而已。不然，白马一马，马
又止马，一马而二之，是马马矣。"

今按：俞氏说非也。前云："白为一物，马为一物，明明有白
有马。"后又云："白即附于马，不可分别，故见白马，止可谓之有
马。"是前后自相矛盾也。文中"有马"字皆不误。首句"无马"
亦当作"有马"。"有白马不可谓有马"者，即"白马非马"意。此
乃公孙龙离白于马者持之。"离者"之称，即指公孙龙持离坚白
之论也。难者谓诚如"离者"之论，独以马为有马，有白马即非有
马，然则有黄黑马亦非有马，而天下无无色之马，则"离者"之称有
马，其实不可以称于任何一马。故曰："其为有马也，不可以谓马
马也。"马马连称，即任何一马之意，犹人人即任何一人之意也。
任何一马不可以云有马，则所谓有马者，岂不转成空话耶。

曰："白者不定所白，忘之而可也。白马者言白，定所
白也。定所白者，非白也。马者，无去取于色，故黄黑皆

'所'可以应。白马者,有去取于色,黄黑马皆所以色去。故唯白马独可以应耳。无去者,非有去①也。故曰:'白马非马'。"

今按:言白者不定所白,则白雪白马均白也。忘其雪与马之别可也。言马者不定何马,则黄马黑马均马也,忘其黄与黑之别可也。故曰:"马者无去取于色",即忘马之色也,非马无色也。此针对难者马马之讥而云也。皆所以应,当作皆可以应,与下唯白马独可以应句相对,涉皆所以色去之文而误。

① 俞云:"言马,则无去者也。以白马应可也,以黄马黑马应可也。无所去也,言白马则有去者也,取白马则不得不去黄马黑马矣。一则无去,一则有去,明明分而为二,岂可合而为一。故曰:'白马非马。'"

今按:"白马""有去","马""无去",明"马"之为"无去",则无"有马不可以谓马马"之疑矣。

《指物论》

物莫非指,而指非指。

今按:物者实体,指者名相。今有一物,抚之坚,视之白,名之曰石,坚白石皆即指也。离坚白无石,离名相无体,故曰物莫非指。指对物而言,名相以指对实体而言。苟无实体,则名相所指对者应是无所指对,故曰而指非指。

　　天下无指，物无可以谓物①，天下"而"无物，可谓指乎？②

①　俞云："此承物莫非指而言。"
②　俞云："此承指非指而言。天下而物，当作天下无物，字之误也。"
今按：指物对待之名。无名相则无以喻物，无物亦无名相可立也。

　　指也者，天下之所无也；物也者，天下之所有也；以天下之所有为天下之所无，未可。

此乃难者之辞。据常识立论，物乃实有，故曰天下之所有。名相虚立，故曰天下之所无。今曰物莫非指，是以有为无，故不可也。

　　天下无指，而物不可谓指也；不可谓指者非指也？①非指者，物莫非指也。②

①　陈云："主言客以为天下无指，而物不可谓之指。然既云此物不可谓指，即已指其名物而言之矣，此岂非指邪？非指也之也，读为邪。"（见陈澧《公孙龙子注》，下同。）
②　陈云："然则就如客之说，以物为非指，愈足以见物莫非指也。"

今按:此为公孙答辞。常识认物乃实体,非名相,不悟即此物非名相一语,已落名相矣。故据物非指之论,便可断言物莫非指。

> 天下无指,而物不可谓指者,非有非指也。非有非指者,物莫非指也。物莫非指者,而指非指也。[①]

① 陈云:"主又言,客以为天下无指,而物不可谓之指;然天下亦非有物名为非指者也。既非有物名为非指者,愈足以见物莫非指矣。物莫非指,则指非指矣。"

今按:此乃答辞第二节。据常识,天下既无名相,而凡物实体又不可谓之名相,则亦决无有非名相者悬空而来。既知无有非名相,则知物之莫非属于名相矣。凡物均属名相,而名相本身实非名相。

以上两节,循环反复,申明指物乃对待之名,不得谓一有而一无也。

> 天下无指者,生于物之各有名,不为指也[①]。不为指而谓之指,是"兼"[②]无不为指。以有不为指之无不为指,未可。

① 陈云:"客言,吾谓天下无指者,其说由于天下之物各有其名,而不名为指也。"
② 俞云:"兼乃无字之误。下文云'以有不为指之无不为指,未可',有不为指,即承此有不为指而言。无不为指,即承此无不为指而言。谓以有不为指之物,变而之于无不为

指，是不可也。无与兼相似而误。"

今按：此又难者之辞。其意谓我所谓天下无指者，如石有坚白之名，坚白自属于石体，不得谓石以外有与石对立之坚白，即不得谓有与实体对立之名相也。故曰物之各有名不为指也。今以坚白为与石对立，以名相为与实体对立，而称之曰指，则不为指而谓之指，天下且无不为指也。

　　且指者，天下之所兼[1]。天下无指者，物不可谓无指也。不可谓无指者，非有非指也。非有非指者，物莫非指。[2]

① 俞云："兼亦无字之误。"

今按：此兼字实不误，俞说非也。《坚白论》云："物白焉不定其所白，物坚焉不定其所坚，不定者兼，恶乎其石也。"又曰："坚未与石为坚而物兼"，皆与此兼字同义。此谓指既为天下之所兼，自不专属于一物，不得谓生于物之各有其名也。

② 陈云："主言指之名，本众物之所兼也。如客所言，谓天下无指则可，若谓物无指则不可。其所以不可者，以天下非有物名为非指者也。既无名为非指者，则物莫非指矣。"

今按：此又公孙答辞。谓指乃凡物之所兼，非物物所各有。舍物而言，固不可谓天下有离物之相。就物言之，亦不可谓天下有无相之物。如坚白不能离石雪诸体而独立，然石雪诸体亦不能离坚白诸相而自在。故曰天下无指者，物不可谓无指也。夫何故？以所见一切世间物非有非相故。非有非相，故曰物莫非指。

指非非指也,指与物,非指也。使天下无物指,谁径谓非指? 天下无物,谁径谓指? 天下有指,无物指,谁径谓非指? 径谓无物非指? 且夫指固自为非指①,奚待于物而乃与为指。

① 王云:"《周礼·天官·序官》'奚三百',注:'古者从坐男女没入县官为奴,其少才知以为奚。'又《春官·序官》'奚四人',注:'女奴也,以奚为之。'此言奚者,取隶属之意。以必隶属有待于物,而后生指。于无物之初,指本无著,固为非指也。"(见王琯《公孙龙子悬解》,下同。)

今按:此乃答辞第二节。谓名相则名相矣,本无所谓非名相也。谓名相非名相者,乃以名相对实体而言。故曰:"指非非指,指与物非指也。"诚使天下无物之称谓,则又何来有非称谓。使有称谓,有名相,则名相自名相矣,谁又径谓其非名相? 使有名相之称,而无名相实体对立之称,则谁又径谓其乃实体而非名相,谁又径谓其无物而非名相哉? 且更进言之,使天下惟有名相,则名相自身亦不复为名相矣。名相之为名相,乃以其有待于实体而与为名相也。

以上两节,又循环反复,申明物莫非指而指非指两句之意。

《通变论》

曰:"二有一乎?"

曰:"二无一。"

　　二者,共名类名也;一则别名私名也。自名学言之,名有外举内函二义。外举弥少,内函弥多。外举弥增,内函弥减。故一类之通德,不能包各别之特撰。如云元素,其意义仅指不可分析之物质;而于金属善导电热及激光反射等,均非所及。故曰"二无一"也。

　　　　曰:"二有右乎?"
　　　　曰:"二无右。"

　　右即一也。

　　　　曰:"二有左乎?"
　　　　曰:"二无左。"

　　左亦一也。如元素一名,虽包括金属及氢氧砒磷之类,然既不具金属之特性,亦不备氧氢砒磷之专德,故曰:"二无右,又无左"也。

　　　　曰:"右可谓二乎?"
　　　　曰:"不可。"

　　一物之私名,与一族之别名,皆不能包括一类之公名,故白马不可以谓马,右不可以谓二也。

曰:"左可谓二乎?"
曰:"不可。"

义亦同前。

曰:"左与右可谓二乎?"
曰:"可。"

《墨子·经说下》云:"牛不二,马不二,而牛马二。则牛不非牛,马不非马,而牛马非牛非马无难。"彼云牛马,即此谓左右也。左不可谓二,右不可谓二,而左与右可谓二者,即牛不二马不二而牛马二之说也。故白马黄马诸色马皆非马,惟合言之则为马。

曰:"谓变非'不'①变,可乎?"
曰:"可。"

① 俞云:"既谓之变,则非不变可知。此又何足问邪?疑不字衍文也。本作'谓变非变可乎,曰可',下文羊合牛非马,牛合羊非鸡;青以白非黄,白以青非碧;皆申明变非变之义。"

今按:俞说是也。《墨子·经下》云:"偏去莫加少,说在故。"《说》云:"偏,俱一无变。"梁氏校释云:"所涵之属性无变,故无增减也。"如手足合称曰四肢,四肢分名为手足,无论合称之与分名,而于手足之属性皆无变也。

　　曰："右有与,可谓变乎?"
　　曰："可。"
　　曰："变'只'①奚?"
　　曰："右。"

① 俞云："变只无义,只疑奚字之误。变奚者,问辞也。犹
言当变何物也。问者之意,以为右而变则当为左矣,乃仍答
之曰右,此可证上文变非变之义。"
今按:俞说是也。右与左合而称二,是右之变也。然右之为
右自若,故曰"变非变"。如合鸡犬龟蛙鲤等而称脊椎动物,而
鸡犬之为鸡犬自若。又如合手足而称四肢,而手足之为手足亦
自若也。

　　曰："右苟变,安可谓右? 苟不变,安可谓变?"
　　曰："二苟无左又无右,二者左与右。"

此如生物一名,乃合动物植物两名而成。苟无植物,即不必
有动物之目。故曰:"二苟无左又无右,二者左与右"也。

　　"奈何?"

此或者不达上论而问也。

　　"羊合牛非马,牛合羊非鸡。"

此又公孙龙答辞，别标新例而申前旨也。

　　曰："何哉？"

难者不达重问。

　　曰："羊与牛唯异，[①] 羊有齿，牛无齿，而牛之非羊也，羊之非牛也[②]，未可，是不俱有而或类焉。羊有角，牛有角，牛之而羊也，羊之而牛也，未可，是俱有而类之不同也。"

①　孙云："唯与虽通。"（孙诒让《札迻》六。）
②　本作："而羊牛之非羊也之非牛也。"孙云：子汇本及钱（熙祚）本并作"而羊之非羊也牛之非牛也"，与谢注似合。然以文义校之，疑当作："而牛之非羊也，羊之非牛也。"下文云："羊有角，牛有角，牛之而羊也，羊之而牛也，未可，是俱有而类之不同也。"文正相对。《墨子·经说下》云："以牛有齿，马有尾，说牛之非马也，不可？是俱有，不偏有偏无有。"墨子说牛非马不可，犹此说牛非羊羊非牛不可，文异而意同，可互证也。明刻与钱校皆非其旧。
今按：据湖北崇文局本正作"牛之非羊羊之非牛"。孙说是也。《墨子·小取》篇云："夫物有以同而不率遂同；……其然也同，其所以然不必同；……其取之也同，其所以取之不必同。"与此条所论大略相似。羊牛俱有齿，据《墨经》亦谓牛有齿，此云羊有齿牛无齿者，特假借言之，大意谓俱有者不必为类，如鲸有

鳍,蛇有鳞,皆不与鱼为类是也。虽不俱有而或相为类。如鲸无毛与兽为类,蛇无足与蜥蜴为类是也。《墨子·大取》篇亦云:"长人之与短人也同,人之指与人之首也异。将剑与挺剑异,杨木之木与桃木之木也同。"此言两人而顾谓之同,一人之手与首则谓之异。一剑而顾谓之异,而两木则又谓之同。故曰:"夫辞,以类行者也。立辞而不明于其类,则必困矣。"凡以明所取以为分类之异同者,多变而不可拘也。

羊牛有角,马无角;马有尾,羊牛无尾;故曰:"羊合牛非马"也。非马者,无马也。无马者,羊不二,牛不二,而羊牛二。是而羊而牛非马可也。若举而以是,犹类之不同。若左右,犹是举。

今按:《墨经》云:"牛有齿,马有尾,说牛之非马也未可,是俱有,不偏有偏无有。"羊牛有尾,人尽知晓,此云无尾者,亦犹上节云牛无齿,同为借设之辞,未可泥看。今以甲乙字代之,则意自明显。

(一)甲有

　　乙无

不俱有而或类。

(二)甲有

　　乙有

俱有而类或不同。

(三)甲有　甲无

　　乙有　　乙无

　　丙无　　丙有

　　甲与乙为类。甲乙与丙为非类。

故虽牛有角，羊有角，本不必即以此为类。但自马之一观念言之，则牛羊皆以有角异于马，斯牛羊为类也。牛有角，马无角，而牛马亦不必不为类。故《墨经》云："数牛数马则牛马二，数牛马则牛马一。"盖牛马自可以四足为类也。今以有角无角为类，故牛羊二者皆可统摄于一类，而不复分其相互之异点，故曰"羊不二牛不二而牛羊二"，盖自其有角非马之一点言之，则牛可也，羊可也。要以见其异于马之无角耳。故曰"是而羊而牛非马可也"。若以是而举，亦犹是类之不同耳。如云居室有砖造者，有非砖造者，则以砖造与否为别。故木屋石室，同非砖造，同为一类。今如改云屋有木造者，有非木造者，则以木造与否为辨，而石室砖屋，同非木造，同为一类矣。故曰："是类之不同"。言辨物异同之本乎分类也。所谓左右者，如牛羊之同为非马，石室木屋之同为非砖造耳。故曰："若左右，犹是举。"

　　牛羊有毛，鸡有羽。谓鸡足一，数足二，二而一故三[1]。谓牛羊足一，数足四，四而一故五。牛羊足五，鸡足三，故曰"牛合羊非鸡"。非有以非鸡也。

[1]　而犹与也，见王引之《经传释词》。二而一，二与一也。下四而一同。

今按:《墨子·经说下》云："数指，指五而五一"，此谓指虽有五，自有同类为一之感也。牛与羊均四足，人见牛羊之足，自感其为类。鸡二足，人见鸡足，自感其与牛羊之足为不类。故鸡足为一感，其数二为又一感；牛羊之足为一感，其数四为又一感。故曰："牛羊足五，鸡足三"也。谓牛羊有毛，则鸡亦有羽；谓牛羊有足，则鸡亦有足。虽牛羊足五鸡足三不必为类，然亦未有以见牛羊与鸡之果为不类也。故曰："未有以非鸡。"

　　与马以鸡宁马。材不材，其无以赖矣。举是谓乱名，是狂举。

　　今按：谓羊牛有角，马无角；马有尾，羊牛无尾；则明见羊牛之非马，而马不与羊牛为类矣。今谓羊牛有毛而鸡亦有羽；羊牛有足而鸡亦有足。毛之与羽，四足之与二足，皆在近似之间，则无以见羊牛与鸡之必不类也。然亦无以见羊牛与鸡之必为类。今谓羊牛与鸡同类，宁谓其与马同类，所以者，马之为用近乎牛羊而鸡则远。故曰：材不材其无以类矣。赖疑类字之讹。材不材为类，是乱名狂举也。故曰："与马以鸡宁马。"《墨经下》云："异类不比"，略同此意。墨家重尚功用，故材不材不能为类也。

　　曰："他辩。"

　　此难者仍不喻，故求更为他辨以显意也。

曰："青以^①白非黄，白以青非碧。"

① 以犹与也。说见王氏《经传释词》。青以白，白以青，犹
云青与白，白与青也。
此又公孙龙答辞，再标新论以申前旨也。

曰："何哉？"

此亦难者不达重问。

曰："青白不相与而相'与'^①，反对也，不相邻而相邻，
不害其方也。不害其方者，反而对，各当其所，左右不骊。^②
故一于青不可，一于白不可，恶乎其有黄矣哉？"

① 谢注："青不与白为青，而白不与青为白，故'不相与'，
青者木之色，其方在东；白者金之色，其方在西。东西'相
反而相对'也。东自极于东，西自极于西，故曰'不相邻'
也。东西未始不相接，而相接不相善，故曰'相邻不害其
方'也。"
今按：据谢注，正文当作"青白不相与而相反对也"，今本衍
一与字，乃涉下文"青白不相与而相与"句误。不相与者，谓各
当其所，左右不骊。相与者，谓两色相杂，争而两明。两节所论，
一为青白联列，各不相涉，一为青白相染，骊而为一，两义较殊，
不害其方者，反对相邻，不害其各占一方也。

②　孙云："骊并丽之借字。故下文云：'而且青骊乎白而白不胜也'，谢以为色之杂者是非是。篇内诸骊字义并同。"

今按：孙谓骊乃丽之借字，是也。《易·离卦》释文"丽，著也"，《左传》"射麋丽龟"。注亦云："丽，著也。"则丽有附著之义。两色相附为丽，犹高楼称丽谯，屋檐称丽（《庄子·人间世》"求高名之丽者。"释文引司马注。），皆有累增附著之义，则谢注训骊为杂色，亦未可非。此言联列青白二色，使不相染涉，故曰"左右不骊"。则此二色者，既不可一谓之青，又不可一谓之白，而自黄言之，则青与白皆非黄，故相反之青白，可以一于非黄之类。本之上文非马无马之论，则非黄者即无黄也，故曰："恶乎其有黄矣哉。"

黄其正矣，是正举也。其有君臣之于国焉①，故强寿矣。

今按：《墨子·经下》云："止，类以行之，说在同。"《经说上》云："有以同，类同也。"此处黄其正矣之正字亦止字之讹。青与白本不同，举黄，则青既非黄，白亦非黄，即同为类矣。故青与白为类，至于黄而止时。正举者，《墨子·经下》云："正而不可摇，说在转。"《说》云："丸无所处而不中，县转也。"又《经说上》云："法取同，观巧转。"正犹今言对象。对象变，斯物之同类与不同类，亦随而变。法取同之法，则犹正也。

①　谢注："白以喻君，青以喻臣，黄以喻国。"

今按：《墨子·经上》云："同异而俱于之一也，说若事君。"此谓青白虽异，而于非黄之一点则同，如诸臣共事一君，而君臣同治一国，斯其国强寿矣。谢注是也。有疑当为犹，以声近而误。

而①且青骊乎白而白不胜也，白足"之"②以胜矣而不
胜，是木贼金也。木贼金者碧，碧则非正举。青白不相与而
相与，不相胜则两明也。争而两明，其色碧也。

① 而犹如也，古书通用，说见王氏《经传释词》。

② 孙云："之当作以。"

今按：孙说是也。上云"左右不骊"，谓青白联列不相染杂
也。此云"青骊乎白"，谓白与青相染而并成一色也。青染白则
成碧，碧仍是青白之合色，非全青而无白，则非青色胜而白色灭
也。然自常法观之，则若青色掩白而白色灭，故曰"白足以胜而
不胜"也。木青色，金白色，青掩白，故曰"木贼金"。今举黄，则
青白同非黄，故青白可以为类而黄为其正举。若举碧，则与白
远，与青近。白为非碧，青则似碧，则青白不可为类，而碧则非正
举。争而明，当云"争而两明"，今脱一两字。

谢注："夫青白不相与之物也。今相与杂而不相胜也。不
相胜者，谓青染于白而白不全灭。是青不胜白之谓也。洁
白之质而为青所染，是白不胜青之谓也。谓之青而白犹不
灭，谓之白而为青所染，两色并章，故曰两明也。青争白明，
俗谓其色碧也。"

今按：《墨子·经说上》："两绝胜，白黑也。"谓惟白黑二色，
绝对相掩相灭，此外则诸色相与，皆不相胜而两明也。《汉书·
司马相如传》"锡碧金银"，注："碧谓玉之青白色者也。"此碧为
青白两色并章之证。然考《说文》："碧，石之青美者。"《广雅》：
"碧，青也。"《淮南·坠形》："碧树瑶树"，注："碧，青玉也。"是

又世俗以碧为近青异白之证。碧惟两明，而若偏于青，故不得为
正举也。

　　与其碧宁黄，黄其马也，其与①类乎？碧其鸡也，其与
暴乎？

　①　与犹为也。说见王氏《经传释词》。下一与字同义。
　今按：《墨子·经下》云："丽与暴"，《说》云："为丽不必丽，
丽与暴也。"丽者，两色相配而相显；暴者，两色相凌而相夺。
"为丽不必丽"，如青与白相丽，青凌白而夺其色，是丽而若暴
也。举马则羊牛之为类显，举鸡则羊牛之为类不显，故曰"与鸡
宁马"。今举黄则青白之为类显，举碧则青白之为类不显，故亦
曰"与碧宁黄"，又曰"黄其马，碧其鸡"也。

　　暴则君臣争而两明也。两明者，昏不明，非正举也。非
正举者，名实无当，骊色章焉，故曰两明也。两明而道丧，其
无有以正焉。

　今按：碧，君也；青与白，其臣也。青白相骊而成碧，碧可以
谓之青，亦未尝不可谓之白，是青与白争碧而两明也。故曰君臣
争而两明。是君臣之分不显，故曰："两明者，昏不明，非正举
也。"《墨子·经上》云："正，因以别道。"《大取》篇云："人非道
无所行。夫辞，以类行者也。"两明故无正，因不能别类，故曰
"道丧"。彼所谓"以类行"，即此所谓通变也。若举国字以为

正，则君臣之道明。今舍国字，仅言君臣，则无有以正，而君臣之道丧矣。今言爱不举天志，而仅言父子，亦犹是矣。

《墨子·大取》篇云："苟是石也白，败是石也，尽与白同；是石也虽大，不与大同。"因此而推之，则曰："知是世之有盗也，尽爱是世；知是室之有盗也，不尽爱（此字以意增）是室也。知其一人之盗也，不尽恶人；（恶本作是二二字，以意改。）虽其一人之盗，苟不知其所在，不尽恶其朋也。"（朋本作弱，依孙校改）《小取》篇亦云："之马之目眇，则为之马眇；之马之目大，而不谓之马大。之牛之毛黄，则谓之牛黄；之牛之毛众，而不谓之牛众"，因此而推之，则曰："盗人，人也，多盗非多人也，无盗非无人也。奚以明之？恶多盗，非恶多人也，欲无盗，非欲无人也，世相与共是之。若是则盗人，人也，爱盗，非爱人也，不爱盗，非不爱人也，杀盗，非杀人也，无难矣。此与彼同类。世有彼而不自非也，墨者有此而非之。"凡此诸说，皆所谓"言多方殊类异故，不可偏观"，故必明于其类而通于其变也。

《坚白论》

　　"坚白石三，可乎？"

　　曰："不可。"

　　曰："二，可乎？"

　　曰："可。"

　　曰："何哉？"

　　曰："无坚得白，其举也二；无白得坚，其举也二。"①

①　谢注:"人目视石,但见石之白而不见其坚,是举所见石与白二物,故曰'无坚得白,其举也二'矣。人手触石,但知石之坚而不知其白,是举石与坚二物,故曰:'无白得坚,其举也二。'"

今按:常识谓石乃本体而包白色坚质,则是三也。公孙龙倡惟象之论,名相实体,泯而为一,名相之外,别无所谓本体。石也,白也,坚也,皆意象也,皆名相也。视之见白,名之为石。抚之得坚,亦名之为石。就名相言,均之二也。故曰"其举也二"。又按下云:"物白焉,不定其所白。物坚焉,不定其所坚。不定者兼,恶乎其石也?"兼之所指不定。如云白与坚不定其为石也。云白石坚石,即定其所坚,定其所白,云白石,白马,白雪,白一也,马云雪云石云,皆以定其所白耳。视得其白,而又定其所白曰白石白雪白马,此即所谓"其举也二"。故曰:"无坚得白其举也二,无白得坚其举也二。"谢注:"但见石之白而不见其坚,但知石之坚而不知其白"云云,犹拘牵恒义,以为坚乃石之坚,白乃石之白。洵若是,则坚白尽于一石,乌可以坚石为二,又以白石为二哉? 如此为解,终不得公孙子真意。

曰:"得其所白,不可谓无白;得其所坚,不可谓无坚;而之石也之于然也,非三也?"①

①　俞云:"非三也之也读为邪,非三邪乃问者之辞。之石犹此石也,言既得其坚,既得其白,而坚也白也,此石实然也,非三邪?"

今按:此难者据常识,谓坚白实有其物存于石体,故云然也。

曰:"视不得其所坚而得其所白者,无坚也;拊不得其所白而得其所坚者,'得其坚也',无白也。"①

① 俞云:"此当作'视不得其所坚而得其所白,得其所白者无坚也;拊不得其所白而得其所坚,得其所坚者无白也。'文有脱误。"

王云:"证之上文,疑当为'而得其所坚者',遗一'者'字,衍'得其坚也'四字,俞说窜改过甚,恐失真。"陈澧本同王说。今据正。

谢注:"坚非目之所见,故曰无坚;白非手之所知,故曰无白。"

今按:公孙龙似不认意象之外别有存在,名相以外别有实体,故云然。此可谓之唯名论。

曰:"天下无白,不可以视石;天下无坚,不可以谓石。坚白石不相外,藏三可乎?"①

① 谢注:"白者色也,寄一色则众色可知。天下无有众色之物,而必因色乃色。故曰:'天下无白,不可以视石'也。坚者质也,守一质则刚柔等质,例皆可知。万物之质不同,而各称其所受,天下未有无质之物,而物必因质乃固,故曰:'天下无坚,不可以谓石'也。石者形也,举石之形,则众物

之形例皆可知。天下未有无形之物,而物必因形乃聚。然则色形质者,相成于一体之中,不离也。故曰'坚白石不相外也'。而人目之所见,手之所触,但得其二,不能兼三,不可谓之无三。故曰'藏三可乎'。言不可也。"

今按:此难者据常识,谓在我意象之外必有实体为之依据。苟非实有白色之体,在我何来白色之象?我之意象有起灭,而物之体质无存毁。虽不见白,白自藏在石中,故曰"藏三可乎"。言今不称我见有三,而云彼藏有三,则可乎否也。谢注"藏三可乎"句有误。

日:"有自藏也,非藏而藏也。"①

①　谢注:"目能见物而不见坚,则坚藏矣。手能知物而不知于白,则白藏矣。此皆不知所然,自然而藏,故曰'自藏'也。彼皆自藏,非有物藏之。"

今按:此所谓藏者,即《白马论》中之所谓"忘"矣。特遗之于我之意象,固不能谓别有藏此之一物(本体)在,故曰非藏而藏也。

日:"其白也,其坚也,而石必得以相'盛'盈,其自藏奈何?"①

①　谢注:"盈,满也。其白必满于坚石之中,其坚亦满于白石之中,而石亦满于坚白之中。故曰'必得以相盈也'。二

物相盈必矣,奈何谓之自藏也。"

俞云:"盛,衍字也。谢注云:'盈满也云云',是其所据本无盛字。"

今按:此难者据常识谓坚白相盈,不可分离,合为一物,故坚白乃藏于其物之体,而不能云自藏也。

曰:"得其白,得其坚,见与不见离,'不见离',一。'一'二不相盈,故离。离也者,藏也。"[1]

[1] 孙云:"《墨子·经下》篇云:'不可偏去而二,说在见与俱,一与二。'《说下》篇云:'见不见离,一二不相盈',正与此同。此'一一不相盈'亦当依《墨子》作'一二不相盈'。后文云:'于石一,坚白二也'即此义。"

今按:一见一不见,本我意之象而言之,则坚白固相离也。离亦即"忘"矣。目视其白则忘其坚,手拊其坚则忘其白;在我谓之忘,在彼谓之藏也。一二不相盈者,坚白二也,石一也,舍坚白之象既无石体,而谓坚白满盈于石体之内,非辞也。故曰一二不相盈。离者意象之分析,盈则本体之充实也。据《墨子·经说下》此条不见离三字疑衍。《札迻》径灭去,是也。严校《道藏》本作"见与不见与不见离",衍与不见三字。

曰:"石之白,石之坚,见与不见,二与三,若广修而相盈也,其非举乎?"[1]

① 谢注:"白是石之白,坚是石之坚,故坚白二物与石为三,见与不见共为体。"

今按:难者更以广长为喻,谓石有白有坚,若广与长之不可相离也。非举者,犹言狂举,谓上论一二不相盈为非举也。

曰:"物白焉不定其所白,物坚焉不定其所坚,不定者兼,恶乎其石也?"①

① 谢注:"万物通有白,是不定白于石也。夫坚白岂唯不定于石乎? 亦兼不定于万物矣。万物且犹不能定,安能独于与石同体乎?"

今按:公孙龙唱名相独立之论,主唯象之义。《指物》篇所谓"物莫非指而指非指"也。白只是白,不定为何物之白,坚只是坚,不定为何物之坚,乌得谓石有坚白,则仍是"一二不相盈"也。

又按:"不定者兼",谢注失其义。《指物论》云:"指者,天下之所兼",是兼即指也。白可以指石,亦可以指马;坚可以指石,亦可以指金,故曰"不定"。坚白之不定,即离乎物而有坚白也。故曰"恶乎其石"? 转辞言之,石可以指坚,亦即可以指白,是石亦一指也,故曰"物莫非指"。石与坚白同为物指,故曰"恶乎其石",是不啻谓石体之无实也。

曰:"循石。非彼无石,非石无所取乎白,'石'坚白不相离者①,固乎,然其无已。"

① 谢注:"非坚则无石,必赖于石然后以见白,此三物者相因,乃一体,故曰'坚白不相离'也。坚白与石犹不相离,则万物之与坚,固然不相离其无已矣。"

今按:石不相离四字无义,据谢注,乃"坚白不相离"之误也。循石者,犹庄周惠施辩于濠梁之上而曰请循其本也。公孙龙谓坚白乃不定之兼,而难者请循石而论,谓非坚白诚无石,然非石则亦无所取乎坚白也。

曰:"于石一也,坚白二者而在于石。故有知焉有不知焉,有见焉有不见焉;故知与不知相与离,见与不见相与藏;藏故孰谓之不离?"①

① 谢注:"以手拊石,知坚不知白,故知不知相与离也。以目视石,见白不见坚,故见与不见相与藏也。坚藏于目而目不坚,谁谓坚不藏乎? 白离于手,不知于白,谁谓白不离乎?"

今按:于石则一,于坚白则二。见白焉而不知坚,拊坚焉而不知白,故谓之离。非谓坚白之离于石,谓坚与白之相离也。坚与白相离,故曰二。同谓之石,故曰一。

曰:"目不能坚,手不能白,不可谓无坚,不可谓无白。其异任也。其无以代也。坚白域乎石,恶乎离?"①

① 谢注:"目能视,手能操,目之与手所任各异,故曰'其异任也'。目有目,不能见于坚,不可以手代目之见坚。手有

手,不能知于白,亦不可以目代手之知白。故曰:‘其无以代也’。坚白相域不相离,安得谓之离?”

今按:难者仍谓白色坚质,同一石体,不能以吾人感官之异能而谓坚白之不同域也。

曰:“坚未与石为坚而物兼,未与为坚而坚必坚,其不坚石物而坚,天下未有若坚而坚藏。”[①]

① 谢注:“坚者不独坚于石,而亦坚于万物。故曰:‘未与石为坚而物兼’也。亦不与万物为坚,而固当自为坚,故曰:‘未与物为坚而必坚’也。天下未有若此独立之坚而可见,然亦不可谓之为无坚,故曰‘而坚藏’也。”

今按:谢注此条下语甚精。“物莫非指”,即“不坚石物而坚”矣。“而指非指”,即“天下未有若坚而坚藏”也。谢注谓“然亦不可谓之为无坚”,则犹似未达一间矣。以上论坚不域乎石。

“白固不能自白,恶能白石物乎?若白者必白,则不白物而白焉,黄黑与之然。”[①]

① 谢注:“世无独立之兼乎?亦无孤立之白矣。故曰‘白固不能自白’。既不能自白,安能自白于石与物?故曰‘恶能白物乎’?若使白者必能自白,则亦不待物自白矣。岂坚白乎?黄黑等色,亦皆然也。”

章云:“公孙龙谓坚触在物未形成以前,而白色在物既形成以后。欲求不可感触之坚,不得不说是坚藏,然则物形成以前,何缘不可有白藏邪?"(见章炳麟《齐物论释》。)

今按:固如《周语》"固有之乎"之"固",与《中庸》"果能此道矣"之"果"略相似。乃退一步说,谓白果不能自白,则恶能白石物,非谓白真不能自白也。上节论坚乃自坚,此节论白乃自白,要之坚白不域乎石也。

　　"石其无有,恶取坚白石乎?故离也。离也者因是。力与知果不若因是。"

坚乃自坚,白乃自白,坚白不域乎石,则石乃无有矣。石既无有,更何取于坚白之石哉?坚白既不域乎石,则坚白固可离也。因是者,因其当前之经验,拊坚则谓之坚,视白则谓之白,如是以来者亦因是以往,一本乎自然之符。若是者,虽有大力知巧果敢,所不若也。

　　且犹白以目见[1]而目以火见,而火不见。则火与目不见而神见。神不见而见离。

[1]　孙云:"《墨子·经说》下篇云:'智以目见,而目以火见,而火不见。'此文亦当作'且犹白以目见,目以火见,而火不见'。今本脱见目二字,遂不可通。"

　　谢注:"人谓目能见物,而目以因火见,是目不能见,由火乃得见也。然火非见白之物,则目与火俱不见矣。夫精神之见物也，必因火以见，乃得见矣。火目犹且不能为见，安能与神而见乎？则神亦不能见矣。推寻见者，竟不得其实，则不知见者谁也，故曰：'而见离'。"

今按：上论"石其无有，乌取坚白石，故离也"，是离之于所见也。此云"火与目与神皆不见而见离"，则即就能见本体，分析推寻，以见其不存，是离之于能见也。故内无见白之心，外无域白之物，所有者惟此一见，惟此一白而已。惟此一白者，即因是之"是"也。

坚以手而手以捶，是捶与手知而不知，而神与不知神乎，是之谓离焉。

上以白论，此以坚论也。坚以手知，而手以捶知，以目与火见之论例之，则手之与捶，知而不知也。神以手捶而知，则神与不知为神也。故曰离，见神知之不存也。

离也者，天下故独而正。[①]

① 谢注："物物斯离，不相杂也。各各趋变，不相须也。不相须，故不假彼以成此。不相离，故不持此以乱彼。是以圣人即物而冥，即事而静。即事而静，故天下安存。即物而冥，故物皆得性。物皆得性，则彼我同亲；天下安存。则名实不存也。"

今按：内离能知，外离所知，惟存一知，故曰独也。正者，彼彼止于彼，此此止于此，泯内外，绝前后，如是而来者，因是而止也。义评下论。

《名实论》

> 天地与其所产焉，物也。物以物其所物，而不过焉，实也。实以实其所实，不旷焉，位也。出其所位，非位；位其所位焉，正也。
>
> 以其所正，正其所不正。以其所不正①疑其所正。

① 胡云："马骕《绎史》本有'以其所不正'五字。今按《经说下》云：'夫名以所知正所不知，不以所不知疑所明'，据此似当作'不以其所不正'。"（见胡氏《惠施公孙龙之哲学》。）

王云："陈本（按指陈澧）以其所正下，有'以其所不正'五字，与马氏《绎史》正同。案本书谢希深注：'以正正于不正，则不正者正。以不正乱于正，则众皆疑之。'似谢氏原本，有此一句。所云：'以不正乱于正'，即指是言也。胡适之校此句，作'不以其不正'，所据《墨经》原文，与此词句微别，仅以谊旨相连，为此疑似之说，终不如马陈二本之确。"

今按：王说是也。《墨经上》："正因以别道"，《经说上》："正，彼举然者以为此其然也，则举不然者而问之。"又《经下》："正，类以行之，说在同。"《说》云："正，彼以此其然也，说是其然也，我以此其不然也，疑是其然也，此然是必然则俱为麇。"两条正与公孙此文一意，可相证。名家中公孙龙一派持论，重止不重推。故曰:"言多方殊类。"彼举其然以为推,则我举其不然者以为正,正即止也,然后可使位其所位而不过,此最正名之精义也。常识抚石之坚则联想及于其白,视石之白则推论及于其坚。又以名相而推及于本体,以一马而泛同于马马。名家皆举其不然者以正之。故当时讥之曰:"以反人为实,而以胜人为名。"(见《庄子·天下篇》)以其好举人之不然者也。

> 其正者,正其所实也。正其所实者,正其名也。

物莫非指,故正其所实即是正其名。

> 其名正,则唯乎其彼此焉。谓彼而彼不唯乎彼,则彼谓不行①;谓此而此不唯乎此,则此谓不行。其以当不当也,不当而当,②乱也。

① 梁云:"不唯乎彼犹言不限于彼,彼谓不行,犹言彼之言不行。"(见梁启超《墨经校释》。下同。)

今按:《墨经说上》:"是,名也,止于是,实也。"又《墨经上》:"彼不可两也。"皆唯乎其彼此也。即彼唯乎彼,此唯乎此也。

② 俞云:"不当而乱也,本作不当而当,乱也。传写脱当字。下文云:'以当而当,正也。'两文相对。"

又按:《墨经上》:"彼,不可两也。"又云:"辩,争彼也。辩胜,当也。"说:"或谓之牛,或谓之非牛,是争彼也,是不俱当。不俱当,必或不当。"即与此文当字同义。

　　故彼彼当乎彼，则唯乎彼，其谓行彼①；此此当乎此，则唯乎此。其谓行此。其以当而当也。以当而当，正也。

①　梁云："彼彼，谓指彼为彼也。其谓行彼，犹言其名行于彼。"
　　今按：《墨经下》："正，类以行之。"又《经上》："正，因以别道。"道即行也。与此处其谓行彼之行同义。类与别，即此处所谓彼此也。此一称谓行乎此，彼一称谓行乎彼，即《庄子·齐物论》所谓之"两行"。

　　故彼彼止于彼，此此止于此，可。彼此而彼且此，此彼而此且彼，不可。

　　"彼彼止于彼，此此止于此"，即上论所云"因是"，所云"独"也。"因是"之与"两行"同义。《经说下》："正名者彼此。彼此可，彼彼止于彼，此此止于此。彼此不可，彼且此也，此亦可彼。"此谓正名惟在别其彼此。彼止于彼，此止于此，则名正而可。若名之彼此，而彼且此焉，此且彼焉，则不正而不可也。

　　夫名，实谓也。知此之非此也，知此之不在此也，"明"则不谓也。①知彼之非彼也，知彼之不在彼也，则不谓也。

①　俞云："此当作'知此之非此也，知此之不在此也，则不谓也'。下文云：'知彼之非彼也，知彼之不在彼也，则不谓

也。'两文相对,可据订正。"

今按:《经说上》,"所以谓,名也,所谓,实也。"又《经上》:"举,拟实也。"《说》:"其以之名举彼实也。"《小取》篇"以名举实"皆同。此名实谓也之义。名实即犹指物也。

> 至矣哉!古之明王。审其名实,慎其所谓。至矣哉!古之明王。

今按:龙之五论,归极于正名。正名之意,归极于古之明王。法家循名责实,儒家曰:"必也正名乎"。《大学》以修齐治平本之于"格物",格物者,亦犹"物以物其所物而不过焉"者也。故曰:"知止而后有定","为人父,止于慈。为人子,止于孝",儒家言止至善,即犹名家之言正名矣,《大学》又曰:"自天子至于庶人,一是皆以修身为本",此犹公孙龙所谓"离则天下独而正"也。《大学》出周末秦初,岂其书亦有取于公孙龙之旨欤?后世儒者,尊《大学》为入德之门,而斥公孙以诡辩,然双方思想,实有相涉,不可诬也。

《跡府》①附

① 俞云:"楚词《惜诵》篇:'言与行其可迹兮,'注曰:'所覆为迹。'跡与迹同。下诸篇皆其言也,独此篇记公孙龙子与孔穿相问难,是实举一事,故谓之跡。"府者聚也,言其事迹具此也。

> 王云:"原文非龙自著,似由后人割裂群书,荟萃而成。"

公孙龙,六国时辩士也。疾名实之散乱,因资材之所长,为守白之论。①假物取譬,以守白辩。

① 俞云:"守之为言,执守也。执白以求马,是谓守白。"

王云:"白之一字,指下文白马而言。执白而辩非马,故为守白一辞以标论旨。"

今按:守白一辞,既不见于公孙书中,亦不为同时他家称引,当为造此《跡府》文者杜撰无疑。《汉志》有《公孙龙子》十四篇在名家,《隋志》无公孙书,而有《守白论》一卷,入道家。《旧唐志》以下,公孙书重见著录,疑《守白论》即公孙龙书。造为《跡府》文者为之别题《守白论》,犹《老子》称《道德经》,《庄子》称《南华经》之类,自是魏晋以下人习气。《隋志》或揣名编录,未审内容,故不知即公孙书。又以《老子》有知白守黑之语,疑守白之论本此而出,遂以入之道家也。《跡府》篇载孔穿与公孙辩难,又见《孔丛子》。《跡府》作者或尚在孔丛伪书之后,固可出魏晋以下也。又按:近人汪馥炎著《坚白盈离辩》谓:"《公孙龙子》原名《守白论》,至唐人作注,始改今名。"则《汉志》已明称《公孙龙子》,岂得谓原名《守白》哉?

> 谓白马为非马也。白马为非马者,言白所以名色,言马所以名形也。色非形,形非色也。夫言色则形不当与,言形则色不宜从,今合以为物,非也。如求白马于厩中,无有,而

有骊色之马,然不可以应有白马也。不可以应有白马,则所求之马亡矣。止则白马竟非马。欲推是辩以正名实,而化天下焉。①

① 王云:"白马非马之义,已详专篇,此文反数数及之,覆床叠架,于例未合。当系采之他书,依文排列,并未计及全书之应照与否也。"

龙与孔穿会赵平原君家。

按:孔穿与公孙龙相辩于平原君家,其事又见《吕氏春秋·淫辞》篇,殆为先秦故实。考其年时,当在公孙龙与邹衍相辩之前,详余著《先秦诸子系年》。

穿曰:"素闻先生高谊,愿为弟子久,但不取先生以白马为非马耳①,请去此术,则穿请为弟子。"龙曰:"先生之言悖。龙之所以为名者,乃以白马之论尔。今使龙去之,则无以教焉。且欲师之者,以智与学不如也。今使龙去之,此先教而后师之也。先教而后师之者悖。且白马非马,乃仲尼之所取。龙闻楚王张繁弱之弓,载忘归之矢,以射蛟兕于云梦之圃而丧其弓,左右请求之。王曰:'止!楚王遗弓,楚人得之,又何求乎?'仲尼闻之曰:'楚王仁义而未遂也。亦曰人亡弓,人得之而已,何必楚?'若此,异楚人于所谓人。夫是仲尼异楚人于所谓人,而非龙异白马于所谓马,悖。先生修儒术而非仲尼之所取;欲学,而使龙去所教;则虽百龙,固不能当前矣。"孔穿无以应焉。

① 按《孔丛子》"白马非白马",误。

公孙龙,赵平原君之客也①,孔穿,孔子之叶也。穿与龙会。穿谓龙曰:"臣居鲁,侧闻下风,高先生之智,说先生之行,愿受业之日久矣,乃今得见。然所不取于先生者,独不取先生之以白马为非马耳。请去白马非马之学,穿请为弟子。"公孙龙曰:"先生之言悖。龙之学,以白马为非马者也。使龙去之,则龙无以教;无以教而乃学于龙也者,悖。且夫欲学于龙者,以知与学焉为不逮也。今教龙去白马非马,是先教而后师之也。先教而后师之,不可。先生之所以教龙者,似齐王之谓尹文也②。齐王之谓尹文曰:'寡人甚好士,以③齐国无士,何也?'尹文曰:'愿闻大王之所谓士者!'齐王无以应。尹文曰:'今有人于此,事君则忠,事亲则孝,交友则信,处乡则顺,有此四行,可谓士乎?'齐王曰:'善,此真吾所谓士也。'尹文曰:'王得此人,肯以为臣乎?'王曰:'所愿而不可得也。'是时齐王好勇,于是尹文曰:'使此人广廷大众之中,见侵侮而终不敢斗,王将以为臣乎?'王曰:'钜④士也,见侮而不斗,辱也。辱则寡人不以为臣矣。'尹文曰:'唯⑤见侮而不斗,未失其四行也。是人未失其四行,其所以为士也。⑥然而王一以为臣,一不以为臣,则向之所谓士者,乃非士乎?"齐王无以应。

① 王云:"本篇开始,提书'公孙龙六国时辩士也'。中段又曰:'公孙龙赵平原君之客也',自著之书,无此语气。其对孔穿先教后师之语,上下重复,尤证非出一手。"

按:前节本袭取《孔丛》书,本节又嫌所取未尽,再为捃拾,故见复出也。

又按:去字两节屡见。孔穿请公孙龙去其白马非马之论,公孙龙不肯去。造此文者遂为杜撰守白二字也。

② 尹文事见《吕氏春秋·正名》篇,《孔丛》《迹府》转相剿袭。

又按:高诱注《吕氏》,"尹文齐人,作《名书》一篇,在公孙龙前,公孙龙称之。"《班志》亦云:"尹文子先公孙龙。"考诸《班志》大例,盖亦据公孙龙书称述及于尹文而云。今公孙书所传《白马》以下五篇,类以一词转辗而前,洁净精微,更无枝叶,不应有称引及于他人之辞。或者龙书亦如同时诸子,篇分内外,体有异同,其所逸诸篇与今传者不尽似耶?

③ 俞云:"以字乃如字之误。"今按:以与而通,《孔丛》正作"而齐国无士",俞说误。

④ 孙云:"钜与讵通。《荀子·正论》篇云:'是岂钜知见侮之为不辱哉。'杨注云:'钜与遽同。'此与《荀子》同。明刊本子汇本及钱本并作钜,疑校者所改。"

⑤ 俞云:"唯当为虽,古书通用,说见王氏引之《经传释词》。《吕氏·正名》篇正作虽。"

⑥ 俞云:"其所以为士也上脱'是未失'三字,当据《吕氏·春秋补》。"

尹文曰①:"今有人君,将理其国,人有非则非之,无非则亦非之,有功则赏之,无功则亦赏之,而怨人之不理也可乎?"齐王曰:"不可。"尹文曰:"臣窃观下吏之理齐,其方若此矣。"王曰:"寡人理国,信若先生之言,人虽不理,寡人不敢怨也。意未至然焉?"尹文曰:"言之敢无说乎? 王之令曰:'杀人者死,伤人者刑。'人有畏王之令者,见侮而终不敢斗,是全王之令也,而王曰:'见侮而不斗者,辱也,'谓之辱,非之也。无非而王'辱'②非之,故因除其籍不以为臣也。不以为臣者,罚之也。此无罪而王罚之也。且王辱不敢斗者,必荣敢斗者也。荣敢斗者,是②之也,无是而王是之,必以为臣矣。必以为臣者,赏之也。'彼'此无功而王赏之也。②王之所赏,吏之所诛也。上之所是,而法之所罪也。赏罚是非,相与四谬,③虽十黄帝,不能理也。"齐王无以应焉。

① 此下仍见《吕氏·正名》篇。《孔丛》并两节为一,此文仍析为二,而有袭《孔丛》处。

② 俞云:"'荣敢斗者是而王是之',当作:'荣敢斗者是之也,无是而王是之。''彼无功而王赏之'当作:'此无功而王赏之也。'如此则与上文相对矣。又按:上文'无非而辱之'当作'无非而王非之',与此文'无是而王是之'相对。"

③ 王云:"相与四谬,犹云共为四谬,指上赏罚是非四者言也。"

今按:王说非也。四疑回字形误。回,违乱也。《孔丛子》

作"曲谬",疑亦当作回谬。

故龙以子之言有似齐王,子知难白马之非马,不知所以难之说,以此犹知好士之名,而不知察士之类。[1]

[1]　俞云:"齐王执勇以求士,止可以得勇士,而不可以得忠孝信顺之士。孔穿执白以求马,止可以得白马,而不可以得黄黑之马。故以为有似也。"

今按:士与勇士,人与楚人,马与白马,皆名词周延不周延之别。《孔丛》书尹文仲尼两喻一贯而下,殊见紧切,此则冗沓无章。

本篇成于一九二五年,曾刊上海商务印书馆余著《惠施公孙龙》书。以下三篇均同。

公孙龙七说

《列子·仲尼》篇载公孙龙告魏王七说：

一、有意不心，

二、有指不至，

三、有物不尽，

四、有影不移，

五、发引千钧，

六、白马非马，

七、孤犊未尝有母。

今按：《列子》伪书，未可信。而此引七说，则陈义精卓，堪与今传公孙龙五论之旨相发，殆非后人所能伪。又其先后排列，皆有次第，可与惠施历物十句同为二人学说概括之说明；伪《列子》书者，盖有所袭取之也。其魏牟解义，如无意则心同，无指则皆至，尽物者常有，及孤犊未尝有母非孤犊也四条，仅随文转语，未有确解。影不移说在改也则取之《墨经》，白马非马形名离也则取之《公孙龙子》之《白马论》；（形名离也疑系形色离也之讹，观注引《白马论》中语自见。）而发引千钧势至等也一条，实为袭取《墨经》而误其义。此亦伪为《列子》书者，自以己意解之，以足成其文耳，未足与语公孙龙学说之大体也。余故别为新释，发明其意，俾可与五论大旨相关贯焉。

一、有意不心

此从内心言。英人穆勒约翰云："凡吾心之所觉者，皆意也。意者，心之觉，而非心之本体。人心于物，所谓知者，尽于觉意。至其本体，本无所知，亦无由知。心之本体，固亦物也。故虽为吾心，而吾之所知，不逾此绵绵若存之觉意。至于能思能感之内主者，则固不可思议也。"（严译《穆勒名学》部甲）公孙龙谓惟有觉意，更无心体，故曰有意不心也。

二、有指不至

此从外物言。穆勒云："指，物之表德也。今有一物于此，视之泽然以黄，臭之郁然以香，抚之挛然以员，尝之滋然以甘者，吾知其为橘也。设去其泽然黄者，而无施以他色；夺其郁然香者，而无界以他臭；毁其挛然员者，而无赋以他形；绝其滋然甘者，而无予以他味；举凡可以根尘接者皆褫之，而无被以他；则是橘之所余留者，不等于无物耶？"（严译部甲）公孙龙谓惟有表象，更无物质体,故曰“物莫非指”。既无质体,则表象无所指,故曰“有指不至”也。

上两条,从心物两面逼拶说来,见物体不可知,惟有表象;心体不可知,惟有觉意。而觉意之与表象,则同于一名。如坚之与白,谓之吾心之意觉也可,谓之外物之表象也亦无不可,然果何如而始为心与物乎?则天地万象,惟尽于名也,穆勒亦言之,曰:“自人心言之则为感,自物体言之则为德;是二名者,非其物之果有异,特所从言之异路,设为二名,便言论也。”

三、有物不尽

此从空间之排列言。“物量无穷,分无常。”(《庄子·秋水》篇语)《老子》云:“致数舆无舆”,《庄子》云:“立百体而谓之马”,皆此意也。车有输轴辕轭,马有尾足毛鬣,循是分析,则车马无有。车为器用,马乃牲畜,则舟车桥橇,同谓之器,马牛羊犬,同谓之畜,如是会合,则车马亦无有。故凡所称物,皆属不尽。名相言说,无当实体也。今依常识,确指外物而言,则一马尽于一马之体,一石尽于一石之体,无所谓有物不尽也。然若本心之意象而论则不然。在物之象,即在心之感。感必有所离,斯象不能尽。而凡属物名,皆本感象,故曰“有物不尽”也。

四、有影不移

此从时间之连续言。“时无止,终始无常。”(《庄子·秋水》篇语)前影方灭,后影方生,人多认后影为前影。庄子所讥壑舟泽山,夜半有负而走者,昧者不识也。新吾与故吾异,而人谓之吾;且南北与夕南北不同,而人谓之南北;名相不足以符大化。故白马谓之白,白石亦谓之白。坚石谓之坚,坚金亦谓之坚。而不知白与白相离,坚与坚不相域,则天下且无坚白,乌取坚白之石哉?故曰:"物莫非指而指非指"也。然则凡所谓指德表象云者,实皆取异地异时相异之觉而赋以同名耳,故"有影不移"。而影之名则移也。

上两条从时空两面逼拶说来,以明"名"之真际也。内不认有心,外不认有物,而谓一切惟属现象与感觉,而现象感觉则顷刻而变,随处而异,未可控搏,亦无绵延,各自分离,不相统属,则世间事物,复何有者? 所有亦仅止于"名"耳。故后影非前影,而人一名之曰影;坚白相离,而人统名之曰石;此亦惟"名"也。人自类分其感觉之象而赋以各别之名,故曰四足兽,则牛马为一矣。曰牛马,则牛马为二矣。吾亦惟知吾名之为一名为二名耳,又乌论牛马之果为一物为二物耶? 此公孙龙所以根据惟象惟意之说一转手而成其"正名"之论者也。

五、发引千钧

此承有影不移言,仍从时间先后以阐发"正名"之旨也。夫一发至脆也,千钧至重也,一发引千钧必绝。然引一时也,绝又一时也,不引则不绝矣。俗见发绝,谓发不能引千钧,而不知乃先引而后有绝也。如见人死,而谓人不能有生,不知人惟先有生乃有死也。且人谓影移，此误认后影为前影也。人谓发不能引千钧，此误认前发（引时之发）为后发（绝时之发）也。此公孙龙从时间一面细为分析，以见"名"之当"离"不当混也。

六、白马非马

此承有物不尽言，仍从空间之异同以阐"正名"之旨也。常人必谓白马乃马者，系确指外物一马言，则白马固不能谓之非马。今公孙龙本其惟名之旨，不据外物实体立论，而从吾心感象发议，则白马乃非马矣。何者？我感四足行地之象曰马，又感玉雪莹洁之象曰白。马象之外，又增白象，故曰白马非马也。今仅曰马，则不尽于白意，故人或以黄黑马应。并曰白马，则不尽于马意，故人不敢以黄黑马应；故曰有物不尽也。此公孙龙从空间一面细为分析，以见"名"之当"离"不当混也。

上两条仍从时空两面逼拶说来，以一再阐明"正名"之义也。《老子》曰："名可名，非常名。"又曰："名之既有，夫亦将知止。"既不可以为常，即不可以为推。不可以为推，则名乃相离而成其独。此即止也。《公孙龙子·名实论》云："彼彼止于彼，此此止于此。"《坚白论》云："离也者，天下故独而正。"曰止曰离曰独，皆"正名"之要旨也。

七、孤犊未尝有母

此七说之结论，"正名"之总归也。上释六句，约得二义：

（一）心物本体不可说，可说者惟表象意觉。

（二）名代表表象意觉。表象意觉则常变，故正名功夫当求分析以离而止于独。

此则名之分析之极例也。若确据外物言，则此犊今虽无母，往日必曾有母可知。此在名学，谓之缺憾之名。同时而涵二德，一曰本有，一曰今无。如言盲人。本乏见性者，不称盲也。而公孙龙则据名而论，谓既称孤犊，即未有母，方其有母，不称孤犊也。故苟曰孤犊，即是未尝有母矣。此公孙龙"正名"之例也。故惠施历物，着眼在大一小一，毕同毕异，而归宿于泛爱万物天地一体之论；公孙龙七说，主辨在心物感象，而归宿于"正名"审实各止其所之旨。则惠施显然犹是墨家面目，而公孙龙则离而渐远，乃纯粹为名学之讨究矣。要其渊源所自，同出墨派，则为不可诬耳。

今按英人穆勒约翰著《名学》，总论宇内可名言者，而括为四纲：

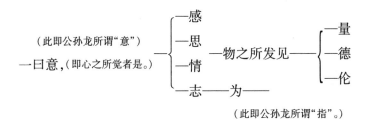

二曰神，意之内主。（此即公孙龙所谓"心"。）

三曰形，意之外因。(此即公孙龙所谓"物"，或亦可谓之"至"。)

四曰法。法推极言之，尽于二伦。一曰相似与不相似，(此即公孙龙所谓有物不尽，白马非马也。)二曰并有与不并有。(此即公孙龙所谓有影不移，发引千钧也。)(严译部甲)

余观公孙龙七说取径，与穆勒氏之书大似，亦一奇也。二人历数天下可名之物，皆归极于心物宇宙之四端。而心物不可知，可知者惟意象。意象不可名，可名者皆其意象之或相似或相续，而不出于宇宙之两大法，此公孙龙与穆勒氏之所同也。循此以往，乃有其大异者，即穆勒氏认名为物之名，而公孙龙则认名为意之名是也。

穆勒氏书中，又有论名乃物名非意名一节，其言曰："精而论之，名，物之名乎？抑意之名乎？自古今之公言常法观之，则名者固物名也。而理家或以谓未尽，则以名为意之名，谓由物起意，由意得名，其为分虽微，而于名理之所系至重。郝伯思，睿于名理者也，察其意，亦以后说为当。故其说曰：'方言之顷，言者所用之名，皆以名其意，而非以名其意所由起之物。盖方吾言石，其以石之音而得为块然一物之徽帜者，以人闻是音而知吾之意方在石也。闻名而知吾意，则名固意名也。'此其说固无可议。顾吾终从常说，而以名为物名者，亦自有说。如云日，是固天上之日之名，而非吾意中之日之名。盖名之于言也，非但使闻吾言者意吾意也，夫固将有所谓，而蕲其吾信也。信者信其事，而非信其意也。设吾曰：'日者所以为旦也'，此非曰以吾日意起旦之意也，夫固曰有天象焉，曰日行者，以是为因，而有旦昼之变现也。吾为前言，固以白其事实耳。则以名名物，为径为实；

而以名名意,为迂为虚。此吾是书所用之名,所以终从常说以为物名,不从理家之说以为意名也。"(严译部甲)穆勒氏之言如此。余尝细按诸吾国古名家之议论,而知公孙龙子之所持,盖亦谓以名名意,与郝伯思之见相似,而与穆勒氏之论适相反也。惟其谓以名名意,故曰白马非马矣。其言曰:"求马,黄黑马皆可致;求白马,黄黑马不可致。"又曰:"马者,无去取于色,故黄黑马皆可应;白马者,有去取于色,黄黑皆所以色去,故惟白马独可以应耳。"(《公孙龙子·白马论》)观彼所谓求应去取者,非指人之心意所至以为言耶? 郝伯思所谓闻名而知吾意者,正公孙龙《白马论》最大之论据也。不徒《白马论》为然,凡公孙龙所持名理,悉以以名名意之一语贯之,则迎刃解矣。后之学者,不了此意,乃以名家所持之名乃物名之理绳之,则自见其扞格而不可通也。不徒公孙龙为然,余观《墨经》持论,殆亦主名乃名意非名物者,故有"杀盗非杀人""爱弟非爱美人"之辩。爰知吾国古代名家,率主意名之论,与西国逻辑正宗主物名论者不相同也。

惟其主名意名物之不同,故继此而更有甚异者,则对于名之使用之一问题之歧异是也。主意名者率主止,主物名论者率主推,此对于名之使用之观念之相左也。何以主意名则率主止?夫名既不为外物实事之名,而为吾心意觉之名,则名之涵义,将一视吾人之意境为转变,而无一定客观之界说可据矣。既无一定客观之界说可据,故用名者当致谨于其涵义之多变,而勿率然以为推证,此即《老子》"名之既有,亦将知止"之说也。《墨子·小取》篇云:"盗人,人也;多盗非多人也,恶多盗非恶多人也,无盗非无人也,欲无盗非欲无人也,爱盗非爱人也,杀盗人非杀人也。"此均以证名之不足推也。故曰："辟侔援推之辞，行而异，转而危，远而失，流而离本，则不可不审也。不可常用也。故言，多方，殊类，异故，则不可偏观也。"公孙龙阐发此意至于极度，遂谓发引千钧，白马非马，孤犊未尝有母矣。其言虽怪，要言之，亦惟用名知止，使不至"行而异，转而危，远而失，流而离本"云耳。见发绝，而谓发不能引千钧，此犹可也；见人死，遂谓人不能有生，斯尽人知其不可矣。谓白马亦马，此犹可也；循而推之，谓多盗即多人，爱女弟即爱美人，斯又多见其不可矣。谓孤犊曾有母，此若未见其不可；然循而推之，则犊生必有母牛，驹生必有母马，因谓牛生牛，马生马，人生人，终古如是，则达尔文进化之论，终不见信于斯世。名家矫之，曰："犬可以为羊，马有卵，孤犊未尝有母。"教人以名之既有，亦将知止，不可妄为推证，使行而异，转而危，远而失，流而离其本也，至物名论者则不然，穆勒氏之言曰："名学者，思诚之学也。则其所言，当主于推证，推证则名学之本事也。"（严译部乙）故一主推，一主止，此吾古代名学与西国逻辑之学一重要之歧点也。

公孙龙五论归结于名实，曰："名，实谓也；彼彼止于彼，此此止于此。"其七说归结于"孤犊未尝有母"，即彼彼止于彼，此此止于此之应用实例也。此主"正名"主"止"者之成绩也。穆勒氏谓："名学者，知言之学也。言必有名，欲知言，先正名，其事有不容已者。"又曰："名学者，求诚之学也。诚妄之理，必词定而可分。所谓诚者非他，言与事合者也。所谓妄者非他，言与事爽者也。"（严译部甲）故西国之逻辑，不仅重在名，尤重在词，尤重在词之所以为推。不仅重在意之所以为知，而尤重在事之所以为信。于是而有联珠律令，于是而有内籀外籀之分，此主"析词"主"推"之成绩也。凡此皆吾古代名家与西国逻辑得失之所由判也。近人论古名家言，率推比之于西欧之逻辑，而鲜有发明其异趣者。余为公孙龙七说解义，因附论之如此。别有《墨辩与逻辑》一文，可参考。

辩　者　言

　　《庄子·天下》篇载辩者言二十一事,谓辩者以此与惠施相应,又称桓团公孙龙辩者之徒。则此二十一事者,固施龙学说之支流与裔也。余既论施龙学说大意,因并释二十一事备参证焉。二十一事者:

(1)卵有毛, 　　　　　　　(2)鸡三足,

(3)郢有天下, 　　　　　　(4)犬可以为羊,

(5)马有卵, 　　　　　　　(6)丁子有尾,

(7)火不热, 　　　　　　　(8)山出口,

(9)轮不辗地, 　　　　　　(10)目不见,

(11)指不至,至不绝, 　　　(12)龟长于蛇,

(13)矩不方,规不可以为圆, 　(14)凿不围枘,

(15)飞鸟之影未尝动也, 　　(16)镞矢之疾,而有不行不
　　　　　　　　　　　　　　　止之时,

(17)狗非犬, 　　　　　　　(18)黄马骊牛三,

(19)白狗黑, 　　　　　　　(20)孤驹未尝有母,

（21）一尺之棰，日取其半，万世不竭。

余论施龙学说，不越下列四端，而此二十一事，胥得分附以资证论。

（一）天地事物，可以析至毕异之小一，

（二）天地事物，可以总为毕同之大一，

此惠施历物十句所以证明其天地一体之说者也；

（三）天地事物，尽于吾心之觉意与外物之表象，而所谓心物之本体则不可知，

（四）名字言说，取以表意相晓，贵在即喻而止，用相推证，则流转而多失。

此公孙龙五论七说所持以为正名审实之辩者也。今传辩者二十一事，则此四纲以下之散目也。试为分列而略论之如次：

（一）论小一毕异。

一尺之棰，日取其半，万世不竭。

司马云："棰，杖也。若其可析，则常有两；若其不可析，其一常存。故曰万世不竭。"（《庄子释文》引，下同。）今按此小一之说也。

矩不方，规不可以为圆。

胡适云："此从个体自相上着想，一规不能画同样之两圆，一矩不能画同样之两方，一模不能铸同样之两钱也。"（《惠施公孙龙之哲学》，下同。）今按：规矩，物质实体，方圆乃意象，凡物质实体

皆不与意象相符也。

凿不围枘。

胡适云："同上意。"今按:此毕异之说也。

龟长于蛇。

俞樾云："此即莫大于秋毫之末而大山为小之意。"(《诸子平议》。)今按:《墨子·经下》:"异类不比,说在量。"《经说下》:"木与夜孰长,智与粟孰多",此言凡事物之殊类者,不能持以相较也。以万物之毕异,庄生《齐物》所以主"和以天倪","因是"而已也。今将明此妙理,遣彼俗滞,故矫为奇论,言大山为小,秋毫为大;龟为长而蛇为短也。

白狗黑。

成玄英云："夫名谓不实,形色皆空,欲反执情,故指白为黑也。"(《庄子疏》,下同。)今按:长短相较,黑白相形。白狗之白,视之白雪之白,则白狗为黑矣。凡云龟长蛇短,白狗黑者,皆以明万物毕异,因宜立名,无定制也。

以上五条,皆从空间分析,以见小一毕异之旨。

飞鸟之影未尝动也。

《七说》云:"有影不移。"《墨子·经下》云:"景不徙,说在改为。"《经说下》云:"景,光至景亡,若在,尽古息。"胡适云:"息,止息也。如看活动写真,虽见人物生动,其实都是片片不动之影片也。影已改为,前影只在原处,故曰尽古息。"今按:此亦毕异之说也,惟改从时间言之。常识认为同此一影,其实乃诸异影,刻刻改换,非一影也。

镞矢之疾,而有不行不止之时。

司马云:"形分止,势分行。形分明者行迟,势分明者行疾。"今按:《墨子·经上》:"止,以久也。"《说上》:"无久之不止,当牛非马,若矢过楹。有久之不止,当马非马,若人过梁。"此谓矢过楹,人过梁,同一自彼至此之行动,而常识认矢过楹为不止,人过梁则认为止。(说详余著《墨辩探源》)如见发引千钧而绝,便谓发不能引千钧;见人生一世而死,即不谓人无生;亦由一久一暂。其实久暂无分,皆久也。长宙之间,孰为暂而孰为久?故镞矢之疾,可以谓之不行,又可以谓之不止也。谓矢不止,人尽知之;谓矢不行,人所不知。良以矢之所经,即矢之所止。以势而言则行,以形而言则止也。此视鸟影一喻,尤较入细,要以见小一毕异之旨也。

轮不辗地。

成玄英云:"夫车之运动,轮转不停。前迹已过,后涂未至,除却前后,更无辗时。是以轮虽运行,竟不辗于地也。"今按:此与飞矢不行同理。希腊哲人徐诺,设谓亚克列斯神逐龟而走,神速十倍于龟。龟前千尺。神千之,龟百之,则神龟之距百尺。神百之,龟十之,则神龟之距十尺。循是以往,神驰终古,不能及龟。亦由分析时间达于极微,故有此说。成疏谓前迹已过,后涂未至,若除却此前后一观念,则车常止而未辗,此即分析时间至于极微以为言也。

以上三条,皆从时间分析,可见小一毕异之旨。

    郢有天下。

今按:此亦秋毫大山之喻也。郭象云:"夫以形相对,则大山大于秋毫,若各据其性分,物冥其极,则形大未为有余,形小不为不足。若以性足为大,则天下之足,未有过于秋毫者也。秋毫为大,则天下无小。万物之得,又何不一哉。"(《庄子注》)此即《墨子·经下》"偏一莫加少,俱一无变"之说也。(说详《墨辩探源》))此由小一而转见其为毕同也。郢有天下,犹后世云"一物一太极"矣。

惠施历物,本从大一小一两面分说,而公孙龙正名,则似偏重小一之毕异。于大一之毕同少所阐发。今考辩者言,亦多论小一,不及大一,此可以见学说流变之趋向。

    (二)论大一毕同。(缺)

    (三)论心物本体不可知。

火不热。

司马云:"一云:犹金木加于人,有楚痛,楚痛发于人,而金木非楚痛也。如处火之鸟,火生之虫,则火不热也。"此证物本体不可知。

目不见。

《墨子·经说下》云:"知以目见,而目以火见,而火不见。"《公孙龙子·坚白论》云:"白以目见,目以火见。而火不见。则火与目不见而神见。"目有时无火则不见,此目不见之说也。目既不见,必待神见,神又何从而见?若神必待目而见,则神亦无见。然人生确有此见,故《坚白论》又云:"神不见而见离。"待神见,此见即离诸待而独立也。此证心本体不可识。

鸡三足。

司马云:"鸡两足,所以行而非动也。故行由足发,动由神御。今鸡虽两足,须神而行,故曰三足也。"鸡两足,必兼一神,乃能动,故云三足。惟公孙龙七说有云:"有指不至,有意不心。"辩者持论大体,与龙一致,何以转认有神?《坚白论》亦云:"火与目不见而神见,神不见而见离";又曰:"棰与手知而不知,神与不知神乎?"是公孙龙固不认为神有知也。不认神有知,岂认神为有行哉?知者,内非神知,外非物知,目知,火知,手知,棰知,知乃离外内而止于独。此当时辩者,公孙龙之徒,打破心物本体而独持正名之见解也。云目不见,火不热者,正为破常识心物本体之论而发,岂得于鸡三足一条而转持有神之辩哉? 故知司马所解,与公孙龙五论七说之旨皆不合,非本意。《公孙龙子·通变论》云:"谓鸡足一,数足二,二而一故三。谓牛羊足一;数足四,四而一故五。牛羊足五,鸡足三。"此鸡三足之正解也。鸡足数之则二,而二足同一象曰鸡足。故一为象,一为数;象则一,数乃二。二与一为三,故曰鸡足三。

黄马骊牛三。

司马云:"牛马以二为三,曰牛曰马曰牛马,形之三也。曰黄曰骊曰黄骊,色之三也。曰黄马曰骊牛曰黄马骊牛,形与色为三也。故曰一与言为二,二与一为三也。"(《释文》引)又云:"牛马以二为三,兼与别也。"(《文选》刘孝标《广绝交论》注引。)今按:此亦据意象言。若实据物,则黄马骊牛为二,如鸡足之为二矣。今言黄马骊牛三者? 牛为一象,马为一象,而牛马相处,相互有类似之点,又别为一象。故牛马虽二物,而在我之意象中,则非二而三也。今表其图如下:

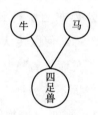

若以甲代牛，以乙代马，以丙代牛马之相似，则吾人同时见甲乙二物者，必连带见此二物之相似之象丙。今再表其图如下：

或如下图：

黄色骊色为三，亦可以同理释之。司马云："兼与别"者，黄色与骊色别，又兼有一两色相类似之象。近代心理学有名知觉之类化性者，或称统觉，本指根据旧经验以解释新经验之一种心理，乃专言知觉之先后继起。公孙龙及同时辩者所主之鸡三足黄马骊牛三诸论点，则说明吾人心理上同时见相异之二物而发生之一种类化之统觉也。

《公孙龙子·通变论》有羊不二牛不二而羊牛二之说，以图表之则如下：

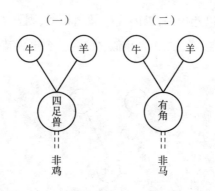

羊为一象,牛为一象,故曰羊不二,牛不二也。今同时见羊牛二物,则以人心有类化统觉之能,自能将相别之两觉,统摄为一共同之意象。其象维何？自其较粗之点言之,则羊牛同为四足兽,而见其非鸡,以鸡只两足也。自其较细之点言之,则羊牛同为有角兽而见其非马,以马无角也。当此之时,见羊牛者,既可分别定其为羊为牛,而又可得其相互间之通象,或注意其皆四足而知其非鸡,或注意其皆有角而知其非马;则羊牛两别象,俱没入一四足或有角之通象中,故羊与牛乃可合计其别象与通象而为二也。使无通象可言,如一人与一夜,决不得合言为二。故羊牛之为二,乃加羊牛间之通象言。则鸡足之为二,亦据鸡足之通象而言可知。鸡足本各为一象,又兼其相互间之通象,则成鸡足三。羊牛各为一象,又兼其四足有角之通象,乃为羊牛三。《公孙龙子·通变论》言羊合牛非鸡,牛合羊非马;又言青以白非黄,白以青非碧;正与鸡三足黄马骊牛三诸论,出于一贯。

狗非犬。

《墨子·经下》:"狗,犬也,而杀狗非杀犬也可,说在重。"《经说下》:"狗,犬也,而杀狗谓之杀犬,不可。若两腕。"又《经下》:"知狗而自谓不知犬,过也,说在重。"《说下》:"知狗者重知犬则过,不重,则不过。"据此,则狗非犬一语,亦当时辩者惯引之论题也。云重者,《经说上》云:"二名一实,重同也。"重乃累增之意。凡怀孕皆曰重,如重身重马。故凡甲含乙内皆曰重。《尔雅》:"犬未成豪曰狗。"今依西方逻辑惯例,则狗犬关系当如下图:

狗为犬之一种,则狗之一名可包容于犬之一名之范围以内。然据公孙龙及当时辩者之见解则不然。当别作如下图:

此图与上图异者,上图犬未成豪一语,乃表狗与犬之关系。下图犬未成豪一语,乃表狗之一名之涵义。故自上图观之,狗为一

实,犬为别一实,而犬之范围较狗之范围为广,此西国逻辑术之所特也。自下图观之,则犬为一名,犬而未成豪为又一名,两名累增,并成一实曰狗。故曰二名一实为重同。谓名虽孕重,实则同一也。此吾国古名家之说也。论其根据,则亦本于意象。辩者正名,一以意象为主。今曰犬,吾心中仅有一犬之意象,固也。若不曰犬而特指曰狗,则不徒为犬,而又为犬之未成豪者。此在言者之意,于犬象之外,又增一未成豪之象也。西方逻辑论名,有内涵外举之别。内涵愈小,则外举愈大;外举愈小,则内涵愈大。如下图:

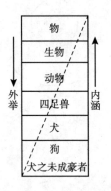

依外举言之,则犬大于狗,狗不可谓非犬。依内涵言之,则狗大于犬,狗固明为非犬。西方逻辑重外举,重推证,故有连珠之体。如云:

狗,犬也。

犬为四足兽,

故狗亦为四足兽。

此推而是者也。我国古代名家论名重内涵，重内而不推，故有因是齐物之论。如云：

狗，犬也。犬有豪，故狗亦有豪。

此推而失之矣。狗之一名，内涵未成豪一义，为犬名所无，固不可以犬名推。我国古代名家重意象，重主观，故论名重内涵，而斥推证，此虽与西方逻辑取径不同，为用亦各有通窒，各有根据，各成系统，后人不辨，一切以西方连珠之律令绳之，讥中国古名家为诡辩，诋之为不通，是轻诬古人也。《公孙龙子》有《白马论》，云"白马非马"，亦此意。

以上三条，皆据心物本体不可知之意进一层言之，见名字言说之悉本于意象也。

指不至，至不绝。

司马云："夫指之取物，不能自至，要假物故至也。然假物由指，不绝也。"今按：司马之说，未当原意。然据其注语，知《庄子》原文本作"指不至不绝"，今本衍一至字。公孙龙七说亦有指不至一条。指者物之表象。指不至者，人所知见仅限于物之表象，不能至物之本体也。故《指物论》云："物莫非指"，即此意。指不绝者，舍表象则无所知见，故人不能离绝表象以为知见。《指物论》云:"天下无指,物无可以为物。"即此意。

此一条正言万物知见,在我惟意象,在外惟表德,无心物本体可言也。

(四)论名言推证多失。

山出口。

成玄英云:"山本无名,名出自人口,在山既尔,万法皆然也。"今按:当时辩者,既认心物本体不可知,则凡属名言,皆出人为,更无客观之实在可知。故《庄子》云:"立百体而谓之马",此不认有马体。山出口,亦不认有山体。山之与马,同是一名耳。《庄子》云:"藏山于泽,夜半有负之而趋者,昧者不知也。"此谓山体朝夕变,更无一定,而人自名之曰山,故曰山出口也。

孤驹未尝有母。

李云:"驹生有母,言孤则无母,孤称立则母名去也。"(《释文》引。)今按:此条骤视殆如诡辩,然苟熟审中国古代名家持论大体,则知此辩正复有据。古名家巨擘,自推惠公孙二人。其立说虽有不同,而其不认常识之所谓物体者则同。故惠施从大一小一以证天地万物之一体,则不啻谓天地万物之惟名无实也。而公孙龙以有意不心有指不至证心物之皆虚。心物既虚,则在我惟意象,在物惟表德,而更无客观实体之存在矣。既不认有客观实体之存在，则驹且无有，何论推之驹母？今立于百体而谓之驹，又兼增以无母之义而称之曰孤驹，其为无母，无可辩矣。常识实认有外物，则必曰孤驹曾有母，辩者一本意象表德为言，则孤驹不能有母也。今立图如次：

驹是幼马之称，孤乃无母之词，今以一物兼二义，则此物之决为无母无辩。

马有卵。

马为胎生，无卵可知，而云有卵，此非正言实认为有，乃欲破执遣滞，故为假论，以资反折也。与泰山秋毫之喻，实同一例。何者？人情每好据现在推既往，如见孤驹，则谓此尝有母。不知母复有母，谁是其始？故曰："万物有乎生而莫见其根，有乎出而莫见其门。""睹道之人，不随其所废，不原其所起，此议之所止。"（均出《庄子·则阳》。）若必循例为推，则不徒孤驹有母，禽鸟之生，皆由卵化，岂可谓马之亦复有卵耶？后人不察，谓辩者实认马为有卵，是无异谓庄生实见泰山为至小也。且胎与卵皆是一名，名必各有所止。不知止而为推，则马胎在腹，亦可谓之卵。

鸡卵出腹,亦可谓之胎。故知辩者此论,乃为破不为立也。

卵有毛。

司马云:"胎卵之生,必有毛羽。鸡伏鹄卵,卵不为鸡,则生类于鹄也。毛气成毛,羽气成羽,虽胎卵未生,而毛羽之性已著矣。故曰卵有毛也。"（据《荀子》杨倞注引,较《释文》为略。）鸡有毛,鹄有羽。鸡伏鸡卵则生有毛之鸡,伏鹄卵则生有羽之鹄,则毛羽之别已先存于卵矣。然卵诚有毛乎? 此与马有卵之辩同。若必相推,则无是处矣。故辩者遂以立其孤驹未尝有母之论。此公孙龙所谓是仲尼异楚人于所谓人,而非龙异白马于所谓马者悖也。

犬可以为羊。

司马云:"名以名物,而非物也。犬羊之名,非犬羊也。非羊可以名为羊,则犬可以名羊。郑人谓玉未理者曰璞,周人为鼠腊者亦曰璞,故形在于物,名在于人。"如司马说,此条仍与前两条同义,皆以为破,非为立也。

丁子有尾。

成玄英云:"楚人呼虾蟆为丁子。"今按:此条亦与前三条同义。皆率意为推,故作怪奇之谈以显其不然。胡适谓《庄子》云:"万物以不同形相禅",故曰犬可以为羊,又云丁子有尾,自系当时一种生物进化论。此释实不然。万物以不同形相禅,即鼠肝虫臂臭腐神奇之说耳,此谓万物乃一气之变,非有先后进化之意也。《庄子》云:"人皆尊其知之所知,莫知恃其知之所不知而后知。"(《则阳》。)又曰:"知止其所不知,至矣。"(《齐物论》。)以辩者持论之全体观之,此皆反喻激辩,以戒人之止于其所不知也。

以上六条,皆正名知止,以见草率为推之非,而要本于名之无客观之实在性。

统观辩者持论,不出三点:(一)万物毕异,则宇宙可谓无物。(二)名属意象,则名言实为不实。(三)名不可推,则知无所用。虽亦言之成理,持之有故,而义归破坏,无所建立,又不堪推扩运用,则宜其不能服人之心也。然考其来历,自有本源。组织精密,亦有条理。后人概以诡辩目之,因亦不复究其体统大意之所在,而以割裂离奇之说为之解,未免于轻诬古人。至近人又以西方逻辑及生物进化论诸说相拟,则亦貌合神离,终难逃于郢书而燕说之诮也。余兹所解,自谓通观大体,较得古人之真相。因附诸施龙学说之后,俾有志探讨古代名学之君子,论定其究竟焉。

名墨訾应辨

余既论究惠施公孙龙学说,定其为墨家,然近人方有名墨訾应之论,以名家与墨说为相訾,谓施龙非墨徒,则不可以无辨。

《荀子·正名》篇:"见侮不辱,圣人不爱己,杀盗非杀人也,此惑于用名以乱名者也。山渊平,情欲寡,刍豢不加甘,大钟不加乐,此惑于用实以乱名者也。非而谒楹,有牛马非马也,此惑于用名以乱实者也。"今按:见侮不辱,人情欲寡,皆宋轻之说也。圣人不爱己,本《墨子》。《大取》篇云:"爱人不外己,己在所爱之中,己在所爱,爱加于己,伦列之爱己,爱人也。"圣人不爱己之语即本此。(孙诒让《间诂》,即取《荀子》语注此,是也。《札迻》亦同。)杀盗非杀人出《小取》篇。豢刍不加甘,大钟不加乐,即人之情欲寡也。以上皆墨家之论。山渊平,乃惠施语。《荀子·不苟》篇云:"山渊平,天地比,齐秦袭,入乎耳,出乎口,钩有须,卵有毛,是说之难持者也,而惠施邓析能之。"是其证。惠施历物,谓天与地卑,即天地比也。又云山与泽平,即山渊平也。其说自与墨家平等兼爱之旨相发。故宋鈃尹文,作为华山之冠以自表,郭象云："华山上下均平"，亦即表其平等兼爱之义也。非而谒楹，有牛马非马，自来不得其解。孙诒让引《墨经下》云："牛马之非牛与可之同，说在兼。"《经说下》云："牛马，牛也，未可。则或可或不可。而曰牛马牛也未可，亦不可。且牛不二，马不二，而牛马二，则牛不非牛，马不非马，而牛马非牛非马，无难。"（见《间诂》及《札迻》）今按：孙氏寻其说于《墨经》是也。"非而谒楹"语，亦出《墨经》。《经说上》云："止，无久之不止，当牛非马，若矢过楹；有久之不止，当马非马，若人过梁。"非而谒楹，疑乃飞矢过楹之误。非飞古字通。矢与而、谒与过，皆以形似而讹。（篆文矢与而形似）有牛马非马，即指本条当牛非马当马非马而言。荀子此文，题为"正名"，而所举均属墨说，此名即为墨之证一也。以惠施言与墨宋之说杂举错列，是名即为墨之证二也。近人造为名墨相訾之论者，未考之此耳。

且为名墨相訾之论者，其说本于《庄子·天下》篇。其辞曰：

> 相里勤之弟子，五侯之徒，南方之墨者，苦获已齿邓陵子之属，俱诵墨经，而倍谲不同，相谓别墨，以坚白同异之辨相訾，以觭偶不仵之辞相应，一以巨子为圣人，皆愿为之尸，冀得为其后世，至今不决。

据文义论之，相谓别墨者，谓以别墨相诮，言非墨家之正统也。（梁氏《墨经校释》有此说）故虽相訾謷而俱诵墨经，则所尊奉者一也。谓以坚白同异之辨相訾，以觭偶不仵之辞相应，则知凡持坚白之辨，觭偶之辞者，皆出于墨，不得别分持坚白之论者为名家，而訾之者乃墨家也。谓以巨子为圣人,皆愿为之尸,冀得为其后世,至今不决,此如南能北秀争衣钵传统,本系一家之事,更不得谓名家冀夺墨家之巨子而篡其后世也。故谓墨家议论自有其前后之出入分歧则可;谓墨家之后流而为名家,亦无不可;谓墨家与名家相訾则不可。

且名家之称始于汉,先秦无是号也。《艺文志》名家,首列邓析,伪书不足凭,(余别有辨。)次列尹文子,刘向云:"与宋钘俱游稷下。"今其书传者,亦出后人伪托,未可信。然观《庄子·天下》篇,以宋钘尹文并举,其学以禁攻寝兵为外,以情欲寡浅为内,是显系墨家后裔。禁攻寝兵者,墨翟之遗教。情欲寡浅者,宋尹之新说也。《荀子·非十二》篇以墨翟宋钘并称,则可证宋钘尹文之为墨徒矣。尹文为墨徒,而其书入名家,岂不足为名源于墨之的证乎?(《汉志》名家自尹文惠施公孙龙毛公外,尚有成公生黄公,皆秦时人,疑亦墨氏之后起也。)墨学本尚苦行,继则济之以文辩,施龙则文辩之尤著而忘其苦行者也。一学派之随世推移,如儒之自孔而孟而荀,荀孟之间,亦有异同,固不得谓荀之非儒,则于施龙为墨徒之说,独又何疑耶?

中国古代散文——从西周至战国

今天我的讲题是中国古代散文,其年代上断自西周,下迄战国晚年。

讲中国文学,必先讲到韵文和散文之别。韵文始自《诗经》,散文始自《尚书》,《诗》《书》为中国古经籍两大要典。此下自孔子《春秋》下迄战国诸子。此一时代之著作,普通都认为应属于经子史三部门。只有《楚辞》,始作文学看。我今天乃以文学观点来讲,立场不同,故讲法亦不同。但我今天只讲散文,故《楚辞》反不在所讲之列。

讲中国文学,也必远溯自《诗》《书》。我曾有《从文体辨西周书》一文,大意说《尚书》应起自西周。今文《尚书》中如《尧典》、《舜典》、《禹贡》诸篇,尽出战国晚年。《盘庚》篇当可认为是商代作品,但商代作品流传极少。故讲中国古代散文,主要应起于西周。惟余此文所辨,并不根据经史学立论,独就文学史观点,由于文体演进之新角度着眼,自谓乃余此文别开生面之处。余又论今传《西周书》中大部分颇多与周公有关。尤如《金滕》

《大诰》《多士》《无逸》《君奭》诸篇,即或非周公亲作,亦必由周公手下人所撰。此诸篇在《西周书》中,更感得文从字顺,平直易读。可见周公与中国古代散文有重大关系。此诸篇,凡属与周公有关者,其对后世文学影响尤较大。所谓影响较大者,因后代散文章法句法字法有许多从此诸篇衍变递化而来。我又另有一文讨论《诗经》,主要有两论点。一是诗之兴起,应在西周之初年,二是西周初年之最先诗篇,亦多与周公有关。有的是周公亲作,有的是周公从者所为。根据此两文所讨论,我认为不论韵文散文,中国古代最早对后代文学有影响之作者应是周公,周公可谓是中国文学史上第一重要人物。

周公以后,要讲到孔子的《春秋》。

《春秋》一向归入经史范围,似与文学无关。其实从文学史眼光看,《春秋》亦有其重要的地位。所谓重要,亦指其对后世之影响言。所谓其对后世之影响,乃指其文字运用之法度言。自《西周书》下及钟鼎文,其用字造句,终不失为一种上古文之面目。但《春秋》的用字造句,则面目一新,骤看直与后代人之用字造句无大区别。亦可说《春秋》文法已是后代化了。因此,我们可以说,《春秋》已开了后代中国散文用字造句之先河。自《春秋》以下,中国散文用字造句更无大变化,中国散文学上之字句结构及其运用,已由《春秋》肇其端,亦可说已由《春秋》定了体。即此一端,《春秋》在中国散文史上之价值便可想见。

太史公说:"《春秋》约其文辞而指博"。又说:"孔子在位听讼。文辞有可与人共者,弗独有也。至于《春秋》,笔则笔,削则削,游夏之徒不能赞一辞。"此所谓辞,后人或说为文辞,或说为辞句,乃指文中之完成为一句之结构者而言。成一辞句,必有叙述,又兼判断,故听讼之判亦称辞。《春秋》与《尚书》,同属古史,所谓左史记事,右史记言,《尚书》为记言之史,《春秋》为记事之史。记事亦必有判断。如《春秋》开端:"鲁隐公元年夏五月,郑伯克段于鄢。"此一句即是一辞,有叙述,有判断。我们试看此条句法,岂不已与现代句法一样? 这不是说孔子在二千五百多年前已能学做现代人句法,乃是他在二千五百多年前已开创了此下的现代句法了。这不是《春秋》在中国文学史上之地位和价值之重要证明吗?

"郑伯克段于鄢"此一句中,"郑伯"与"段"是人名,"鄢"是地名,"于"是介词,不用细讲,故此句中只一"克"字特别重要。何以孔子《春秋》在此特用一克字,此中涵义,大有讲究。在此方面讲究的,有《公羊》《穀梁》两传。我们若细读《公》《穀》两传,便易知《春秋》在文学上之价值。从前讲经学,都说《公》《穀》重义,《左氏》重事。但经学家所讲之义是义理,现在我们转换目光,从文学上着眼,来从《公》《穀》研究《春秋》,便可识得文从字顺各识职的句法与字法之义。《公羊》释此克字云:"克之者,杀之也。杀之则曷为谓之克,大郑伯之恶也。"《穀梁》则谓:"克者何,能也。何能也,能杀也。何以不言杀? 见段之有徒众也。"本来国君杀一大夫,用杀字即可,此处用克字,便见孔子特有用意。研究《春秋》书中此等用意,即所谓属辞比事之教。《公羊》认为用克字乃"大郑伯之恶",这是《公羊》的讲法。《穀梁》则说:"见段之有徒众。"叔段有了徒众,虽是大夫,却如敌国,杀他不易,故用克字。此见此事之不是乃在段一边。究竟

《公》《穀》两家讲法谁对谁不对,此刻暂不论。要之《春秋》每一辞中用字俱有深义,即此可知。

但若真要判断郑伯叔段两人谁是谁不是,还得要明白此事之详细经过,于是又得读《左传》。史学家重视《左传》,正因《左传》详其实事。但我此刻所讲,把《春秋》比如一部国文教科书,《公羊》《穀梁》便都是国文老师,他们把教科书中一字一句之涵义,逐一分析细讲。纵说是褒贬大义,但此等褒贬大义亦必表现在句法字义上。若我们从此着眼来读《春秋》与《公》《穀》两传,便知孔子《春秋》确是中国古代散文中一部划时代的大著作。

上面讲孔子《春秋》郑伯克段一事,用克字,不用杀字,在一字上见斤两,此一传统直到现代。如大陆易帜,有人说是沦陷,有人则说是解放。说沦陷的,便知道他反共。说解放的,便知道他是共党一边人。可知孔子《春秋》义法,还在现社会活用,并不能认为已过时,没意义。

下面再举一例。如"赵盾弑其君","崔杼弑其君"两条,其中弑字易知,特别重要的却是两个"其"字。倘我们改为"赵盾弑晋君""崔杼弑齐君",则意义转黯晦,究不知赵盾崔杼与晋君齐君之名分关系,而二人弑君之罪也不显豁。"其"字是一个代名词,确切说明了赵盾崔杼所弑是"他们自己的君"。用一个"其"字,便能指出赵崔两人为臣弑君不可饶恕的罪状。而"其"字用意尚不止此。从记下的此辞言,赵盾崔杼弑君之罪是客观地评定了。从记此辞者之身份言,不说赵盾崔杼弑吾君,而说弑其君,此见古代史官地位超然于列国政治权力之外,他们乃由周天子委派,所以说弑其君,不说弑吾君。

　　由于上面的几个例，可见孔子《春秋》每一辞中，有些字下得十分谨严，于此可见史法，同样也见文法，我们实在不能不认《春秋》在中国古代散文史上有其重要地位。

　　我们也知孔子《春秋》有所根据，有些则经过孔子修订。如"郑伯克段于鄢"一辞中，此克字可能是经孔子斟酌改定。如赵盾崔杼弑其君两"其"字，应是晋齐两国史官原笔。孔子没有修改过，所以孔子要说"董狐古之良史"了。

　　由此说来，在孔子以前，中国散文文法已逐渐地在进步。《春秋》因于鲁史，今《春秋》中必然有许多鲁史旧文，只把来和《西周书》以及钟鼎文等相比，可知此一段期间，中国文法已在逐步现代化。只是到了孔子手里，进步更显著，而且已到了决定的阶段了。因此我们又可说：周公和孔子，都在中国文学史上有其崇高地位。中国古代文学，应可说是周公创之，而孔子成之了。

　　《孟子》书中说："《诗》亡而后《春秋》作。"此语在中国古代文学演变上，也透露了一番十分重要的消息。因《西周书》虽可说是一部历史书，但大体乃是一部记言之史，而《诗经》却转是一部韵文的记事诗。此一层，我在《读诗经》一文中，已详细发挥过，此处不再说。《诗经》先有雅颂，后有变雅。颂扬之辞变而为讽刺，于是《诗》亦随之而亡了。《诗》亡之后，继之以《春秋》，这是由韵文的记事诗变为散文的记事史。此事大体远从周宣王以后已开始，到了孔子时而大成。《春秋》亦文亦史。我说孔子在中国文学史上有极重要之地位，正因其创出或完成了此下二千五百多年来的文法与句法字法，直到今天，仍不能有所大改变。司马迁所谓《春秋》约其文辞而指博,亦可说是司马迁对孔子《春秋》文学的赞辞了。

上面所举"郑伯克段于鄢"及"赵盾崔杼弑其君",虽可从文学方面讲,但到底是一种历史记载,寓有史法褒贬。此下再举一例,确实专属文字文法方面者。

《春秋》僖公十六年春王正月戊申朔:"陨石于宋五,是月,六鹢退飞过宋都。"

此两句,在历史上无关重要,没有什么可讲。但《公羊》《穀梁》两传却把此两句大讲特讲一番。《公羊》说:"曷为先言霣而后言石? 霣石记闻;闻其磌然,视之则石,察之则五。曷为先言六而后言鹢? 六鹢退飞,记见也。视之则六,察之则鹢,徐而察之则退飞。"《穀梁》说:"先陨而后石,何也? 陨而后石也。后数,散辞也,耳治也。六鹢退飞过宋都,先数,聚辞也,目治也。石鹢犹且尽其辞,而况于人乎?"其实此处讨论的,只是有关文法的问题。为何第一句把形容词"五"放在名词"石"之后? 而第二句却把形容词"六"放在名词"鹢"之前? 又"陨"和"飞"都是动词,为何第一句动词在名词前? 第二句动词在名词下? 这是一种句法上的比较分析。《公羊》说:"陨石者,记闻也。"听见了声音,才跑去看,看后才知是石,再查点乃知有五石;这是先闻声,看后才点数。第二句是记眼所见,看见六只鸟在天空飞翔,细辨始知是鹢,再看才知是倒飞。因此,第一句是写耳听,第二句写目见。《公羊》家如此比较分析,从见闻行事转到内心活动之经过,也不能说其牵强无理。从这里,我们却可看出孔子乃至儒家后学,他们都已注意到我们今天所谓的修辞之学了。若我们想把这两句中每一字的位置掉换一下，却甚不易。几乎是无法掉换。勉强掉换了，也总不能比上原来的。由此更可说明《春秋》文法已是现代化，和现代语法差不多，或说是一样。这不是说孔子在学现代人作文造句，只说现代人作文造句依然遵依着孔子规范。孔子作《春秋》时，游夏不能赞一辞，可见孔子作《春秋》是下过一番工夫的。孔子曾说："修辞立其诚。"在每一句中，每一个字下得恰切与否，影响到作者所要表达的意思。究竟能表达得恰切否，《公》《穀》两家对陨石于宋，六鹢退飞两条之辨释，亦只是辨释这一点。

因此我们可以说，从《尚书》到《春秋》，是中国古代散文演变一大进步。所谓进步，指其愈能接近今天语法而言。所谓接近，又是指我们今天的语法，乃接近于当时所写；换言之，乃是当时所写的已能影响到今天。

上面从文学观点来讲《春秋》中之字法与句法。但《春秋》在文学上之伟大处，尚不止此。《春秋》记二百四十年事，所谓所见异辞，所闻异辞，与所传闻异辞，也可说所传闻是《春秋》之上古，所闻是《春秋》之中古，所见是《春秋》之近古。孔子记此三时期事，写法各不同。我们须能将全部《春秋》二百四十二年事，从其记载所用辞之不同处来研究孔子著作之深意所在。因此说："属辞比事，《春秋》之教。"换言之，孔子《春秋》是前后一体有严密组织及深细用心的。

姑举最显明的一例来说。《春秋》按年月先后记事，但每年开始有"春王正月"、"春王二月"和"春王三月"之三种不同。此一不同，引起后人许多误解。《公羊》家说：孔子《春秋》共有三个王统,因此有王正月,王二月,王三月之异。其实不然。只是那一年若正月有事,则记"春王正月"。倘正月无事,则从"春王二月"开始。若二月亦无事,则从"春王三月"开始。又若正、二、三月整个春季均无事可记,则仅书"春王正月"四字,下面即接写"夏四月"或"夏五月"等。所以必要加上此"春王正月"四字者,因春秋必从春到夏,按季节写下。一春无事可记,但不能缺了此一春,故仅写"春王正月"四字。

由于上面所说,可见孔子《春秋》并不是从一句句地来写出此整部书,而是在写此整部书中而写出此一句一句来。因此,我们读《春秋》,固要逐字逐句读,也该懂得全部读。能懂它全部,始能真的懂它的各字与各句。如此说来,孔子《春秋》,不仅在造句用字上有研究,并亦在全部书的结构与组织上有研究。这怎能不把孔子也当为一伟大的文学家来看呢?

以上是讲周公以后的伟大文学家——孔子。

孔子自身在中国文学史上有大贡献,上面已讲过。孔门四科中有文学,最著者为子游、子夏。子夏传《春秋》,《公》《榖》二传都从子夏学派开始。子游传《礼》,今《小戴礼记》中有《檀弓》篇,相传为子游弟子鲁人檀弓所写。《檀弓》与《论语》,同为中国古代散文中无上绝妙之小品文。我曾讲过《论语》中的小品文一题,也是从文学方面来讲《论语》的。讲《论语》,也可逐字逐句讲,也可从全书篇章之组织上来讲。我近著《论语新解》,在《论语》篇章纂辑先后分合之间,也多讲及,今天不拟再提。

说到《檀弓》,后人认为是子游弟子所写,正如《论语》,后人认为是曾子有子门人所写。此两书,既均被认为是古代散文中之绝妙上乘小品,则可见孔门后学对古代文学上之贡献亦甚伟大。若论两书内容,《论语》记言而兼及事,《檀弓》记事而兼及言,要之均自史学中演变而出。《尚书》《春秋》记载国家大事,《论语》《檀弓》则记载私人与社会间事,这也可算是史学上一进步。

顾亭林《日知录》有一段讨论及《论语》《檀弓》的年代问题,他就《尔雅》所说"兹,斯,此也"一语,统计《论语》用斯字凡七十次,但不用此字。《檀弓》用斯字五十三次,用此字只一次。《大学》用此字十九次。即据顾氏此一统计,可见《论语》和《檀弓》年代相近,《大学》则成书较晚。若说《大学》成于曾子有子之门人,则对顾氏《日知录》这一番统计便说不通。

《论语》中有一节文字和《檀弓》相同。《檀弓》说:宾客至,无所馆。夫子曰:生于我乎馆,死于我乎殡。《论语·乡党》篇则云:朋友死,无所归,曰于我乎殡。此两处记载,约略推断,可认是《檀弓》在前,《论语·乡党》在后。《檀弓》记宾客至,无所馆,当必是其病了,所以孔子由生于我乎馆,连说到死于我乎殡。此处可见当时句法本已与后代无异,只是古人语简,后代语详,稍见不同而已。《乡党》篇比《檀弓》更节省。就事而论,断无死了始招到家来殡之之礼。《论语》亦同是七十子后学者所记,但《乡党》此节,则不能认为在《檀弓》前。只恐是《乡党》此节乃承袭《檀弓》而把来省节了。

《檀弓》文字又有可与《左传》《国语》相比的。如《檀弓》记晋献公将杀世子申生,与《左传》大同小异。《檀弓》记晋献公之丧,秦穆公使人吊公子重耳,与《国语》大同小异。由此可见,孔门后起儒家，除注意记录孔子一人之言行外，又多注意到记载当时列国君卿大夫之言论行事。中国古代史学文章之渐臻美妙，孔子以下之儒家在此方面有大贡献。倘说《论语》和《檀弓》时代相近，两书同是短篇小品，我们由此可想像《左传》中所载，其先恐怕也多是短篇，渐后再展衍出许多长篇大文章来。此层须详作考据推论，此处无从多讲。但若谓《左传》中所载都属孔子以前列国之原有作品，由孔子同时的左丘明搜集来与孔子《春秋》相附并行，此层只就文学史之演进步骤观之，也就像是不足信了。

讲到上述此问题，同时又须牵连讲到《公羊》和《穀梁》。《公》《穀》两传，大体是子夏弟子或其再传弟子等所撰写。《檀弓》又是子游弟子所作。则《公》《穀》初起，其年代应与《檀弓》相差不太远。若我们拿《左传》来和《公》《穀》相比，有许多三传同记一事，而大体上则可说是《左传》抄袭了《公》《穀》。如晋师假道于虞以伐虢一事，三传皆有。从文字演变上看，似乎应该《公》《穀》同出一源，而《穀梁》乃就《公羊》所记而再加以修饰之痕迹，亦终不可掩。至于《左传》，则又似剪裁《公》《穀》而成。又如宣公十五年，宋华元夜入楚军事，《公羊》《左传》皆有。《公羊》详尽，《左传》简略，又像是《左传》后起，从《公羊》为剪裁。若把三传年代就其文字衍进上细细相较，应该是《公羊》最在先，《穀梁》次之，《左传》最在后。此乃专就文学眼光作探究，绝无经学传统对此三传有所轩轾之意。

此刻再论到《左传》与《国语》。如《鲁语》《晋语》与《檀弓》《公》《穀》等儒家言比较像是同出一时，而《左氏》所采用的则并不多。《齐语》则全不采,《吴语》《越语》亦采用极少。但如申胥谏许越成,《吴语》所载远较《左传》哀元年文切实近情理。《左传》引述夏少康中兴故事,简直如在课室中讲上古史,子胥当时断无闲情如此作谏。又如《左传》好用格言,此条中有云:树德莫如滋,去恶莫如尽;较之《吴语》云:为虺弗摧,为蛇将若何,大体可说《吴语》较近当时语气。故大体论之,《左氏》成书应较《公》《穀》与《国语》为晚。而且《左传》中如云:王贰于虢,王叛王孙苏之类,此等文字,显然近似战国人口吻,断不能认为是孔子前的原始材料。

如上所述,中国古代散文,到今仍留存可资研讨者:最先是《西周书》,此与周公有大关系。继之是孔子《春秋》,又继之是孔门弟子后学所记,如《论语》《檀弓》,又如《公羊》、《穀梁》、《国语》,再后始是《左传》。我常想作一文,指出《左传》与《公》《穀》《国语》年代上之比较,主要只想从文学观点上立论。当然此事较之顾亭林《日知录》统计斯字此字使用多少来定年代先后,双方方法不同,难易亦别。但我认为此事也非终难下笔,只是直到此时,并不曾真花工夫去做。

《论语》以后,儒家继起有《孟子》。虽然他每章也多冠以"孟子曰"三字,体裁近似《论语》,但《论》《孟》文章显然不同。《论语》多属短品,《孟子》尽有长篇,洋洋洒洒,雄奇瑰丽,在散文史进展上,可说又跨进了一大步。其中如曾子居武城有越寇章前一节,补申曾子子思同道之义,逢蒙学射于羿章后一节,发挥恶得无罪之义,皆有从口语记述转入行文作论之痕迹,故甚见恣肆,再不像口语之平直。更如齐人有一妻一妾章,章首并无

"孟子曰"字样，则显然已超脱了口语束缚。此等文字，已甚与
《战国策》相近。

《孟子》雄辩，《墨子》精炼，而《墨子》更见有从口语记述转
变为行文作论之痕迹。《墨子》诸篇已不再从子墨子曰开端，只
在篇中夹入子墨子曰，子墨子言曰，以及故子墨子言曰等语。而
如《非攻》上篇，通体无子墨子曰字样，遂极似后代一论文。而
且《孟子》行文尽是纵恣闳肆，然还是古人记言之体，最多是在
记言中夹进记事，仍可说是《论语》《檀弓》之旧格套，只是文字
开展，局度恢张，较前有进，而并不曾在每章之首放上一个议论
题目。《墨子》书如《尚贤》《尚同》《非攻》《兼爱》《天志》《明
鬼》《非儒》《非乐》等篇，显然是后世一篇议论文之体裁，与记言
记事大大有别。我们也可说，上面所述儒家著述，仍还在旧有体
例经史范围之内，自有《墨子》，而后子学地位始确立。这又可
说是中国古代散文一大进步。

《墨子》以后有《庄子》。《墨子》精炼，《庄子》恢奇，《庄子》
在文学上之境界与趣味更见充分流露。既非记言记事，又非立
论立议，简直可说是有意为文。但《庄子》多用寓言体，到底仍
是沿袭着古代记言记事的旧体裁，并无其言其事而假造之如此。
可见文体衍进，自有步骤，中间必经时间酝酿。文学上一种新体
裁之出现，并不容易，并非可以突然而来。诸位认识得此一点，
自然可以信我从文体衍进来辨别古书真伪及其成书年代先后之
一点，决非纯凭主观臆测，而实是确切有据。

从《庄子》到《老子》，就文学观点言，更是大大一进步。全
部《道德经》，寥寥五千言，但一开始便把"道可道，非常道，名可

名,非常名"十二个字,扼要提纲标出,这又是文体上一大进步。不仅《孟子》不知此新体,即《庄子》亦并不懂此一诀巧,洋洋洒洒长篇大论,总是从故事寓言开始,叫人摸不着头脑。《中庸》一开始即说"天命之谓性,率性之谓道,修道之谓教";《大学》一开始即说"大学之道,在明明德,在新民,在止于至善",可说同样懂得此道理,但《学》《庸》则应较《老子》更晚出了。

《老子》玄虚,而《荀子》平实。若把后代散文立论建议之法度来讲,《荀子》文体在战国时可算是最进步,最接近后世之法度。《荀子》后,有《韩非》与《吕览》。韩非乃荀子门人,《吕览》亦应多有荀子门人之手笔。《韩非》奇宕,《吕览》平实。下到两汉人为文,多承接《荀》《韩》《吕》三家。亦可说,中国古代散文,到此三家已走上了极峰,更近于后代的论文了。

以上所说,是有关诸子的。在此须附带说到《战国策》。《战国策》文体虽极纵横奇肆,到底仍还是记言记事。我们也可说,《左传》文体类《荀子》,《战国策》则近《孟子》。又如《太史公书》中有杵臼程婴故事,及陶朱公故事诸节,此等文字,应亦是战国人所作,与《战国策》文体较近,只是未收入《左传》与《国策》中而已。

以上仅是扼要地讲,其他古代著述暂不提及。现在我将中国古代散文约略为之分期。

西周是第一期。孔子《春秋》与孔门记述是第二期。其中《论语》《檀弓》在先,《公》《穀》《国语》次之,《左传》最在后,《国策》则不限于儒家言。再说战国诸子,《孟》、《墨》、《庄》是一期,《老》、《荀》下及《韩》、《吕》又是一期。若把地域分,大体可分为东方,中原,南方三大区域。东方包括邹、鲁、燕、齐,中原主要是三晋,南方则包括楚越。最早从孔子以下,学术思想全在东方。孔子是鲁人,墨子或也是鲁人。东方邹鲁地区,是儒、墨两家之发祥地,亦可说之为儒墨之原始学派。后来逐渐发展至齐及三晋,子夏最先去到魏,为三晋开发宗风。《公羊》有齐人言,《檀弓》《国语》多涉及三晋事。再后,楚国有吴起下至屈原,两人都和儒家有关系,且对上古史都极熟悉,行文都用雅言,屈原只加上些地方色彩。吴起自魏去楚,与《左传》有密切关系。屈原《离骚》则承《诗经》后,为古代韵文一大宗。荀子曾游楚,喜为赋。庄、老生地近楚,其行文亦颇喜用韵。此处不深讲。若以《国语》来分,则《国语》中《鲁语》《齐语》应属东方,《晋语》属中原,《吴语》《越语》属南方。大抵《鲁语》文尚典雅,喜欢称诵有关道德仁义的教训,这是孔门儒家传统所在。但到战国后,邹鲁地区不占重要,那些老守家法的儒生,未免有抱残守缺拘牵敷衍之病。《晋语》好讲历史,把道义教训寄放在记事中,每篇是一历史故事,但显然也有关于孔门所传的道德教训。此后《左传》文体益繁复,修辞益富丽,用力渲染,当是在原始材料上有荀子学派所加入的编辑润色之功而始成。

《韩非·显学》篇说:墨分为三,有相里氏之墨,有相夫氏之墨,有邓陵氏之墨,并有所谓南方之墨。我疑墨学开始在东方,而相里氏之墨则显属三晋。邓陵氏之墨应亦是南方之墨。则墨家传衍,显亦可分为东方中原与南方之三区域。

大体言,原始学派即初期学派之文学,多可归属于道义派或说教派。新兴学派即中期学派之文字,则多近于雄辩派。后期学派之文字,则多近于综合派。荀子最可为例。不仅其年代较在后,其生平足迹,生在赵,年轻时在齐,又曾西至秦,南至楚,晚年居兰陵近鲁,由他来作战国晚期综合派之代表最适合。《左传》与《小戴记》中,有许多是荀卿门下之手笔。韩非、吕不韦,亦承荀卿。吕氏宾客,大概以荀卿门下人为多。如韩非《说难》《五蠹》,李斯《谏逐客书》,以及前此乐毅《报燕王书》等,从后代人观点衡量,这些都是最好的散文,体格局度都完成了,几与后代散文无别。荀子固不同于孟子,他所写都是大文章,不再用"荀子曰"字样,并标出《劝学》《强国》《非十二子》《正论》等篇名,显然都已是成体的论文了。

因此,我们可以说,中国古代散文最先只是辞,如孔子《春秋》。下面衍进到成章,如《论语》到《孟子》。下面再衍进到成篇,此一阶段,由《墨子》《庄子》衍进到《荀子》。逐步演进,其间确乎不容易。若从这一点来看,《老子》与《中庸》之成书,自然不能说远在春秋之前或是春秋战国之际所能有。而《左传》中许多长篇记事以及长篇发议,自然也不能在孔子前已有。

若不从设教、雄辩、综合分派,中国古代散文也可标出四个字来分别。一是朴,即平实文,注重实叙事理。二是雅,即典雅文,注重阐说教训。三是辨,即纵横文,注重分析是非。四是藻,即藻丽文,注重矜张藻采。此四体,亦可约略分其时代先后。最先是朴,次则歧为雅与辨,最后乃始尚藻。《论语》以前全是朴。《晋语》朴,《鲁语》雅,《孟子》《墨子》尚辨,《荀子》则喜用藻。此外都可斟酌分别归附。《左传》则是雅而兼藻,《老子》乃是朴而兼辨。

　　我此篇所讲，大题目是"中国古代散文"，题目虽似有一限界，而讨论所及牵涉殊广。如论古代学术流衍与地域分布，即可单独成一大题目。又如三传异同先后，或《左传》和《国语》之分合，又如《论语》、《檀弓》之文法比较，如《小戴记》与《左传》之文体合阐等。从我此讲中，可籀演出许多新问题来引申探究。此等问题，别人或多或少也讲到，但似少从文学观点来讲的。这是我此讲演中所开展的新方面。

　　现在再综括来说。从前人研究古代学术，大约是分着经、子、史三部分，对于其中文学成分的一方面，则颇忽略。其实讲此期文学的，大可与讲经学子学史学相通发挥。尤其是讲后代文学，不得不溯源到古代。若能从这里下功夫，应可开出许多条学问的新路。因此我这一讲演，相信其间实寓有开展新的学问路线之一项，这是尤其要请诸位注意的。

　　　　　　此文成于一九六四年，刊载于新亚中文系年刊。

出 版 说 明

　　《中国学术思想史论丛》三编八册,共 119 篇,汇集了作者从学六十余年来讨论中国历代学术思想而未收入各专著的单篇散论,为作者 1976—1979 年时自编。上编(一—二册)自上古至先秦,中编(三—四册)自两汉至隋唐五代,下编(五—八册)自两宋迄晚清民国。全书探源溯流,阐幽发微,颇多学术创辟,系统而真切地勾勒了中国几千年学术思想之脉络全景。

　　本书由台湾东大图书公司于 1976—1980 年陆续印行。三联简体字版以东大初版本为底本,基本保留作者行文原貌,只对书中所引文献名加书名号,并改正了少量误植之错讹。

三联书店编辑部
二零零九年三月

钱穆作品系列
（二十四种）

《孔子传》

本书综合司马迁以下各家考订所得，重为孔子作传。其最大宗旨，乃在孔子之为人，即其自述所谓"学不厌、教不倦"者，而以寻求孔子毕生为学之日进无疆、与其教育事业之博大深微为主要中心，而政治事业次之。故本书所采材料亦以《论语》为主。

《论语新解》

钱穆先生为文史大家，尤对孔子与儒家思想精研甚深甚切。本书乃汇集前人对《论语》的注疏、集解，力求融会贯通、"一以贯之"，再加上自己的理解予以重新阐释，实为阅读和研究《论语》之入门书和必读书。

《庄老通辨》

《老子》书之作者及成书年代，为历来中国思想学术界一大"悬案"。本书作者本着孟子所谓"求知其人，而追论其世"之意旨，梳理了道家思想乃至先秦思想史中各家各派之相互影响、传承与辩驳关系，言之成理、证据凿凿地推论出《老子》书应尚在《庄子》后。

《庄子纂笺》

本书为作者对古今上百家《庄子》注释的编辑汇要，"斟酌选择调和决夺，得一妥适之正解"，因此，非传统意义上的"集注"或"集释"，而是通过对历代注释的取舍体现了作者对《庄子》在"义理、考据、辞章"方面的理解。

《朱子学提纲》

钱穆先生于 1969 年撰成百万言巨著《朱子新学案》，"因念牵涉太广，篇幅过巨，于 70 年初夏特撰《提纲》一篇，撮述书中要旨，并推广及于全部中国学术史。上自孔子，下迄清末，二千五百年中之儒学流变，旁及百家众说之杂出，以见朱子学术承先启后之意义价值所在。"本书条理清晰、深入浅出，实为研究和阅读朱子学之入门。

《宋代理学三书随劄》

本书为作者对宋代理学三书——元代刘因所编《朱子四书集义精要》、周濂溪《通书》及朱熹、吕东莱编《近思录》——所做的读书劄记，以发挥理学家之共同要义为主，简明扼要地辨析了宋代理学对传统孔孟儒家思想的阐释、继承和发展。

《中国思想通俗讲话》

本书意在指出目前中国社会人人习用普遍流行的几许概念与名词——如道理、性命、德行、气运等的内在涵义、流变沿革，及其相互会通之点，并由此上溯全部中国思想史，描述出中国传统思想一大轮廓。

《现代中国学术论衡》

本书对近现代中国学术的新门类如宗教、哲学、科学、心理学、史学、考古学、教育学、政治学、社会学、文学、艺术、音乐等作了简要的概评，既从中西比照的角度，指出了"中国重和合会通，西方重分别独立"这一中西学术乃至思想文化之根本区别；又将各现代学术还诸旧传统，指出其所属相通及互有得失处，使见出"中西新旧有其异，亦有其同，仍可会通求之"。

《中国学术思想史论丛》

共三编八册，汇集了作者六十年来讨论中国历代学术思想而未收入各专著的单篇散论，为作者1976—79年时自编。上编（1—2册）自上古至先秦，中编（3—4册）自两汉至隋唐五代，下编（5—8册）自两宋迄晚清民国。全书探源溯流，阐幽发微，颇多学术创辟，系统而真切地勾勒了中国几千年学术思想之脉络全景。

《黄帝》

华夏文明的创始人：黄帝、尧舜禹汤、文武周公，他们的事迹虽茫昧不明，有关他们的传说却并非神话，其中充满着古人的基本精神。本书即是讲述他们的故事，虽非信史，然中国上古史真相，庶可于此诸故事中一窥究竟。

《秦汉史》

本书为作者于1931年所撰写之讲义，上自秦人一统之局，下至王莽之新政，为一尚未完编之断代史。作者秉其一贯高屋建瓴、融会贯通的史学要旨，深入浅出地梳理了秦汉两代的政治、经济、学术和文化，指呈了中国历史上这一辉煌时期的精要所在。

《国史新论》

本书作者"旨求通俗，义取综合"，从中国的社会文化演变、传统的政治教育制度等多个侧面，融古今、贯诸端，对中国几千年历史之特质、症结、演变及对当今社会现实的巨大影响，作了高屋建瓴、深入浅出的精彩剖析。

《古史地理论丛》

本书汇集考论古代历史地理的二十余篇文章。作者以通儒精神将地名学、史学、政治经济、人文及民族学融为一体，辨析异地同名的历史现象，探究古代部族迁徙之迹，进而说明中国历史上各地经济、政治、人文演进的古今变迁。

《中国历代政治得失》

本书分别就中国汉、唐、宋、明、清五代的政府组织、百官职权、考试监察、财政赋税、兵役义务等种种政治制度作了提要钩玄的概观与比照，叙述因革演变，指陈利害得失，实不失为一部简明的"中国政治制度史"。

《中国历史研究法》

本书从通史和文化史的总题及政治史、社会史、经济史、学术史、历史人物、历史地理等6个分题言简意赅地论述了中国历史研究的大意与方法。实为作者此后30年史学见解之本源所在，亦可视为作者对中国史学大纲要义的简要叙述。

《中国史学名著》

本书为一本简明的史学史著作，扼要介绍了从《尚书》到《文史通义》的数部中国史学名著。作者从学科史的角度，提纲挈领地勾勒了中国史学的发生、发展、特征和存在的问题，并从中西史学的比照中见出中国史学乃至中国思想和学术的精神与大义。

《中国史学发微》

本书汇集作者有关中国历史、史学和中国文化精神等方面的演讲与杂论，既对中国史学之本体、中国历史之精神，乃至中国文化要义、中国教育思想史等均做了高屋建瓴、体大思精的概论；又融会贯通地对中国史学中的"文与质"、中国历史人物、历史与人生等具体而微的方面做了细致而体贴的发疏。

《湖上闲思录》

充满闲思与玄想的哲学小品，分别就人类精神和文化领域诸多或具体或抽象的相对命题，如情与欲、理与气、善与恶等作了灵动、细腻而深刻的分析与阐发，从二元对立的视角思索了人类存在的基本问题。

《文化与教育》

本书乃汇集作者关于中国文化与教育诸问题的专论和演讲词而成，作者以其对中国文化精深闳大之体悟，揭示中西传统与路线之差异，指明中国文化现代转向之途径，并以教育实施之弊端及其改革为特别关心所在，寻求民族健康发育之正途。

《人生十论》

本书汇集了作者讨论人生问题的三次讲演，一为"人生十论"，一为"人生三步骤"，一为"中国人生哲学"。作者从中国传统文化入手，征诸当今潮流风气，探讨"心"、"我"、"自由"、"命"、"道"等终极问题，而不离人生日常态度，启发读者追溯本民族文化传统的根源，思考中国人在现代社会安身立命的根本。

《中国文学论丛》

作者为文史大家，其谈文学，多从文化思想入手，注重高屋建瓴、融会贯通。本书上起诗三百，下及近代新文学，有考订，有批评。会通读之，则见出中国一部文学演进史；而中国文学之特性，及各时代各体各家之高下得失之描述，亦见出作者之会心及评判标准。

《新亚遗铎》

1949 年钱穆南下香港创立新亚书院。本书汇集其主政新亚书院之十五年中对学生之讲演及文稿，鼓励青年立志，提倡为学、做人并重，讲述传统文化之精要，阐述大学教育之宗旨，体现其矢志不渝且终身实践的教育思想。

《晚学盲言》

本书是作者晚年"目盲不能视人"的情况下，由口诵耳听一字一句修改订定。终迄时已 92 岁高龄。全书分上、中、下三部，一为宇宙天地自然之部，次为政治社会人文之部，三为德性行为修养之部。虽篇各一义，而相贯相承，主旨为讨论中西方文化传统之异同。

《八十忆双亲 师友杂忆》

作者八十高龄后对双亲及师友等的回忆文字，情致款款，令人慨叹。读者不仅由此得见钱穆一生的求学、著述与为人，亦能略窥现代学术概貌之一斑。有心的读者更能从此书感受到 20 世纪"国家社会家庭风气人物思想学术一切之变"。